# 市場の世界

## 新しい経済学を求めて

## Demystifying the Market Mechanism

丸山雅祥 著

有斐閣

# はじめに

現代はデジタル革命のさなかにある。きっかけは、デジタル技術とインターネットの普及、なかでも二一世紀の幕開けを飾ったスマートフォンの誕生と進化である。われわれの生活がデジタル・ネットワークで結ばれ、そこから、さまざまなマッチング・ビジネスが生まれ、市場はネット上へと拡大を続けている。取引をめぐるマッチング、決済、在庫・配送の全般にわたって、市場は創造と破壊の渦中にある。長い年月をかけて作りあげられてきた取引の場としての市場は、いま一大変革期を迎えているのである。

そのために、「市場の仕組みはどうなっているのか」、「市場はいかに機能しているのか」、「市場とは何だろうか」という疑問をもって、標準的な経済学の教科書に目を通してみると、読者諸賢は、きっと、ジョン・マクミラン（McMillan, 2002）が述べている、次のような感想をいだくことだろう。

「教科書的な経済理論は、市場がどのように機能しているかについてほとんど記述しておらず、市場が魔法であるという考え方を払拭していない。経済学の大部分は市場の研究であるにもかかわらず、経済学の教科書は市場を抽象的に記述しているだけである」（邦訳、一〇～一一頁）

マクミランは、それに続けて、ノーベル経済学賞受賞者たちの批判、すなわち、「市場の理論にほとんど注意が払われてこなかったことが困惑の源泉である」（ジョージ・スティグラー）、経済学には「新古典派経済学を支える中心的制度である市場についての議論がほとんど含まれていない」（ダグラス・ノース）、「市場自体の議論が完全に消滅してしまっている」（ロナルド・コース）を紹介したうえで、しかし、教科書の内容とは違って、市場理論の研究は進んでおり、そうした批判の論点は、現在では解消されつつあると述べている。

好評をよんだその書物は、興味深いエピソードに彩られた一連のエッセイによって、市場はいかに機能し、市場をうまく機能させるには何が必要かを伝えようとしている。そして、かれは、スタンフォード大学ビジネス・スクールにおいて、経済学者の市場理論を揶揄したビジネス幹部への挑戦状として、その書物を書き上げたと述懐している。

本書の出版の動機は、別の点にある。デジタル革命で市場が重大な変革期を迎え、市場の経済理論がこれまで以上に求められながら、市場の理論としてまとまった本格的な書物がいまだ存在しない。そうした認識のもとに、本書は、そのような最初の書物となる目的をもって出版されるものである。

さらに、今日のミクロ経済学の研究と旧来の教科書の内容との間にある大きなギャップを前に、本書は、ミクロ経済学の進化の内容を伝えるとともに、市場メカニズムの解明に向けて、なおいっそうのミクロ経済学の革新を促すことをねらいとしている。

本書の要点は四つある。ひとつは、現代の市場理論へのプロローグとして、市場理論の先駆者たちの業績に立ち返り、現代に息づく過去の市場思想の系譜を振り返ることである。同時に、市場理論の始祖クールノーの悲劇や、学問に一生を捧げたワルラス、意外にお茶目なマーシャル、厳格であり誠実な学者ロビンソン夫人、さまよえる職人の身から学者としての天賦の才を開花させたオルダーソン、そして、二一歳の若さで取引費用論を構想したコースなど、市場の研究に身を捧げた偉大な学者たちの人間性にも触れ、心を通わせてほしい。

二つめは、「市場理論の世界」と題して、伝統的な市場理論が、ゲーム理論や情報の経済学などによってどのような発展をとげてきたかを示すことである。

三つめは、アダム・スミスの見えざる手のベールをはがし、「市場とは何か」、「市場の機能とは何か」を問いながら、「市場メカニズム」の解明を試みることである。

四つめは、市場をめぐる基本命題を明らかにし、それらをもとに市場経済の二つの運動法則から「市場の編成原理」を描き出すことである。そうしてデジタル経済社会の動向を説明することである。

以上の四つの課題のうちで、ひとつめと二つめでは既存の文献や研究を整理することに重きを置いたが、三つめと四つめについては、既存の研究をもとに私見を提示することに重きを置いていることを予告しておこう。

＊＊＊＊

ここで、三つめと四つめの課題への視点を明らかにしておくことは、第Ⅲ部の新たな市場理論の意義を理解するうえで有益だろう。ひとつは「場としての市場」という視点であり、もうひとつは「市場の動態論」という視点である。

従来の経済学が想定してきたのは「集合としての市場」という市場観である。すなわち、「同種の商品に関する売り手と買い手の集合」として市場をとらえてきた。

この考え方は、市場理論の始祖であるクールノーに始まり、ワルラス、マーシャルによる新古典派経済学へと引き継がれた。さらに第Ⅱ部で展望する近年のミクロ経済学の進化においても一貫して、現代のミクロ経済学の市場観となってきた。

しかし、市場の理論という点からすれば、「売り手と買い手との間で商品が取引される場」（商取引の場）として市場をとらえる「場としての市場」の分析視点に立って検討するのがふさわしい重要な研究領域がある。それは、第Ⅲ部の第10章と第11章でとりあげる売り手と買い手の「取引」に焦点をあてた市場の分析である。オルダーソンが構想したマーケティングの体系化、その影響を受けた商学の研究分野が基礎としてきたのは、まさに、そのような「場としての市場」の分析視点である。

「場としての市場」に注目するとき、複数の商品が、どのように関連づけられて流通し、どのような方法で販売されているかが重要な意味をもつことになる。そうして、「場としての市場」という観点に立つとき、市場がいかなる形で、いかなる時に、いかなる場所で誕生し、市場がいかに運営され、市場がいかなる機能を果たしているか、といったことがらが検討の対象となってくる。それは本書がめざしている「市場メカニズムの解明」にとって、不可欠の分析視点である。また、近年、ネット上に急速に広がっているマーケットプレイスやプラットフォームのマッチング・ビジネスについても、

「場としての市場」という分析視点から、その内容への理解の途が開けてくるのである。

従来の経済学における「集合としての市場」に「場としての市場」を加えた「二重の市場観」へと分析視点を広げ、経済学と商学との研究交流を図ることによって、市場メカニズムの解明、ひいては市場理論の革新につながるであろう。

次に、もうひとつの「市場の動態論」の視点について述べておこう。

ヨハネ福音書の「はじめに言葉ありき」という緒言にちなんでいうと、伝統的なミクロ経済学の市場理論では「はじめに市場ありき」とするのが常套手段となってきた。

この点について、ワルラスにあっては、主著『純粋経済学要論』(Walras, 1874) の第二編第五章(市場と競争。二商品の間の交換の問題) で次のように述べている。


「この売買がどのようにして成立するか、その法則を知ることがわれわれの問題である。そのために、私は競争の点からみて完全に組織された市場を仮定する。これは、純粋力学で最初に摩擦のない機械を仮定するのと同様である」(邦訳、四五頁)

こうして伝統的なミクロ経済学では、市場がいかに生成し、発展をとげ、衰退をたどるのかという「市場の動態」については、黙して語られることはなかった。さらに、相互有利化の機会があるとき、おのずから交換(取引) が成立するとの想定がなされてきた。

しかしながら、相互に有利な交換機会があるときに、つねに市場が自生的に生まれるわけではない。

所有権を保護し、契約の自由と契約の履行を促す「制度」（憲法や各種の法律、規制などの公式のルールと、道徳や慣習、伝統、慣例、タブーなどの非公式の制約からなる）が、市場取引に秩序をもたらし不確実性を減らしている。歴史を通じて人類が考案してきた「市場を支える有効な制度」を考察することは、重要な課題である。

ここで「有効な制度」とは、ゲーム理論の用語でいえば、協力解の達成を可能にするものであり、取引費用論の用語によれば、取引費用を減らし、交換の利益を実現するものだといえよう。市場の発展はそうした制度に支えられており、ひるがえって制度は市場の発展によってかたちづくられてきたのである。この「市場と制度の相互作用」を通じた市場の動態論は、ノース（North, 1990）が主張してきたことがらである。

市場の動態は、「外部性」の議論とも深くかかわっている。「市場は外部性の大海に浮かぶ小島」と表現できよう。社会にあまねく存在する「外部性」（対価をともなわない自己と他者との相互依存関係）が、ひとびとに意識され、経済計算のうちに含まれて、他の主体から受ける便益（あるいは費用）への対価を授受する仕組みができあがると、それは市場取引となる。こうした外部性の内部化が、市場の動態となって、市場の境界をかたちづくっている。

また、外部性には、製品の普及プロセスに見られる「消費が消費をよぶ効果」（消費の自己増殖）という「直接的な外部効果」がある。さらに、「買い手の集まるところに売り手が集まり、売り手の集まるところに買い手が集まる」という買い手と売り手との相乗効果として働く「間接的な外部効果」

が存在し、それらが市場の栄枯盛衰の動因となっている。本書が立脚するこのような「市場の動態」という視点は、「市場の編成原理」の解明という理論的な見地からの課題にとっても、ネット上に広がりゆく市場の行方を探る実践的な見地からの課題にとっても、不可欠である。

＊＊＊＊

さて、本書における議論の筋道を示すため、本書の構成と各章の概要を紹介しておこう。本書は三部からなる。第Ⅰ部（市場理論の先駆者たち）は、市場の研究に身を捧げた偉大な学者の思索のプロセス、人となりを紹介する。デジタル経済における市場の激動期にあって、現代の直面する問題を前にして、市場に対するわれわれの認識を新たに前進させるためには、市場をめぐる過去の思想の広大な山並みを振り返り、先駆者たちのさまざまな考え方に触れ、視野を広げるのが有益である。そうした意図のもとに、第1章では市場理論の始祖としてのクールノー、第2章では均衡理論の創始者であるワルラス、第3章では新古典派市場理論の開祖のマーシャル、そして第4章では市場理論の革新者であるチェンバリンをとりあげて、学説史家ではなく理論研究に身を置く筆者なりの切り口から、かれらの市場思想を紹介する。

第Ⅱ部（市場理論の世界）では、ワルラスの純粋経済学における完全競争に由来する「伝統的な経済学の市場論」からの脱却を図る「ミクロ経済学の進化」をたどる。

すなわち、伝統的な経済学で描かれてきた「取引のない市場」、「摩擦のない競争」、「組織のない企業」、「孤立した消費者」という市場像は、一九七〇年代後半以降、情報とゲームの理論の応用によって大きく塗り替えられ、「流通の経済学」、「戦略の経済学」、「組織の経済学」、「関係性の経済学」として、ミクロ経済学の革新を引き起こしてきた。第Ⅱ部では、市場の理論に焦点を絞って、その革新的な内容を系統的に説明する。

その際、初学者が内容につまずかないように、説明は、数式の展開によらず、専門的な予備知識がなくとも理解できるように工夫するとともに、トピックスの羅列ではなく、経済社会の変化に即した「市場理論の発展の流れ」を描き出すことに努めている。

第Ⅱ部では、このような意図のもとに、まず第5章で新たな市場理論のグランド・デザインを描き、引き続いて新たな市場理論の分析用具として、第6章でゲーム理論、第7章で情報とインセンティブの理論をとりあげる。さらに、新たな市場理論の内容として、第8章では市場への競争政策の視点から産業組織論の展開を展望し、第9章では市場への競争戦略の視点からビジネス・エコノミクスの発展をとりあげる。

第Ⅲ部（市場経済の仕組み）は、「市場とは何か」、「市場はいかに機能しているのか」という、古くて永遠に新しい「市場の本質」をテーマとしている。それは、筆者が経済学を学びはじめたころより、一貫して筆者の脳裏から離れることなく、筆者を虜にしてきた研究テーマである。これまで、市場理論の世界を歩み、市場理論の研究に取り組んできたが、市場をめぐる経済学の文献には、この市場の根本問題に真正面から取り組むことなく、いつも、はぐらかされてきた思いがある。

第Ⅲ部は、「二重の市場観」および「市場の動態論」という二つを分析視点にすえて、伝統的な経済学の「市場メカニズムの虚構」を批判的にとりあげ、アダム・スミスの見えざる手のベールをはがし、「市場メカニズム」と「市場の編成原理」の解明を試みる。

そのような意図のもとに、第10章では「場としての市場」という立場から、流通の暗黒大陸に理論的な光をあて、流通業者の社会的機能を明らかにする。第11章では市場における需給調整の基本要素としてマクロの視点（需給の社会的調整）とミクロの視点（需給調整のマネジメント）をとりあげ、市場メカニズムの解明を図る。第12章では外部性と取引費用に焦点をあて、外部性の内部化という視点から市場の広がりと境界を議論し、外部性が市場の栄枯盛衰を左右する動因であることを示す。そして、第13章では、市場経済の運動法則の解明に向けて、市場の動態をめぐる四つの「市場の基本命題」をもとに、二つの「市場の基本法則」から「市場の編成原理」を明らかにする。

最後に、本書が参考とした文献の出典に加えて、本書の内容を補う参考図書を巻末において解説しておいた。初学者にとっては本書を読み進むうえでの手助けが必要だろうし、本書からさらに進んで市場理論の研究を深めようとする読者にとっては、そのための手がかりが必要だろう。それらの参考図書を本書とあわせて読み進むことにより内容の理解が深まるよう工夫をしている。

本論に進む準備は整った、はじめから順を追って、あるいは関心のある行き先に向かって途中下車や乗車をしながら、さあ、市場をめぐる研究の世界に旅立ってみよう。読者諸賢は、きっと、標準的なミクロ経済学のテキストにはない新たな光景に出会うことだろう。

# 目次

# 第II部　市場理論の世界
## ミクロ経済学の進化をたどる

# 第Ⅲ部 市場経済の仕組み

## 市場とは何か、いかに機能するのか

# 第Ⅰ部　市場理論の先駆者たち

## 市場の研究に身を捧げた偉大な学者たち

市場理論への扉を開いた書物

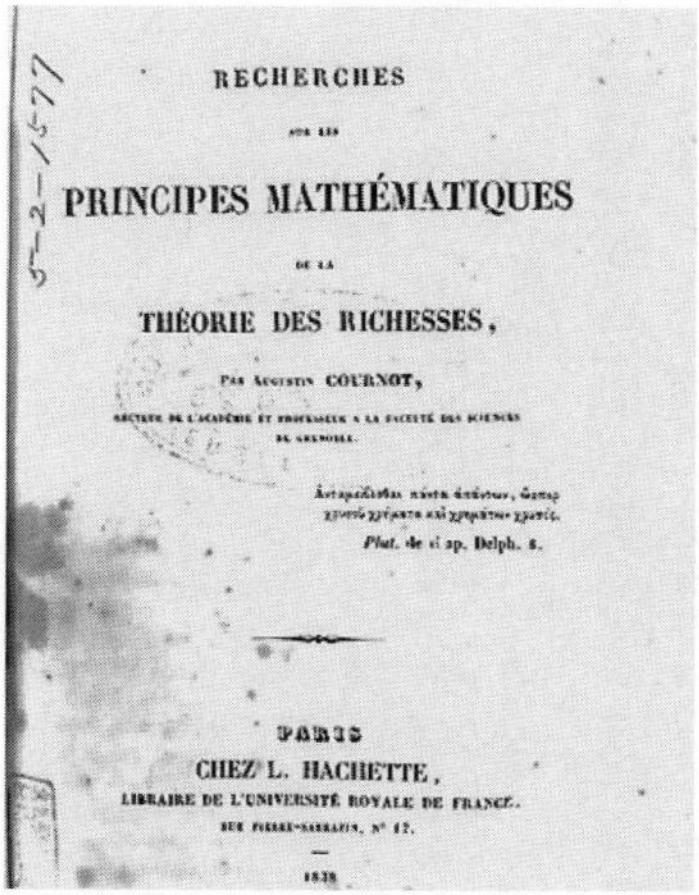

RECHERCHES

PRINCIPES MATHÉMATIQUES

THÉORIE DES RICHESSES,

COURNOT,

Plut. de ei ap. Delph.

PARIS

CHEZ L. HACHETTE,

LIBRAIRE DE L'UNIVERSITÉ ROYALE DE FRANCE.

クールノーの原書（神戸大学社会科学系図書館所蔵）

# 第1章　市場理論の始祖　クールノー

## 1　市場理論の起点

現代の市場理論に連なる研究の山並みをさかのぼると、その前後で理論の風景ががらりと変わる、いわば、市場理論の起点ともいえるものが、フランスの数学者・哲学者・経済学者アントワーヌ・オーギュスタン・クールノーの『富の理論の数学的原理に関する研究』（Cournot, 1838）である。この書物のなかには、需要関数、利潤極大化の条件、限界収入と限界費用、寡占市場のクールノー・モデルなど、現代のミクロ経済学に必ず登場する基本概念や内容の数々が、微積分の初歩的な数学を用いて、明確に、シンプルに、ものの見事に表現されている。すべてはかれの独創であり、それがいまから一八〇年以上も前（江戸時代天保九年）に出版されていたことに、われわれは驚き、感動させられるのである。

この書物のタイトルが示すとともに、その英訳版の監修にあたったアービング・フィッシャーが評したように、クールノーは、経済学に数学的な分析を用いた「数理経済学」のパイオニアである。(注1)ただし、かれ自身は、原著の序文において「この書物は、経済学に興味のある大多数の人々には、はなはだ難解に思われるかもしれないが、専門の数学者の注意に値するものであるとは到底考えられない」と述べている。したがって、かれを単に数理経済学の先駆者と位置づけること（次章で示すようなワルラスによる評価）では不十分である。クールノーにとっては、独創的に提示した斬新な分析概念や理論という肝心要の方を評価されることこそが本意であろう。本書で明らかにするように、クールノーは、市場理論の世界における時代を超越した先駆的な業績と、その後の発展に及ぼした多大な影響によって、「現代の市場理論の始祖」だというべきである。

### 華麗な交友関係

クールノーは、一八〇一年八月二八日、フランス中東部ブルゴーニュ地方のディジョン近郊にある地方都市グレーに生まれた。一五歳までその地で教育を受け、その後四年間、法律事務所の事務員として働くかたわら、法律の勉強を適度に済ませては、好きな哲学書をむさぼり読む日々を送った。そのころから視力の衰えを自覚していたようだが、かれの視力は年を追うごとに弱っていき、晩年には視力障害に悩まされることになった。

独学を続けるなかで、かれは、数学・物理学・天文学で高名なラプラスの書物に啓発され、理解を深めていくためには、数学の習熟が不可欠であると悟り、二〇歳を迎えた一八二一年、パリの高等師範学校（エコール・ノルマル・シュペリウール）に入学する。（注2）ところが、その翌年、治安上の理由から、パリ高等師範学校が突然に閉校となり、かれはソルボンヌに転校する。ボッティネッリの編集で出版された自著『回想録』（Cournot, 1913）のなかで、かれはソルボンヌの学生でいる時期が、自分の人生でもっとも幸福だったと懐古している。そのころ、かれは数学者のペーター・グスタフ・ディリクレと知り合い、二人は頻繁にフランス科学アカデミーの集会に参加して親密な交友関係を結んだ。ディリクレは、クールノーより四歳ほど年下でありながら、すでに数論の分野（フェルマーの最終定理）で画期的な研究を始めており、のちにフンボルトの紹介によってドイツ・ロマン派の作曲家メンデルスゾーンの妹と結婚し、やがては数学者ガウスの後任としてゲッティンゲン大学の教授となる人物である。科学アカデミーの集会には、紛れもなく当時の指導的立場にあったラプラスやラグランジュが参加しており、クールノーは、二人から大いに感化を受けた。

　一八二三年、クールノーは、ナポレオンに従軍した戦記を執筆中のグーヴァン・サン・シール元帥の秘書として採用された。そして、その後一〇年間にわたってパリに滞在し、気ままに自身の研究を継続することができた。この間にかれは、理学博士の学位を取った。その論文が数学の権威ポワソンの目にとまり、ポワソンの推挙によって、かれは一八三四年にリヨン大学の解析学と力学の教授のポストに就き、翌年には、グルノーブルのアカデミーの学長となり、そして一八三八年、三七歳のときに教育行政官となってパリに戻ってきた。

## クールノーの主著の貢献

同年、クールノーは、かれの主著『富の理論の数学的原理に関する研究』（Cournot, 1838）を出版した。ここで、題名にある「富」は「交換価値」に等しいと第一章で述べており（邦訳、三〇～三一頁）、また内容からも、本書は、価値・価格を主題とした「市場の理論」であることがわかる。[注3]

市場の理論に関する内容として、第四章で「需要関数」の概念を定式化し、第五章で「独占企業」の利潤極大化の分析、第七章で同質財の「生産者の競争の分析」、第八章で「無制限の競争」への分析の拡張、第九章で「補完関係」の分析、そして、第一〇章で「多数市場の相互関係」の分析を展開している。これらのすべてが、かれ独自の重要な貢献である。

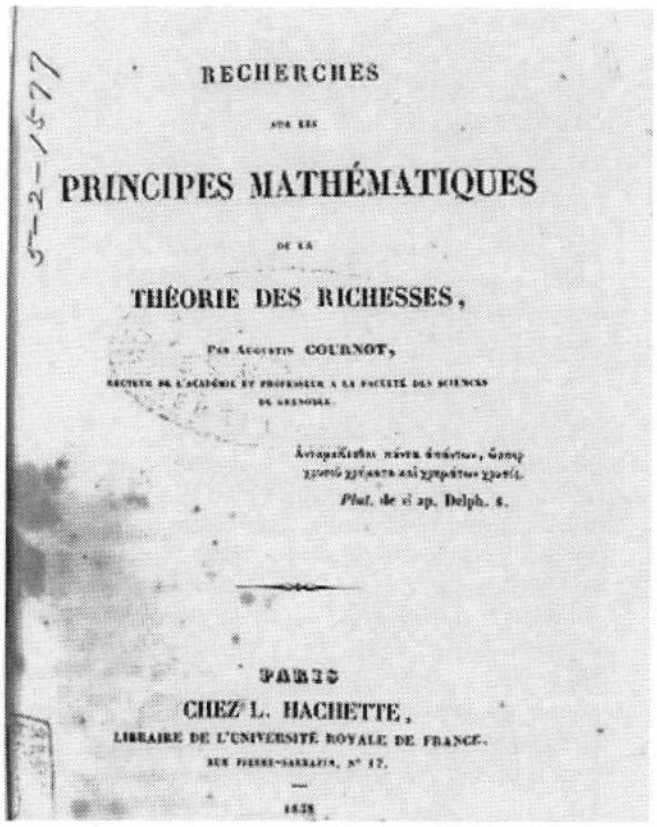

クールノーの原書（神戸大学社会科学系図書館所蔵）

このうち、市場の理論の嚆矢として、現代の経済学に多大な影響を与えたのが、この書物のまさに核心ともいうべき第七章の分析である。「生産者の競争について」と題するこの章は、「競争の作用については何人も漠然たる考えをもっている。これをいっそう明確ならしめることは理論のまさに努むべきところである。しかれども経済学者は問題を適当なる見地より観察しなかったために、またその使用を不可欠とする符号に依頼しなかったがために、この点に関しては通俗の見解に一歩をも進めていない。

これらの見解は、学者の著述においても通俗の用語における と同様に拙劣に定義せられ、また拙劣に応用せられている」（邦訳、一一五頁。なお、翻訳の旧字は現代表記にした）と厳しい語調の文章で始まる。

それに続いて展開されるのが「クールノーの数量競争モデル」である。この市場モデルの提示によって、かれは「寡占理論の創始者」とよばれることになった。その内容は次のようなものである。

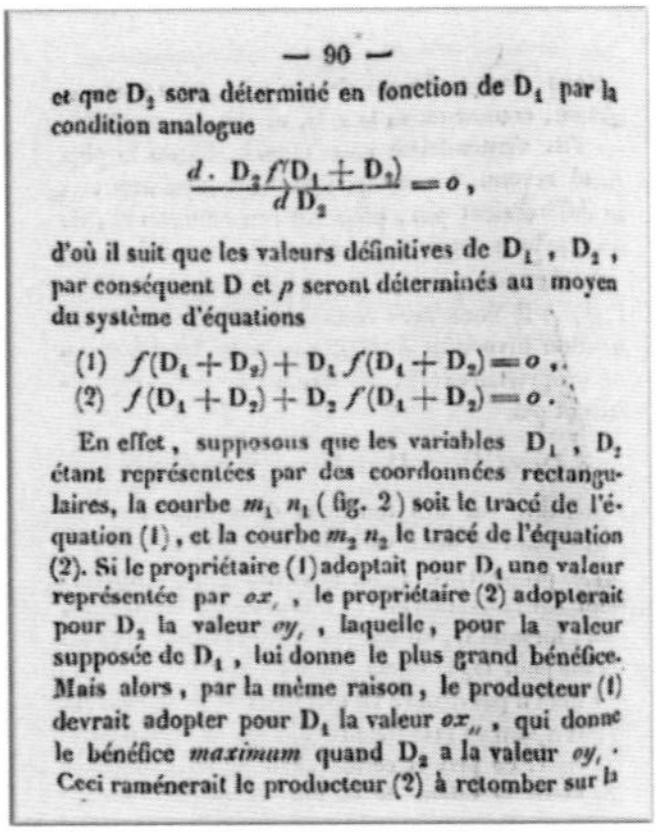

— 90 —

et que $D_2$ sera déterminé en fonction de $D_1$ par la condition analogue

$$\frac{d.\ D_2 f(D_1 + D_2)}{d D_2} = o,$$

d'où il suit que les valeurs définitives de $D_1$, $D_2$, par conséquent D et $p$ seront déterminés au moyen du système d'équations

$$(1)\quad f(D_1 + D_2) + D_1 f(D_1 + D_2) = o,$$
$$(2)\quad f(D_1 + D_2) + D_2 f(D_1 + D_2) = o.$$

En effet, supposons que les variables $D_1$, $D_2$ étant représentées par des coordonnées rectangulaires, la courbe $m_1 n_1$ (fig. 2) soit le tracé de l'équation (1), et la courbe $m_2 n_2$ le tracé de l'équation (2). Si le propriétaire (1) adoptait pour $D_1$ une valeur représentée par $ox_,$, le propriétaire (2) adopterait pour $D_2$ la valeur $oy_,$, laquelle, pour la valeur supposée de $D_1$, lui donne le plus grand bénéfice. Mais alors, par la même raison, le producteur (1) devrait adopter pour $D_1$ la valeur $ox_{,,}$, qui donne le bénéfice *maximum* quand $D_2$ a la valeur $oy_,$. Ceci ramènerait le producteur (2) à retomber sur la

クールノー均衡と反応関数（第７章「生産者の競争について」Cournot, 1838, p. 90）

いま、同質財（ミネラルウォーター）の鉱泉を所有する二つの企業からなる「複占市場」を考える。二つの企業の製品は同質であるから同一の価格となり、その価格は市場全体の需要量と供給量が一致する水準に決まるとする。

各企業は、他の企業の供給量を所与としたもとで、それぞれ、独立かつ同時に、自己の利潤を最大化する供給量を選択する。

このとき、「すべての企業が、他の企業の供給量を所与としたもとで、自己の利潤を最大化する供給量を選択しており、自己の供給量を個別的に変更する誘因をもたない状況」を均衡と定義し、かれはそうした均衡状況を複占市場における競争の作用を通じて行き着く先と考えた。現代の経済学では、この均衡を「クールノー均衡」とよぶ。

## 市場の基礎モデルの誕生

そしてクールノーは、まさに数学者らしく、この二つの企業からなる複占市場のモデル分析を企業数が $n$ の場合へと一般化している。このことによって、クールノーのモデルは、企業数がひとつの場合の「独占」、少数の場合の「寡占」、多数の場合の「競争」のいずれの分析にも適用できる一般性をもっている。このため、クールノーは「市場の基礎モデル」を構築したとみなすことができる。

さらに、「無制限の競争について」と題される第八章では、各生産者による個別的な生産量が市場全体としての総生産量に比べて十分に小さく、個別企業の生産量を総生産量から控除しても商品の価格に影響を与えない状況を「無制限の競争」とよび、その分析を進めている。こうした「無制限の競争」は「完全競争」とよばれる状況に相当しているが、クールノーは「企業数が増加するにつれて、均衡価格は減少してゆき、価格は限界費用に無限に近づくこと」（クールノーの極限定理）を示している。この結果は、ライバル企業の数が増えて競争が進むと価格が低下するという意味で、競争を善とする経済思想に結びついている。

## 先見性と理論の構造美

さらに、第九章で展開される「生産者の補完関係」の分析には、かれの独自の貢献に加えて、時代を先取りした先見性が見いだせる。ボルトとナット、カミソリと替え刃、プリンターとインクのように、単独では有用性をもたず、両者が組み合わされてはじめて便益をもたらす財のことを「完全補完財」とよぶが、かれの原著においては、その事例として、真鍮《しんちゅう》という合金をつくるために利用される銅と亜鉛をあげている（邦訳、一四三〜一四四頁）。

今日のネットワーク社会においては、携帯端末と通信サービス、パソコンとソフト、スマートフォンとアプリのように、補完的コンポーネントを組み合わせて「システム製品」として利用することが日常的となり、企業間競争の重点はシステム間競争へとシフトしている。そのため、合成商品（あるいはシステム製品）の分析は、今日的な課題である。

いま、補完的なコンポーネントを別々に供給している二つの企業が合併すると、合併後の企業の利潤は、合併前の二つの企業の利潤の合計より大きくなるだけでなく、システム製品の価格は合併が行われる前の水準よりも低くなり、消費者にとっても有利になることが示されている。この「補完合併の経済性」という命題は、現代にも通じる実践的な意味をもっている。

他方、第七章での「同質寡占」の競争においては、二つの企業の製品は「代替関係」にあり、そうした企業間の合併は、各企業が独立に供給していた場合に比べて「供給量の減少」と「価格の上昇」を導き、合併後の企業利潤は増加するが、消費者には不利になることが示されている。

この「対照的な結果」について、「独占者自らの利益のためにするその聯合（合併）といえども、この（補完関係の）場合にはまた消費者の利益となるものであって、これは（同一商品の）競争生産者の場合と全然反対である」（邦訳、一四八頁：〔 〕は筆者）と述べられている。すなわち、第九章の「完全補完財」のモデルと第七章の「完全代替財」のモデルとの間には「双対関係」が成立しており

(Sonnenschein, 1968)、クールノーの市場理論は、そうした数学的な構造上の美しさも備えているのである。

この画期的な書物の出版の背景に、当時の経済学者たちとの交友関係は見られず、むしろ、経済学とは異分野にあるラプラスやポワソン、ディリクレといった華々しい業績をもつ数学者たちとの交流がある。さらに、かれの研究の独創性には、クールノーの個性、すなわち、研究課題の選択から分析方法の発見にいたるまで、自分でものごとを考えるという幼いころから身につけてきた「自立的な思考の習慣」が、色濃く反映されているものと思われる。しかし、これらは、良くも悪しくも、本書の評価に重大な影響を与えることにつながった。

**悲劇の生涯**

クールノーの『回想録』をもとに、ヘンリー・ムーアがまとめた「アントワーヌ・オーギュスタン・クールノーの人物」という論文（Moore, 1905）から、その生涯をうかがい知ることができる。先駆的な業績を世に遺したクールノーだが、アメリカの鉄鋼王、アンドリュー・カーネギーによる「先駆者は報われることはない」(注4)との言葉にあるように、かれの生涯は悲劇に満ちたものであったというよりほかはない。

その主著『富の理論の数学的原理に関する研究』は、出版されてから数十年にわたって、まったく注目されることなく、その内容の革新性とは裏腹に、当時のフランス経済学者から不当に無視しつづけられた「不遇の書物」であった。

また、かれはパリの大学に学生でいるころから、すでに視力の障害を自覚しており、かれの視力は年を追うごとに衰えていった。

一八五四年、かれは、故郷に近いディジョンのアカデミーの学長となり、一八六二年には退職してパリに戻った。そして、経済学としては二冊目の著書『富の理論の

クールノー

原理』(一八六三年)を出版し、三冊目の著書『経済学説概覧』(一八七七年)は、かれの死後の出版となった。悲しいかな、絶筆となった最後の書物のはしがきで「わたしはこれまで誰からも引用されたことのない、ただ一人のフランスの経済学者です」と記している。そして、一八七七年三月三〇日、クールノーは七五歳でその生涯を閉じ、妻と息子とともに、モンパルナスの墓地に埋葬されている。

クールノーの主著の出版一〇〇周年を記念する事業として、一九三七年一二月二九日に開催されたエコノメトリック・ソサエティのクールノー記念セッションの報告において、ニコル(Nichol, 1938)は、クールノーの生涯における悲劇を次のように要約している。その内容とは、まず、かれの革新的な業績が生前には学会から認められず、書物の出版がかれに金銭的な報酬をもたらすこともなかったという悲劇、また、かれの学者としてのもっとも生産的な時期を、アカデミーの学長などの管理運営という業務に忙殺されていた悲劇、そうして、疑いもなく最大のものは、失明という悲劇である。

では、なぜ、かれは、偉大な業績に匹敵する評判を得られなかったのか。なぜ、かれは、友人も、機会もあり、そして、研究にも実務においても、第一級の能力をもちながら、フランスの科学と政治の世界において、高い地位に昇りつめることがなかったのか。この疑問に答える手がかりとして、ムーア（Moore, 1905）は、クールノーの性格をあげている。すなわち、「自己宣伝や友人がかれを売り込もうとすることへの頑な嫌悪感、ならびに、他人からの評判をまったく気にかけない見事なまでの自律心、そして無比の誠実さ」、こうしたことがらが、その理由ではなかろうかと。

そうして、主著の出版からじつに数十年後の一八七〇年代に「限界革命」（marginal revolution）と称される経済学の近代化がはじまり、ジェヴォンズ、ワルラス、マーシャルなどの革命の推進者によって、ようやくクールノーの先行業績の存在が認められることとなった。

## 2　ナッシュ均衡の源流

クールノーにとってもっと喜ばしいことがらが起きた。それは、クールノーの書物の出版からじつに一〇〇年以上を経過したのち、ゲーム理論の基礎を築くことになったジョン・ナッシュによってなされた「ナッシュ均衡」の定式化とその存在証明である（Nash, 1951）。ナッシュ均衡といえば、いまや経済学の分野で広く応用され、非協力ゲームにおいてポピュラーな均衡概念である。

本書の第6章1節で説明するように、ゲーム理論では、「他のプレーヤーの戦略を所与としたときに、自己の利得を最大にする戦略のこと」を「最適反応戦略」とよぶ。そうして、「すべてのプレーヤーの戦略が、他のプレーヤーの戦略に対する最適反応戦略になっている状況」を「ナッシュ均衡」という。

現代の経済学では、クールノーが主著の第七章で示した複占市場の均衡は「クールノー均衡」とよばれているが、明らかに、「クールノー均衡は、同質財の複占市場において数量を戦略とするゲームのナッシュ均衡に相当している」ことがかわる。すなわち、ナッシュ均衡というゲームの均衡概念の起源は、クールノー均衡にある。

ただし、クールノーが原著の序文で述べているように、内容を理解するためには微積分学の初歩の原理で十分である。その知識を持ち合わせている現代の高校生や大学生にとって、原著の数学的分析をフォローすることはたやすい。さらに、原著では、クールノー均衡の存在を、二つの曲線（現代の経済学でいう「反応関数」のグラフ）の交点で示したに過ぎない。

ナッシュの功績は、「有限個の戦略集合をもつ有限人のプレーヤーからなる非協力ゲームには、混合戦略の範囲において必ずナッシュ均衡が存在する」という「ナッシュの存在定理」を一般的な条件のもとで数学的に証明したことにある。かれはその際に、「ナッシュ均衡」を最適反応関数（対応）の「不動点」としてとらえて、「角谷《かくたに》の不動点定理」を用いることにより、ナッシュ均衡の存在証明を与えている。驚くべきは、それが二二歳の若さで提出したかれの博士論文のなかで展開されていたことである。

クールノーが提起した寡占市場モデルの均衡について、それを特殊ケースとして含むより一般的なナッシュ均衡が定式化され、その均衡の存在が一般的に証明されたことによって、この均衡概念をより広い範囲に応用する可能性が開けた。

## クールノー均衡の妥当性と頑強性

通常は、書物が書評でとりあげられるのは出版からまもないころだが、クールノーの死後、主著の出版のじつに四五年後に、書評（Bertrand, 1883）が学術誌に掲載された。著者は、物理学・数学分野における功績から、のちにフランス・アカデミー会員に選出されることになるフランスの数学者ベルトランである。その学術誌には、ベルトランによるワルラスの著書（Walras, 1883）への否定的な意見が掲載されており、それと関連づけて、クールノーの主著にも書評がなされたのである。

その書評の解釈については、さまざまな意見があるようだが、現在では以下のような見解が主流となっている。すなわち、クールノー・モデルでは企業が供給量を選択すると想定し、均衡では企業は超過利潤を確保できるとしているが、企業が数量ではなく価格を変数として選択する場合には、同質財について消費者は価格の低い企業の製品を購入しようとするので、価格引き下げによる顧客の争奪戦の結果、複占市場においても、価格は限界費用に一致する競争均衡に行き着くとして、クールノー・モデルの難点を批判したと解釈されている。

ティロール（Tirole, 1988）によって「ベルトラン・パラドクス」と名づけられたこの結論が成り立つのは、価格の低い方の企業が、すべての顧客を奪えるという「無制限の供給能力」を仮定しているからである。しかし、企業の供給能力に限界があるという点に注目し、分析を進めたのがエッジワース（Edgeworth, 1897）である。かれは、純粋交換経済を描写する「エッジワース・ボックス」の名によって知られているが、かれの論文（ibid.）のなかで、企業に供給余力があるかぎり価格の引き下げ競争が起こるが、価格があまり低くなって供給能力の制約を超えるような需要が生じると、売り切れで商品を買えない顧客に向けて独占的に値上げをするのが有利となり、価格がヨーヨーのように上下し、均衡が存在しないケースが生じるという批判を行った。

その後、ゲーム理論を応用することによって、クールノー、ベルトラン、エッジワースの議論に終止符を打つ論文が公刊された。クレップスとシャインクマン（Kreps and Scheinkman, 1983）の理にかなった解決である。すなわち、「各企業は、第一段階で供給能力を選択し、第二段階では選択された供給能力を所与として、エッジワースの価格競争を行う」という、経験的な事実に即した状況を考えてみる。このとき、クレップスとシャインクマンは、「企業の選択する供給能力と価格が、まさにクールノー均衡と一致する」ことを示した。すなわち、クールノー、ベルトラン、エッジワースの議論には一長一短がある。しかし、実態に照らして三者のモデルを統合すると「クールノー均衡」が成立し、クールノー均衡の事実に即した妥当性と頑強性（ロバストネス）が示されたのである。このことを聞いたなら、このうえなく謙虚なクールノーでさえも、誇らしげな表情を見せることだろう。

なお、現代では、市場競争を分析するにあたって、クールノーの数量選択モデルとベルトランの価格選択モデルのいずれのモデルが一般的に正しいかという立場はとらない。数量と価格のいずれが比較的たやすく変更可能かに応じて、それぞれのモデルが用いられる。たとえば、小売業の衣料品の販売のように、衣料品の仕入れ量はおおむねシーズンはじめに決まっていて、期中にその変更は難しいが、価格の方はたやすく変更可能な場合には、クールノーの数量選択モデルが適切だとされる。他方、自動車の新車や文具のカタログ販売のように、カタログにいったん掲載した価格の変更はできないが、販売量の変更は比較的たやすいという場合には、ベルトランの価格選択モデルが適切だとされる。(注5)

### 不撓不屈の精進が実を結ぶ

さらに幸運なことに、ナッシュ均衡の概念が、ゼルテンにより多段階の意思決定が行われる「多段階ゲーム」へと拡張され、ハルサーニによりプレーヤーが不確かな情報しかもたない「不完備情報のゲーム」に拡張された（本書の第6章を参照のこと）。そして、それらが以上のクレップスとシャインクマンの研究をはじめ、経済学のさまざまな分野の問題に応用され、経済学の発展に貢献した。そうした業績をもとに、ナッシュに加えて、ゼルテン、ハルサーニの三名に一九九四年ノーベル経済学賞が授与された。

そのうち、ナッシュの主な業績は、二〇代前半に公刊した二つの論文に限られる。しかも、いずれも一〇頁以下というごく短いものである。

ノーベル経済学賞は、何百、何千の数の論文を公刊したから、あるいは、何百、何千のページから

**図1－1　市場理論の先駆者**

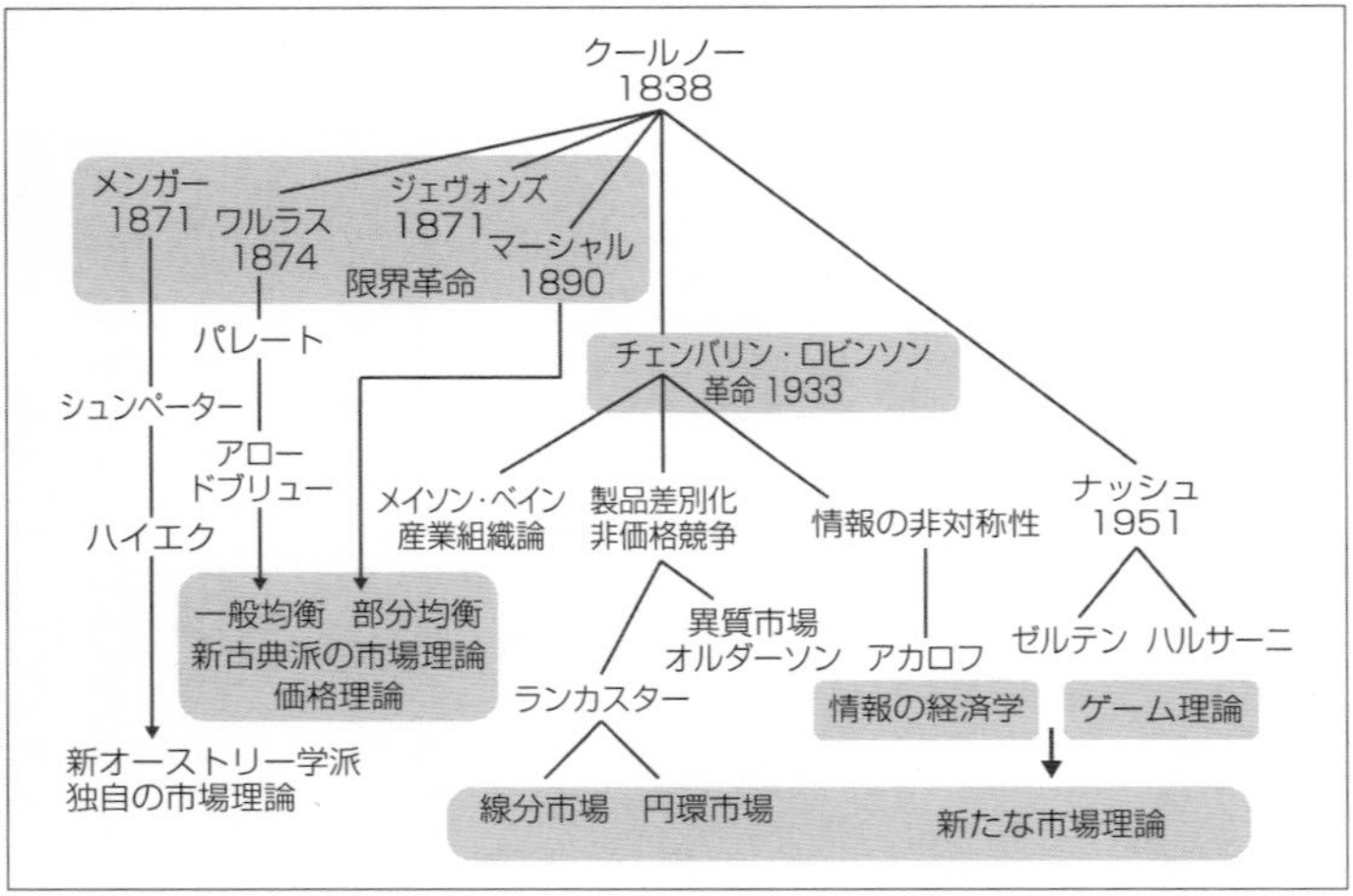


なる大著を出版したといって得られるものではない。新たな、重要で、価値ある研究をもとに、後続する多数の研究が生まれ、その拡張的な発展によって、それらが研究の一大山脈を形成したとき、その始発点となった研究に贈られるのがノーベル経済学賞だろう。だとすると、ナッシュの功績の前に、クールノーの功績があり、クールノーこそが、ノーベル経済学賞の対象者であるべきだろう。しかし、ノーベル経済学賞は生存者に限定されている。クールノーはノーベル経済学賞の受賞を逃したが、スウェーデン王立科学アカデミーの授賞式スピーチにおいて、かれが当該分野の先駆者と名指しされたことは、不撓不屈の精神によって成した研究への賛辞として、歴史に名を残すことになった。

　クールノーが市場理論の世界に蒔いた種は、その死後に芽吹いて、色とりどりの木々が育ち、ミクロ経済学の大きな森林となって、いまもわれわれを新たな研究へと誘っているのである。その内容は、本書の第Ⅱ部において紹介することにしよう。

# 第2章　均衡論の創始者　ワルラス

## 1　クールノーからワルラスへ

レオン・ワルラスによる主著『純粋経済学要論』(Walras, 1874) は、その第一分冊「交換の理論」が一八七四年に公刊された。そして、第二分冊「生産の理論」は一八七七年に、そしてそれらを集成し増補した第二版が一八八九年に出版された。この書物の二つの主要なテーマは、「限界効用理論」、および多数商品の価格決定を論じる「一般均衡理論」を展開することにあるといえよう。しかし、限界効用理論は、ジェヴォンズが『経済学の理論』(Jevons, 1871) によってすでに公表している。したがって、ワルラスの独自の功績は、「市場の一般均衡体系」の提唱という点にある。それゆえ、現代の経済学において、「クールノー均衡」と並ぶ「ワルラス均衡」の名とともに、ワルラスは、市場理論の偉大な先駆者のひとりとして名をとどめている。

ワルラスは主著の「はしがき」で、「わたしの経済学に関する見解の基本原理を父オーギュストに、その見解の発展のために関数の計算を用いることをクールノーに負っている」と謝辞を述べている。しかし、それはクールノーに対する虚礼ともとれる記述であって、ヒックスが論文（Hicks, 1934）で指摘しているように、ワルラスはクールノーの主著『富の理論の数学的原理に関する研究』を読み、そこから単なる数学的な方法の援用についてアイデアを得ただけでなく、それをはるかに超える影響を受けたことは、ワルラスの著書のなかに、クールノーの主著の重要な内容が登場することから明らかである。

さらに、ワルラスが提唱した一般均衡理論についても、そのルーツは、クールノーの主著のなかにある。すなわち、クールノーは第一一章の「社会所得について」において、多数市場の連関の分析を提起し、その内容を次のような文章から始めている。

「われわれは、以上各個の商品に対する需要の法則が、その商品の生産状態と結合して、いかに価格を決定し、またその生産者の所得を支配するかを研究してきた。われわれは他の商品の価格および他の生産者の所得は一定にして不変なるものと考えたのである。しかし事実上は経済体系はひとつの全体であって、そのすべての部分は互いに相関連しまた互いに反作用するものである。……ゆえに経済体系の一部分に関する問題を完全厳密に解決するためには、その全体系を考慮することを避けえないように思われる。けれどもかくのごときは、たとえ一切の常数の数値を定め得たりとしても、なお数学解析およびわれわれの実際上の計算方法の力を超えるものである」。そして、第一一章と第一二章の目的は「われわれがある種の近似法を用いることによって、いかなる程度までこの困難を避けうるか、また数学上の符号を援用することによって、いかなる程度までこの主題より生じる最も一般的なる問題の有益なる分析を行いうるかを示すにある」として、多数商品の需要と供給の相互関係を分析している（以上の引用は、すべて邦訳、一八一～一八二頁）。

## 若きワルラスの苦悩

一九三四年一二月、ワルラスの生誕百周年を記念して、エコノメトリック・ソサエティ、アメリカ経済学会、アメリカ統計学会の合同で記念セッションが開催された。『純粋経済学要論』の英語版の翻訳者となるウィリアム・ジャッフェが講演した「レオン・ワルラスの未公刊論文と書簡」という論文（Jaffé, 1935）は、ワルラスの生涯を詳しく物語っている。(注6)

マリー・エスプリ・レオン・ワルラスは、一八三四年一二月一六日、フランス北部ノルマンディの地方都市エヴルーに生まれた。父アントワーヌ＝オーギュスト・ワルラスは、クールノーと同年生まれの経済学者であって、『富の性質と価値の起源』（一八三一年）と題する書物の著者であり、さらに、クールノーとは、パリ高等師範学校在学中に同級生でもあった。そのため、ワルラス親子はクールノーと浅からぬ縁があった。

ワルラスは、一九歳のとき、パリのエコール・ポリテクニークの入学試験に失敗し、翌年、それまで十分ではなかった数学の準備に多くの書物を学んだ。ジャッフェ（Jaffé, 1935）が明かしているように、そのひとつは、クールノーの主著『富の理論の数学的原理に関する研究』である。ワルラスはこのすぐれた書物を読み、印をつけ、内心では会得したつもりだったが、エコール・ポリテクニークの入学試験にまたしても失敗し、一八五四年パリ国立高等鉱業学校に入学した。

しかし、かれは鉱山学にはまったく興味がもてず、小説を書くことに熱中し、一八五八年に『フランシス・ソーヴール』という小説を、そして、雑誌『ルビュー・フランセーズ』に「手紙」という短篇を掲載している。かれは、科学の道を歩むべきか、文学の道を歩むべきかに悩んでいた。当時のことを、かれは自伝で次のように述べている。一八五八年の夏、父親と一緒にフランスの南部を流れる渓流のひとつに沿って歩いたとき、父オーギュスト・ワルラスから、世の中にはいつもたくさんの作家がいるが、必要とされるのは社会科学者だと説得された。そして、ちょうど「レ・ロゾー」(Les Roseaux)とよんでいた別荘のそばを通り過ぎるとき、父の説得を受け入れ、かれは文学の途をあきらめて、父の経済学の仕事を継ぐことに一生を捧げる決心を固めた。こうして、賽は投げられたのである。

## 『純粋経済学要論』への途

かれは、経済問題について論文を書きはじめ、経済誌に投稿した。しかし、それらが採用されることはなかった。当時、公職にあるフランスの経済学者たちは、経済学を科学としてではなく、政治の一分野として関心をもつ権力者たちとの閉鎖的なグループを形成していた。そして、このグループが経済誌を牛耳っていた。かれは、学界に打って出るこの途から締め出されていることをすぐに悟った。ワルラス一家にはお金がなかった。かれに残された唯一の途は、見つけられるどんな仕事でも引き受け、残された時間を経済学への数学の応用を綴った論文の執筆に捧げることだった。

かれは、パリでジャーナリストとしての活動を始めたが、結局それは失敗に終わり、北仏鉄道の秘書として働いたのち、協同組合の銀行の管理者となったが、この銀行も破産した。その後、パリのより大きな民間銀行の責任秘書を務めた。かれは、一八六〇年にローザンヌで開催された国際租税会議に出席して報告を行ったが、それをきっかけにした偶然の機会が、やがてかれに幸運をもたらすことになる。

『純粋経済学要論』（手塚壽郎訳、邦訳本）に所収の「レオン・ワルラスの略伝」には、次のような興味あるエピソードが載っている。ローザンヌの国際租税会議以来、親しくしていたヴォー州の官吏ルイ・リュショネが、パリにワルラスを訪問し、近くローザンヌ大学に政治経済学講座が開設されることを伝え、かれにその教授選抜試験に応募するようにすすめた。かれはこのすすめに応じた。試験官は、リュショネを含む州の三人の名士と四人の経済学者から成っていた。試験の結果、ワルラスの採用について三人の名士はすべて賛成し、四人の経済学者のうち三人は反対した。残りのひとりの経済学者ダメット（Claude Marie Henri Dameth）は、ワルラス説には賛成ではないけれど、このような理論を講義させるのも学問の進歩には有益だろうとして、「ダメ」とはいわずに賛成した。僥倖にめぐりあうとはこのことか、ワルラスは大学からの採用通知を受けた。このとき、かれは、旅費にあてるために給料の前払いを学長に頼み、ローザンヌに向かった。

そうして、一八七〇年一二月一六日、奇しくも三六歳の誕生日に、ワルラスは、ローザンヌ大学の一年契約の非正規の教授として最初の講義を行うことになった。そして無上の喜びのなかで「一五年間、わたしは経済学講座のポストに就く日を切望してきました。わたしは、自分の時間のすべてを研究に捧げ、そしてわたしの考えを若くて開かれた心に伝えることに専念いたします」と誓った。翌年には、正規の終身教授となり、純粋経済学の完成に向けた仕事に一身を捧げつくした。それが本当であった逸話をあげて、ジャッフェは論稿（Jaffé, 1935）を閉じている。その内容は次のようなものである。ワルラスは、晩年、ローザンヌの東方、モントルー近郊、レマン湖のほとりの小さな街クラランに暮らした。あるとき、外国からの経済学者の代表団がその地を表敬訪問し、ワルラスの慎ましい住宅への道をたずねたとき、住民は「ああ、いつも自分の本を読みながら、間違い探しをしている老教授のことかね」と応えたという。このように、ワルラスは、最後まで学者であり、研究者であった。

ワルラス

一九〇九年六月一〇日、ローザンヌ大学はワルラスの七五歳の誕生日と五〇年にわたる研究生活を記念する盛大な祝典を開催し、かれの功績をたたえる記念碑を構内に飾った。その記念碑の除幕式に立ち会ったワルラスにとって、生涯で最良の日であったことだろう。

本書の筆者は、二〇一六年にスイスのジュネーヴで開催された欧州経済学会とエコノメトリック・ソサエティ合同の年次総会に参加したおり、レマン湖対岸のローザンヌ大学を訪れ、記念碑を前にしてワルラスを偲んだ。銘文には「一八三四年、エヴルーに生まれ、ローザンヌ・アカデミーおよび大学の教授として、経済均衡の一般的条件をはじめて明らかにし、それによってローザンヌ学派を創設したレオン・ワルラスへ。その無私の五〇年の研究を尊敬するために」と刻まれている。ワルラスは、その式典から約半年後、一九一〇年一月にその生涯を終えた。

### 純粋経済学とワルラス均衡

ワルラスは、主著『純粋経済学要論』の第四版の序において、「純粋経済学は、完全に自由な競争という仮説的なレジームのもとでの価格決定の理論である」と述べている。ワルラスの考察した市場均衡は、次のようなものである。いま、社会全体として、$n$種類の商品（財・サービス）が存在していると考えよう。市場には、それぞれの商品を供給する多数の生産者と、それらの商品を需要する多数の消費者が存在し、個々の生産者の供給量と個々の消費者の需要量は、市場全体の需要量や供給量に比べて無視しうるに等しいほど小さく、個々の主体の供給量や需要量を個別的に変化させたとしても、価格がまったく変化することがない状況を想定する。このような状況では、各主体は与えられた価格体系を所与として行動する「価格受容者」（プライス・テイカー）とみなされ、消費者は自己の効用の最大化、生産者は利潤の最大化を行うことによって、各商品に対する個別主体の需要量および供給量が定まる。これらの個別的な需要量と個別的な供給量を、それぞれ社会全体について総和すると、各商品についての総需要関数と総供給関数が得られる。商品ごとに総需要関数と総供給関数がひとつずつ得られるため、トータルとして、$n$ 個の総需要関数と $n$ 個の総供給関数が得られ、それらはすべて $n$ 種類の商品の価格の関数である。ここで、すべての商品について、市場における総需要と総供給が一致しているとき、すなわち、各商品の総需要＝総供給という $n$ 本の連立方程式が成立しているとき、市場は「一般均衡」(general equilibrium) の状態にあるとよばれ、この連立方程式の解として定まる価格を一般均衡価格という。また、以上のような競争的な状況のもとでの一般均衡のことを、単に「競争均衡」とよび、ワルラスが注目した市場均衡という意味を込めて「ワルラス均衡」とよぶ。

## 2　競争均衡パラダイム

### ワルラス均衡の存在証明

ワルラスは、そうした連立方程式体系により多数財市場の相互依存関係を描き出したが、ワルラス均衡は存在するのだろうか。この点について、かれは方程式の数と未知数の個数の一致ということから、均衡価格が求まることを示唆するにとどめている。しかし、方程式の数と未知数の個数が一致しているというだけでは、連立方程式に解が存在することが保証されないことは、いまでは広く理解されていることがらである。ところで、ワルラスの方程式体系が均衡解をもたないというならば、多数市場の相互依存関係による均衡価格の決定という、一般均衡理論の構想も空虚なものとなる。このワルラス均衡の存在証明という重要な課題は、のちの世代にゆだねられることになった。

一九五〇年代から六〇年代にかけて、こうしたワルラスの一般均衡体系にとって決定的に重要な問題に取り組んだ数学者・経済学者のなかに、二階堂副包、宇沢弘文をはじめとする日本の経済学者たちがいた。そうして、アローとドブリュー、マッケンジー、ゲール、二階堂、宇沢によって、ワルラス均衡の存在について数学的に肯定的な解答が与えられた。その業績をもとに、アローは一九七二年に、ドブリューは八三年にノーベル経済学賞を受賞している。

この成果として明らかにされたことがらは、ワルラス均衡が存在するための条件として、需要関数および供給関数が価格の連続関数であること、それに加えて、均衡状態にあるか否かにかかわらず、すべての商品に関する需要額の総和が供給額の総和と一致するという「ワルラス法則」が成立することである。ここでワルラス法則とは、財の供給により得られた所得が余すことなく、すべて商品の購入のために支出されるということである。こうした条件が満たされるならば、「ブラウアーの不動点定理」によって、ワルラス均衡の存在が数学的に証明されたのである。

驚くべきことに、「ブラウアーの不動点定理」は、ナッシュ均衡の存在証明において用いられた「角谷の不動点定理」の系にあたっている。(注7) すなわち、ナッシュ均衡の起源ともいえるクールノー均衡の存在とともに、ワルラス均衡の存在が、同類の数学定理によって証明され、概念的にはまったく異なる二つの市場均衡が、同じ数学的な論理の上に成り立ち、通底しているという事実は、じつに興味深いことがらである。

## 競争均衡パラダイム

ワルラスは、一八九二年、ローザンヌ大学の講座をイタリアの経済学者パレートに譲って大学を退いた。このワルラスの後継者であるパレートが提起したものとして「パレート最適」という概念がある。いま、「社会を構成する誰をも犠牲にすることなく、少なくともひとりのメンバーの利得を改善すること」ができるならば、そのような改善を「パレート的改善」とよぶ。そうして、もはやパレート的な改善の余地が残されていないとき、その状況は「パレート最適」(Pareto optimal) とよばれる。また、経済学の分野で、この概念を資源配分（以下では、配分とも略称する）の問題に適用するとき、「最適」という語弊を生むことを恐れ、内容に即して「パレート効率的」配分と表現されることが多い。

アローとドブリューは、ワルラス均衡の存在証明を行ったが（Arrow and Debreu, 1954）、同時に、「ワルラス均衡における配分はパレート効率的である」という、今日では「厚生経済学の第一基本定理」の名で知られている命題を証明した（Arrow, 1951; Debreu, 1951）。すなわち、競争的な市場均衡では、生産計画や消費計画をいかに変更しても、すべての主体を犠牲にすることなく、少なくともひとりの利得（効用や利潤）を増加させるという相互有利化の余地はないというパレートの意味で、効率的な資源配分が達成されているということである。

アダム・スミスの『国富論』(Smith, 1776) 第四編二章には、多くのひとびとが引用する次のような有名な箇所がある。すなわち、

「みえない手に導かれて、彼の意図のなかにまったくなかった目的を推進するようになるのである。……自分自身の利益を追求することによって、彼はしばしば、実際に社会の利益を促進しようとするばあいよりも効果的に、それを推進する」(邦訳、第二巻、三〇三～三〇四頁)

という段落である。それは、『国富論』の膨大な分量におよぶ内容のうちで、目立たない箇所にわずか数行ほどの短い文章でさらりと表現されている。しかし、この文章に込められた「ひとびとによる個別的な利益(私益)のあくなき追求が、見えざる手(invisible hand)に導かれて、自然と社会的に望ましい資源配分を導く(公益に合致する)」というスミスの予定調和の世界観は、「競争均衡パラダイム」ともよばれてきたのである。

そうして、アロー、ドブリュー、マッケンジー、二階堂らによるワルラス均衡の存在と効率性の研究をどう理解すべきかについて、異なった見方がある。

一方では、それらの研究によって、このような「競争均衡パラダイム」を肯定する数学的な証明が確立されたのだという理解がある。

他方では、ワルラス均衡が存在し、その状況では資源の効率的配分という点で好ましい成果をもたらすとしても、じつはそうした状況が達成されるのは、厳しい前提条件が満たされる場合に限定され

る、という理解がある（たとえば、奥野・鈴村〔一九八八〕の第二三・三節「競争均衡パラダイムの限界」、一二四～一二五頁およびカウシック・バスー〔Basu, 2011〕、邦訳、四〇頁など）。その前提条件とは、①すべての市場が「完全競争」の状態にあり、各経済主体は価格を所与とみなして「価格受容者」として行動すること、②「市場の普遍性」とよばれるように、すべての財・サービスに所有権が設定され、それらを売買する市場が存在していること、③需要関数と供給関数の「連続性」を保証するような生産および消費に関する仮定が成り立っていることである。そのような前提条件が満たされるときに限って、ワルラスの市場均衡はパレート効率性という好ましい性質をもつのである。

一見すればわかるように、これらの前提条件はかなり厳しい。とくに、上記の①と②の条件を同時に満たすのは、きわめて限られている。「競争均衡パラダイム」の限界が示されたとする後者の立場から、その後の市場の理論は、「市場の失敗」の指摘とその是正のための処方箋の検討へと向かったのである。

**市場メカニズムの虚構――残された課題**

さらに、需要と供給の均衡方程式体系の解であるワルラス均衡は、どのようにして発見されるのだろうか。この点について、ワルラスは、良く組織された市場にあるように、市場が均衡にないとしたら、総需要が総供給よりも大きければ、この商品の価格は上昇し、総供給が総需要より大きければ、その価格は下落し、市場が均衡に到達するまでは取引が行われないとする「模索過程」（タトマン：

tâtonnement）を考え、そうした価格の騰落による需給調整のメカニズムによって、需要と供給の均衡方程式体系の解が得られると示唆した。

この点についても、一九五〇年代から六〇年代にかけて、アロー、ブロック、ハーヴィッツ、根岸隆などの研究が明らかにしたように、価格が超過需要量（需要量と供給量の差）に応じて変動する様子を微分方程式として定式化するとき、超過需要関数が「粗代替性」というきわめて限定された条件のもとで、ワルラスの模索過程は均衡価格に収束するのである。

通常、経済学の教科書では、ワルラスが模索過程として例示した価格の騰落による需要と供給の調整は「価格のパラメーター機能」とよばれ、それが市場における需給調整の仕組みを示す「市場メカニズム」であると理解されてきた。しかしながら、アロー（Arrow, 1951）が早くから指摘しているように、すべての消費者や生産者が価格受容者であるならば、そのように価格を設定し、動かしている主体はどこにいるのか、誰なのか、また、その主体が、どのような経済的動機からそのように価格を動かしているのだろうか。

これまで「市場メカニズム」という名のもとでなされてきた議論は、きわめて不完全だといわざるをえない。市場メカニズムとは何か、市場はいかに機能するのか、という市場の理論の根幹を成す問題について、これまで納得のいく説明はなされていない。これらの重要な課題は、未解決のまま将来の世代に残されている。本書の第Ⅲ部では、こうした問題に対して、新しいアプローチを試みる。

# 第3章　新古典派の開祖　マーシャル

## 1　経済学の近代化革命

一八七〇年代に始まった「限界革命」では、同方向の新しい学説が、イギリスのスタンレー・ジェヴォンズ、オーストリアのカール・メンガー、フランスのレオン・ワルラスといったヨーロッパの三大民族を代表する三人の学者によって、ほぼ同時期に群生するかたちで提唱された。それは、スミスからリカード、マルサス、ジョン・スチュアート・ミルへと続くイギリスの古典派経済学と近代経済学との境界を分かつ、経済学の世界における近代化革命である。マーシャルは、この三人とならぶ、限界革命の先導者とみなされている。

シュンペーターは、自身の遺稿となった未完の著書『経済分析の歴史』(Schumpeter, 1954) のなかで、新たな学説が出現する前提条件として「古典的状況」という概念を提示している。それは「事情通のあいだに実質上意見の一致が成り立っていたし、さらに偉大な仕事はすでに成し遂げられていて、多数の人々は、こまかい点を除けば、ただこれに推敲を加えたり、これを応用したりすることだけが残された仕事だと考えていた」状況である（邦訳、第二巻、五頁）。

ジョン・スチュアート・ミルは『経済学原理』（Mill, 1848）の第三編（交換）第一章（価値について）で、「価値の法則には、今日の著述家、あるいは将来の著述家が究明しなければならないものは、幸いにして何ものも残っていない。この問題に関する理論は完成している」と述べている（邦訳、第三分冊、一九頁）。これは、まさに、シュンペーターが学問上の新たな革新の基礎条件とした「古典的状況」の証左といえよう。この書物の出版からわずか二十数年後、この「価値論」の分野に革命的な新理論が出現するのである。さらにいうならば、ミルがこの著書を出版する一〇年前に、クールノーは、イギリス経済学の価値論に見られる「古典的状況」を鋭く感じとっていたかのように、「富」（価値）に関する革命的な研究書を世に問うていたのである。

## 限界革命の意味するもの

限界革命が経済学の世界にいかなる革命をもたらしたかについて、さまざまな解釈がある。

第一に、「限界革命」は価値・価格の分析の中心を、「費用」という「客観的」な側から、「効用」という「主観的」な側に移し替えたのだとする解釈がある。

このように、限界革命を「効用革命」あるいは「主観革命」として評価すると、デュピュイやゴッセンなどによる「限界効用理論」の先行業績があるものの、それとは独立に『経済学の理論』(Jevons, 1871) の第三章の「効用の理論」と第四章の「交換の理論」において、価値(交換比率、価格)の決定を限界効用によって真っ先に定式化したウィリアム・スタンレー・ジェヴォンズに、限界革命の先駆的な貢献がある。ジェヴォンズは、リヴァプールに生まれ、「太陽黒点説」という景気循環論を実証し、創刊まもない雑誌『ネイチャー』にも多数の論文を掲載している気象学の権威でもあるが、水泳中に気を失って溺死し、四六歳の若さで生涯を終えた。

また、限界効用の提唱という点でいえば、同年に出版されたメンガーの『国民経済学原理』(Menger, 1871) にも先駆的な貢献が認められる。メンガーの場合には、ジェヴォンズとは異なって、数学を援用することなく、数値例を用いた説明を行っている。この書物を基盤にそれを発展させて、のちにウイーン大学をメッカとするオーストリー学派として栄えることになったが、この学派に属するハイエクらの特色のあるその学問的性格は、ワルラスやマーシャルの流れを汲む経済学者とは区別される独自の市場理論へと発展していった。その内容は、本書の第13章において触れることにしよう。

第二に、「限界革命」(marginal revolution) と称されるときの「限界」は、変数の「追加分」、その微かな変化分である「微分」を意味している。したがって、限界という形容詞が示すように、限界革命とよばれる経済学の近代化は、消費者の効用極大化と企業の利潤極大化という行動仮説を立てて、それぞれを分析するにあたって、微分という「限界分析」を援用する「分析用具の革命」だとする解釈がある。このように限界革命を評価すれば、すでに説明したように、限界革命より三〇年以上も前に、クールノーの主著における微分を用いた利潤極大化の分析があり、クールノーにこそ先駆的な貢献がある。

第三に、限界革命の新たな学説を市場の理論という観点から見れば、需要と供給の均衡に注目して、価格や需要量、供給量を説明する「市場均衡の理論」を確立した点に特徴があるという解釈がある。この点でいえば、多数市場の相互依存関係を考慮した一般性という点ではワルラスの「一般均衡理論」に先駆的な貢献が認められるが、それと並んで、「他の事情は一定のもとで」という条件のもとに、ある特定の財・サービスの市場を具体的かつ詳細に考慮したマーシャルの「部分均衡論」にも先駆的な貢献がある。

限界革命の先導者のひとりとみなされ、のちにイギリスのケンブリッジ学派を築き、新古典派経済学の父とよばれることになるマーシャルだが、かれの主著『経済学原理』が出版されたのは一八九〇年のことである。それは、ジェヴォンズ、メンガー、ワルラスらによる華々しい著作の出版に遅れること二〇年、マーシャルの『経済学原理』(Marshall, 1890, 1920) は、長年にわたる研究と彫琢の結果であった。

しかも、『経済学原理』は、一九二〇年の第八版（決定版）が出版されるまで、じつに三〇年にわたってたびたび改訂が行われた。構想から出版にいたるまでに二十余年、出版後も繰り返された改訂に三〇年と、合計すれば半世紀以上におよぶ内容の変遷には、マーシャルが市場理論の集大成に向けた理想と現実がある。その足跡をたどりながら、マーシャルの市場理論の特徴に迫ってみよう。

## 多様な学問遍歴――はじまりは数学にあり

一八四二年七月二六日、アルフレッド・マーシャルは、イングランド銀行の出納係ウィリアム・マーシャルの息子としてクラプアムに生まれた。九歳のときにマーチャント・テイラーズ・スクールに入学したが、数学の勉強が好きで興味があり、教師からも「かれには生まれつき数学の才能がある」と認められていた。一八六二年、叔父の資金援助のもと、数学の研究を希望して、年四〇ポンドの奨学金の得られるケンブリッジ大学のセント・ジョンズ・カレッジに入学した。そして、一八六五年、数学科卒業試験（トライポス）では第二位の優等生となり学位をとると、ただちにフェローに選出され、分子物理学の研究に専念しようと考えた。そして、叔父への負債の返済を終えるまでの数年間、数学の教師として生計を立てた。その間、しだいにかれの興味は数学から離れて、哲学、形而上学へと移っていった。そうして、最後に、経済学の研究に落ち着いた。

このようなかれの学問遍歴は、かれの強みとなった。ケインズは『人物評伝』(Keynes, 1933) のなかで、マーシャルについてこう述べている。「経済学の大家はもろもろの資質のまれなる組合わせを所持していなければならない、ということのうちに見いだされるであろう。そういう人はいくつかの違った方面で高い水準に達しており、ざらにはいっしょに見られないような才能をかね具えていなければならない。彼はある程度まで数学者で、歴史家で、政治家で、哲学者でもなければならない。彼は記号もわかるし、言葉も話さなければならない。彼は普遍的な見地から特殊を考察し、抽象と具体とを同じ思考の動きの中で取扱わなければならない。彼は未来の目的のために、過去に照らして現在を研究しなければならない。人間の性質や制度のどんな部分も、全然彼の関心の外にあってはならない。彼はその気分において目的意識に富むと同時に公平無私でなければならず、芸術家のように超然として清廉、しかもときには政治家のように世俗に接近していなければならない。こういう理想的な多面性の多くを、そのすべてではないが、マーシャルは具えていた。けれども主として彼の雑多な訓練と分裂した本性とが、経済学者として必要な資質のもっとも不可欠で基本的なものを彼に与えた、……彼は歴史家としても数学者としても異彩を放ち、特殊と普遍、一時的なものと永遠なものとを同時に取扱うことができた」（邦訳、一三六～一三七頁）と。

## 2 『経済学原理』の誕生まで

マーシャルが真剣に経済学の研究を始めたのは、おもにケンブリッジで数学の教師をしていた一八六七年のころであった。そのときには、ミルとリカードが依然として最高の学説であり、挑戦を許さぬ勢力をふるっていた。かれはミルの『経済学原理』に没頭し、ミルのなかに最終的な表現をえたスミスからリカードへと続く推論をできるかぎり数学に書き換え、諸命題をいっそう一般化しようとした。かれ自身が数学に堪能であるし、数学的方法を応用するという考えが時代の潮流になっていたからである。一八六八年には、かれはケンブリッジのセント・ジョンズ・カレッジの道徳科学の講師に任命され、その講義は経済学のほかに、論理学と倫理学を含んでいた。この講師でいる九年の間に、ジェヴォンズやメンガーの主著が公刊されているが、マーシャルは限界革命の中心概念の多くを独力で身につけた。

一八七七年、マーシャルは、ケンブリッジ大学での婦人のための教育施設であるニューナム・カレッジでのかれの教え子で同カレッジの経済学講師となっていたメアリー・ペイリーと結婚した。ケインズは「彼女の生涯は彼とその仕事に捧げられたが、その没我的で理解にみちたありさまは、友人やもとの教え子たちにとって、彼ら二人を別々に考えたり、彼の知性がなし遂げたことがらにたいして彼女の輝かしい天賦の性格が大きな役割を寄与したことを認めないわけにはいかないほどのものであった」(『人物評伝』邦訳、一四〇頁)と記している。

フェローの地位は独身を条件としていたので、ケンブリッジを離れ、同年、ブリストルのユニヴァーシティ・カレッジの初代学寮長、および経済学の教授となった。しかしながら、腎臓結石にかかり、

マーシャル夫妻

(出典　*Economic Journal*, Vol. 34, No. 135, p. 322, 1924)

一八八一年、過労と病気を理由に学寮長の職を辞し、妻を伴ってイタリアに行き、パレルモ、フィレンツェ、ベニスにて静養した。一八八二年に健康を回復してブリストルに戻ったが、すでにこのイタリア滞在中に、かれは『経済学原理』の原稿を書き始めていた。一八八三年、かれはアーノルド・トインビーの死去によって空

席となっていたオックスフォードのベリオル・カレッジのフェロー兼インド行政官選抜候補者に対する経済学講師となり、一八八五年一月、マーシャルは経済学の教授として、フェローの結婚禁制が解けてまもないケンブリッジに帰った。そうして『経済学原理』の完成に力を注いだ。

研究を体系化して書物として世に公にする作業には、肉体的にも精神的にも大きな負担がともなうものである。この点で、マーシャル夫人が語る逸話には、それを乗り越えるためにとったマーシャルの遊び心を感じさせる微笑ましいエピソードがある。

「彼は六〇ポンドと背嚢とをたずさえて、たいていはアルプスの高地を歩き回って日を過ごした。……彼は七月の始め頃過労のために疲れ切ってケムブリッジを発ち、十月になってから日焼けして丈夫になり、しゃんとして帰ってきた。……こういうアルプスのひとり歩きのあいだに、彼はもっとも困難な思索の大部分を行ったのである。……アルフレッドはいつもいちばんよい仕事を戸外でした。……八十年代の初めごろ、パレルモでは静かなホテルの屋根に上って、風呂のふたを日除けにして仕事をした。オックスフォードでは庭の中に「ほら穴」を作って、その中で執筆した。ケムブリッジではバルコニーで、のちには書斎としてしつらえた〝箱舟〟と称する大きな回転式の小屋の中で仕事をしたし、またチロルでは一山の石とキャンプ用の椅子と空気蒲団とを取合わせて、彼が〝王座〟とよんでいたものを作った。そして後年には、わたくしたちはいつもテントの掛け小屋を持ち歩いて、その中で彼は日を過ごした。」(『人物評伝』邦訳、一三七〜一三九頁)

一八九〇年七月、ようやく『経済学原理』が出版された。この書物は、クールノーの主著の出版とはまったく異なり、即座に、新聞の社説や雑誌の書評でとりあげられ、驚くほどの速やかさで、それが経済思想の新時代を招いたと報じられた。

### 自然は跳躍せず

マーシャルは『経済学原理』(Marshall, 1890, 1920) の扉に「自然は跳躍せず」(Natura non facit saltum) という言葉を掲げた。そして、初版への序文のなかで、次のように、経済学の「進化」についての「連続性の原理」を主張している。「現代の最善の研究のうちには、一見すると初期の研究を否定するようにみえるものもたしかにあることはあるが、これも全体系の適当な場所に定着し、そのあらあらしい角がとれてしまうようになれば、科学の発達の過程における連続性を真にたちきるものでないことが明らかになろう。新しい学説は古い学説を補足し、展開し、進展させ、ときとしてはこれに修正を加えることもあるが、多くの場合はただ力点のおき方を変え、新しい色合いを与えるだけであり、これをまったくくつがえしてしまうといったことはほとんどない」(邦訳、vii頁) と。

マーシャルは、一八七〇年代の半ばまでに、かれの特有の学説をかなりの程度まで仕上げていた。「ジェヴォンズは釜が沸くのを見て子供のような喜びの叫びをあげた。マーシャルも釜が沸くのを見たが、黙って座りこんでエンジンを作ったのである」(『人物評伝』邦訳、一四八頁) と表現されるように、マーシャルは、それをそのまま書物にして出版するのではなく、革新的な学説を古典派の内容に結びつける努力をはらって、経済学の限界「革命」を経済学の「進化」へと転換させたのである。マーシャルは、スミス、リカード、ミルの古典派経済学、クールノーの数理経済学、メンガー、ジェヴォンズ、ワルラスの革新的な理論など過去の学問的考察の成果を幅広くふまえたうえで、それらを批判的に検討して一般化を図り、総合的体系のなかにそれらを適切に位置づけた。このために二〇年の歳月を要したのである。また、このように考えれば、古典派から近代経済学への発展は連続的であるとする『経済学原理』の扉の言葉が示す内容となる。

たとえば、『経済学原理』第五篇第三章「正常な需要、供給の均衡」における有名な箇所では、「価値が効用で決まるか生産費で決まるか議論するのは、紙を切るのははさみの上刃か下刃かと争うようなものであろう。……一般原則としては、とりあげる期間が短ければ、価値にたいする需要の側の影響をそれだけ重視しなくてはならないし、期間が長ければ、生産費の影響をそれだけおもく考えなくてはならない」（邦訳、第Ⅲ巻、三六～三七頁）と述べている。この議論には、価値価格の議論において、供給の側を重視する古典派の分析と、需要の側を重視する限界効用の論者たちによる分析とを統合したマーシャルの才覚が現れている。

### 真理を発見するためのエンジン

マーシャルは、経済理論の骨格はそれだけでは大した価値はなく、有益で実際的な結論という点では、あまり役に立たないものだという見地に立っている。現在の経済問題の解釈にそれを適用するにあたって、経済社会の事実についての深い知識が必要となるが、こうした事実は絶え間なく急速に変化するからである。

かれは、ケンブリッジ大学の教授就任の公開講義において、以下のような言葉でもって、自らのそうした立場を明らかにしている。すなわち、「経済学的推理の中心構造は高度の先験的な普遍性をもつものと考えながらも、わたくしは経済学説にたいしては、なんら普遍性を認めるものではない。それは具体的な真理の集まりではなくて、具体的真理を発見するためのエンジンなのである」（『人物評伝』邦訳、一五九～一六〇頁）。

今日われわれが市場を分析するにあたって用いている、弾力性、消費者余剰、準地代、内部経済、外部経済、代表企業、長期および短期といった有用な経済分析の用具は、マーシャルの創造物であり、こうした真理を発見するためのエンジンは、さまざまな特定の具体的な問題にも応用しうる一般的方法なのである。

さらに、マーシャルは、代数よりも図形による説明の有用性を強調し、「図形経済学」の創始者とよぶにふさわしい資格をもっている。たとえば、価格が上がると、需要量は減少するという通常財のケースでは、需要量は価格の減少関数となる。それをグラフとして表現するとき、数学では、横軸に独立変数としての価格、縦軸に従属変数としての需要量をとって、右下がりのグラフとして描く。

ちなみに、需要関数や需要曲線の生みの親はクールノーであろう。かれの主著（Cournot, 1838）の第四章には需要曲線が図示されているが、クールノーは、数学者らしく横軸には価格をとり、縦軸に需要量をとって、右下がりの需要曲線のグラフを描いている（邦訳、八三頁）。

しかし、現在の経済学では、マーシャルの『経済学原理』にしたがって、需要曲線のグラフは縦軸に価格をとり、横軸に需要量をとって描かれる。そのため、需要関数の右下がりのグラフを見て、経済学の初学者は、「需要量が増えると、価格は下落する」と誤解する危険性がある。しかしながら、マーシャルは、価格は「高低」と表現するので、「価格を縦軸にとる」のが直感にかなっていると考えたのだろう。以来、この流儀がいまにも伝わっている。

マーシャルは『経済学原理』において代数より図形による簡単な説明を選んだ。その理由は、数式による表現によって「実業家」たちが肝をつぶしてかれの本を読まなくなりはしないかとの心配によるとも考えられるが、別の理由もあるようだ。

ケインズの解釈によるならば、「マーシャルは、かつて数学科学位試験の第二位優等者であり、分子物理学を探求しようという野心をもやしたことのある身として、知的ないし美的見地から、数理経済学を構成している初歩の代数や幾何や微分学などのどちらかといえば「たわいない」切れはしにたいして、いつでもいささか軽侮の念をいだいていた。……数学形式で表現しうるような経済理論のただの骨格の部分は、複雑で不完全にしか知られていない経験上の事実についての解釈に比較すると、きわめて容易なものであり、有益な成果の確立に寄与することがはなはだもって乏しい」（『人物評伝』邦訳、一四九～一五〇頁）と痛切に感じていた。そのため、マーシャルは『経済学原理』において、あえて数学的な表現による説明を極力さけようとしたというのである。

## 3　ビジネス・エコノミクスの始祖

理論研究と事実・実態研究の関係について、『経済学原理』のなかに多くの記述が見られる。「理論の研究は事実の研究と協同していかなくてはならない」（邦訳、第I巻、四八頁）。「事実の直接的かつ系統的な研究のためには、たんなる分析と「理論」の研究にそそぐよりもいっそう多くの時間を傾注すべきであろう」（同、二〇〇～二〇一頁）。「経済学研究のうちには精妙な科学的方法よりも敏捷な機知、健全な平衡感覚、人生経験を必要とする分野が多くあることは疑いもなく事実であるが、その反面、科学的装置がなくては遂行しにくい分野も少なくないのだ」（同、二〇一頁）。こうして、シュンペーターが『経済分析の歴史』のなかで指摘しているように、マーシャルの経済学は理論と事実にほぼ均等配分されていることが見いだされる。

ケインズはマーシャルを評して、「彼はこの世の広大な実験室の中にはいり、そのどよめきに耳をかたむけてさまざまな調べを聞き分け、実業家と同じように口をきき、しかもすべてを高い知性をもった天使の目で観察したいと望んでいた」（『人物評伝』邦訳、一五〇頁）と述べているのである。

また、シュンペーターは、「マーシャルが特殊均衡の側面について抱いていたと思われる理由をふたたび思い起こしてみると、また、それらの便利な分析用具を分析してみると、われわれは、かれの理論的思考の現実主義に突き当たらざるをえない。特殊均衡分析は個々の産業や個々の企業の実践的な問題をとりあげている。もちろんそれ以上のものであるが、それはビジネス・エコノミクスの科学的な基礎でもある。分析用具のあるもの、たとえば主要費用と補助費用は、ビジネスの慣習から実際に借用されたものであり、準レントや内部経済、外部経済などは、ビジネスの現状を的確にとらえ、ビジネスの問題をうまく定式化するのに適した概念である」(Schumpeter, 1941, p. 242) と記している。

このようなマーシャルの研究姿勢、ならびに、ケインズやシュンペーターの意見をもとにすれば、マーシャルはビジネス・エコノミクスの始祖ということができよう。

こうしたかれの事実への精通と分析的な才能は、『経済学原理』においてよりも、マーシャルが七七歳の最晩年に出版された『産業と商業』(Marshall, 1919) においてより明瞭に現れており、シュンペーターは「かれの歴史的な事実への精通とかれの分析癖とが別々に宿るのではなく、きわめて密接に結びついており、生きた事実が定理のなかに入りこむとともに、定理が純粋に歴史的な観察のなかに入りこんでいる」(Schumpeter, 1941, p. 238) と述べている。

『産業と商業』は、『経済学原理』とはまったく異なった種類の本である。その内容の大部分は記述的で、三分の一が歴史的な分析である。それはかれの多数の個々のモノグラフや論文をまとめて出版されたものであるが、ケインズは、この書物にはずいぶん前に執筆された内容が含まれており、それらは別々に出版した方がよかったし、それらをしまい込んでおいたのは、かれの失敗と判定されなければならないと評価している（『人物評伝』邦訳、一九一頁）。

そうしたケインズの評価は、マーシャルが『経済学原理』の出版にあたってとった体系書の完成という理想へのかれの批判とも相通じるものがある。ケインズによると「経済学の体系書には大きな教育上の価値があるかもしれない。たぶんわれわれは、主要作品として、各世代ごとに一個の体系書を必要とするであろう。けれども経済的事実の一時的な性格や、それだけ切り離されたばあいの経済学原理の無内容さなどを考えると、経済科学の進歩と日常の有用性とは、先駆者や革新者が体系書を避けてパンフレットやモノグラフの方を選ぶことを要求するのではないだろうか。……経済学者たちは四つ折り判の栄誉をひとりアダム・スミスだけに任せなければならず、その日の出来事をつかみとり、パンフレットを風に吹き飛ばし、つねに時間の相の下にものを書いて、たとえ不朽の名声に達することがあるにしてもそれは偶然によるものでなければならない」と（『人物評伝』邦訳、一六一〜一六二頁）。

マーシャルは、『産業と商業』の扉に「ひとつに多くを、多くにひとつを」（The many in the one, the one in the many）という文言を掲げている。一見すると単純で、ひとつに見えることがらが、じつは多様な要因から成り立ち、それらの要素に分解して検討することが必要である。それとは反対に、多くの複雑に見えることがらが、ひとつの単純な原理によって導かれることを究明することも必要である。

晩年の書物に記したかれのこの短い言葉には、理論の研究と事実・実態の研究との協同の必要性をもとめた、マーシャル経済学の「理想像」が見事に集約されている。

そして、一九二四年七月一三日、八二歳の誕生日の二週間前に、マーシャルは永眠した。

# 第4章　市場理論の革新者　チェンバリン

## 1　チェンバリン・ロビンソン革命

ケンブリッジ新古典派経済学の巨星、マーシャルがこの世を去ったあと、一九二〇年代から三〇年代は、市場が大きく変革するとともに、市場理論の一大革命期であった。世界恐慌が起きて、失業者が大量に発生し、そうした現実をふまえて、ケインズによる『雇用、利子および貨幣の一般理論』（一九三六年）が出版された。個々の生産者や消費者の行動に注目するミクロ経済学とは異なり、国民経済全体としての所得や物価水準、雇用、利子、貨幣などの集計量の関係を分析の中心とするマクロ経済学の誕生である。

一九二〇年代には株式会社制度が一般化し、「所有と経営の分離」のもとに、資金の調達および経営管理の面で「企業規模の拡張」が容易となった。大量生産は「規模の経済」を通じて費用の低下を生み出し、価格の引き下げによる大量販売へとつながる。こうした「大量生産・大量販売」のサイクルにのって、小規模企業の淘汰が進み、寡占的な市場構造へと転換していった。

アメリカでは、スタンダード・オイル、デュポン、フォードモーター、ゼネラルモーターズ（GM）、USスチール、シアーズ・ローバックといった市場支配力をもつビッグ・ビジネスが台頭し、経営史家アルフレッド・チャンドラーが『経営者の時代』（Chandler, 1977）で描いたように、巨大企業の「見える手」（visible hand）による経営管理が資源配分をコントロールする状況が生まれた。それは、市場への影響力の無視しうる多数の小規模企業の「原子的競争」（アトミスティック・コンペティション）から、市場支配力をもつ少数の大規模企業が競争する「寡占」や「独占」への転換である。この市場の変革が、市場理論の革新を生み出した。

一九三三年、エドワード・チェンバリンの『独占的競争の理論』（Chamberlin, 1933）と、ジョーン・ロビンソンの『不完全競争の経済学』（Robinson, 1933）との出版である。二つの書物は、市場構造と企業行動の分析を現実に近づけ、理論と現実の大きなギャップを埋めようと企てた。これらの出版が経済理論の学界に与えた衝撃は、はなはだしく、まさに革命という名に値するほどの速さで、多くの連鎖反応を巻き起こした。

両書は同年の出版、しかも、初版の「まえがき」の日付はいずれも一九三二年一〇月である。まずチェンバリンの書物が出版され、その数カ月後にロビンソンの書物が相次いで出版された。初版の「まえがき」で、チェンバリンは「この研究は一九二七年四月一日にハーバード大学に博士論文として提出する二年前にかたちを成しはじめていた。……書き直しをするなかで、……ところどころ結論は少し変更されているが、全体的に見ると、ハーバード大学の図書館に収蔵された博士論文を、単に、よりいっそう批判に耐えられる形にしたものである（と考えている）」（Chamberlin, 1933, 6th ed., pp. xi–xii）と述べている。そこでは、ロビンソンの著書への言及はなく、自身の研究の新規性を記している。

遅れて出版されたロビンソンの著書の「まえがき」では、「この書物は、わたしが新しいと確信するいくつかの内容を含んでいる。そのすべての新しいアイデアについてではないが、『この書物はわたし自身が考案したものだ』と断言できる。……チェンバリン教授の『独占的競争』には、たくさんの偶然の一致した結果が見られるが、わたしがその内容を詳しく知るには、あまりにも遅すぎたようだ」（Robinson, 1933 p.v, p. vii）と述べている。

学術研究の世界では、研究のオリジナリティと新規性が重大なポイントとなる。そのために論文や書物を執筆する際に大事なことは、自己の研究に関連した既存研究を徹底的にレビューし、既存研究に足りないことがらや問題点を指摘し、自己の研究によってそうした問題が解決されたこと、そして、自己の研究と同じ研究成果がまだ誰によっても示されていないことを確認することである。

今日では、電子ジャーナルが普及し、インターネット上でグーグル・スカラーなどの検索サイトを利用することによって、論文や書籍の検索がスピーディに行える。このため論文や書物の執筆に際して、既存研究のチェックという作業は格段に便利になっている。二〇世紀末にインターネットが登場したが、いまからほんの十数年前までは、紙ベースの出版物を頼りに、図書館の書庫にもぐり込んで雑誌や書物を探し出すのにひと苦労したものだ。

さらに、二〇世紀中ごろまでのコピーやＰＤＦ、パソコンなどもない時代ならば、図書館から借り出した資料に目を通しながら、ノートに自筆でメモしながら研究を進めるのが、ごくふつうのスタイルだったのだろう。このようなインターネットによる文献検索や電子ジャーナルが登場する前の研究スタイルを想像すれば、チェンバリンとロビンソンの研究のオリジナリティと新規性をめぐる論争が、両書の出版からじつに数十年もの長きにわたって学術誌をにぎわしたということも納得できよう。

## 二人の研究の道程

すでに述べたように、一八七〇年代の限界革命は、イギリス、オーストリア、フランスという三大民族を代表する三人の学者によって、ほぼ同時期に、新しい発想が主張されたのであった。このチェンバリン・ロビンソン革命は、アメリカ・マサチューセッツ州ケンブリッジと、イギリス・ケンブリッジで同時に産声をあげた。しかしながら、二人の研究は、そこにいたる道程も違っていたし、その後の研究の方向もまったく異なった。

エドワード・ヘイスティングス・チェンバリンは、一八九九年五月一八日、アメリカ、ワシントン州のシアトル北方、春の到来を告げるスカジット・バレーのチューリップ祭りで有名なラ・コナーに生まれた。父の死によって、一家はアイオワに転居し、かれはアイオワ大学を卒業し、ミシガン大学大学院を経て、一九二七年にハーバード大学で博士号を取得した。かれの博士論文はデヴィッド・ウ

チェンバリン

ェルズ賞を受賞し、かれは終生、デヴィッド・ウェルズ経済学教授としてハーバード大学に籍を置いた。

かれは一貫して、独占的競争の理論に磨きをかけ、自説とロビンソン説との違いを強調し、さらにシカゴ学派を中心とする保守的な研究者からの批判を克服することに一生を捧げた。

なかでも、シカゴ学派からの批判には手厳しいものがあった。ジョージ・スティグラーとミルトン・フリードマンを筆頭とする一九六〇年代のシカゴ学派の研究者は、マーシャルの新古典派パラダイムを忠実に信奉し、ロビンソンの不完全競争の経済学にも、ケインズ革命にも反対する立場をとり、当然、チェンバリンの『独占的競争の理論』に対しても激しい批判を展開した。

一九六六年、チェンバリンの記念論文集（Kuenne ed., 1966）が出版された。こうした記念論文集への書評は、好意的な内容を常とするが、シカゴ大学の雑誌に掲載されたこの論文集に対する辛辣な書評のなかで、レスター・テルサー（Telser, 1968）はシカゴ学派の見解を踏襲しながら、次のように述べている。「競争理論は、いま古典派の復興（ルネサンス）を謳歌している。その復興は、独占的競争の理論から何らの恩恵を受けることなく、コアや（ナッシュ）均衡の概念から多くの恩恵を受けている。これらの概念がもたらす完全な影響は発展途上にあるが、ゲーム理論と古典派経済学の結婚は、やがて、健全な子孫の誕生を約束する」(ibid., p. 315) と。

この若手研究者テルサーの保守的な信念にまで根を広げた、一九六〇年代のシカゴ学派の学問的な状況は、シュンペーターが理論革命の出現の前提条件とした「古典的状況」そのものだった。確かに、クールノーが種を蒔き、ナッシュが確立したゲーム理論をもとにして、一九七〇年代から八〇年代にかけて、市場理論が急速に進化を遂げることになった。しかし、その方向性は、古典派とゲーム理論の結婚による「古典派の復興」という、シカゴ学派のテルサーが描いた希望的予想に反して、新しい革新的な理論の群生を導いた。この点は、本書の第Ⅱ部において詳しく説明しよう。

その研究動向は、チェンバリンがロビンソンとともに切り開いた研究のレールとも合流しながら、新たな市場理論の発展へと向かった。しかし、チェンバリンはその発展を見届けることなく、記念論文集が出版された翌年(一九六七年)の七月一六日、六八歳の生涯を閉じた。

話をロビンソンの方に移すことにしよう。ジョーン・バイオレット・モウリス・ロビンソンは、一九〇三年一〇月三一日、フレデリック・バートン・モウリス少将の娘として、ロンドン近郊のサリーに生まれた。ロンドンのセントポール女学校で学んだ後、一九二一年、ケンブリッジ大学のガートン・カレッジで経済学の勉強を始めた。ピグーの指導のもとにマーシャルの経済学にのめり込んだ後、一九二五年に卒業し、その後、ケンブリッジで経済学のフェローを務めていたオースティン・ロビンソンと結婚。一九三一年にケンブリッジ大学の助講師、三七年に講師に就任。この間、「ケンブリッジ・サーカス」の名で知られるグループの重要メンバーとして、ケインズの『一般理論』(Keynes,

1936）の発展に向けて貢献した。その後、資本の集計化問題について論文を公刊し、一九六〇年代のアメリカ・マサチューセッツ・ケンブリッジとイギリス・ケンブリッジとの間で論争となったケンブリッジ資本論争の中心人物として活躍した。一九六五年、ケンブリッジ大学ガートン・カレッジの教授に就任し、七一年に退職した。

ロビンソンは、チェンバリンとは異なって、さまざまな方面に研究を展開したが、チェンバリンとの論争に始まり、その他の多くの分野で論争を巻き起こした。また、彼女の真理を求めて妥協を許さぬ骨太な人柄を表す有名な言葉やエピソードが残されている。

「経済学を学ぶのは、経済問題への出来あいの解答集を手に入れるためではなく、経済学者にだまされない方法を学ぶためである」（Robinson, 1955）という彼女の言葉がある。本書のテーマに関係づけていえば、「市場」や「市場メカニズム」、これは経済学の常套句だが、その内容への疑問をなおざりにして、おざなりの解説をうのみにしてはいけない、ということではないだろうか。

また、一九五八年に、ラグナー・フリッシュから、エコノメトリック・ソサエティの副会長になるよう要請を受けたがロビンソンは辞退した。その学会の機関誌「エコノメトリカ」は、数理的な理論分析と実証研究を満載したトップジャーナルだが、その辞退にあたって、ロビンソンは「自分が読みもできないようなジャーナルをうまく運営することなんてできません」ときっぱり断ったという。また、彼女は「わたしはまったく数学を学んでいなかった。だから考える必要があった」というフレーズを好んでよく語ったらしい。それらは、数式の展開はあくまで論理展開の補助的な手段なので、それらは論文や書物の本文からはずして付録に回せばよい。それよりも大事なのは、結果を導く経済的な筋道や、結果の経済的な意義を自分の頭で深く考えること、というのがそのフレーズに込められた真意ではないだろうか。

数学に堪能なマーシャルは、『経済学原理』の本文では数学の使用を避けて、数学的分析のすべてを付録に回したが、それはヒックスの『価値と資本』をその典型として、その後のイギリスの経済学者に引き継がれることとなった。若いころに、マーシャルに没頭したロビンソンは、この点においてマーシャリアンの伝統の継承者であるとともに、ケインズの『一般理論』の確立とその一般化に貢献したケインジアンの先導者でもあった。

ロビンソン

ケンブリッジ大学のジェフリー・ハーコート教授は彼女のことをこう語っている。「彼女は優れた女性だった。たくさんのひとが彼女を好まなかった、そして、その多くが彼女を恐れた。でも、彼女をよく知る人は、彼女のことを遠慮なく愛した」（*The New York Times*, obituaries, Aug. 11, 1983）と。晩年の彼女をとらえた肖像写真には、思考生知の人となりがにじみ出ている。一九八三年八月五日、彼女は、真性の学者らしい生涯を七九歳で終えた。

### 完全競争と純粋競争

チェンバリンとロビンソンは「完全競争」ではない市場を分析の対象としたが、そのためには、ひるがえって、「完全競争とはなにか」について明確に規定しておく必要がある。この点で、ロビンソンは、自己の書物の公刊後に「完全競争とはなにか」(Robinson, 1934) と題する論文を発表し、そのなかで次のように提言している。すなわち、「完全競争とは、個々の売り手の商品に対する需要が完全に弾力的である状況を指している」(ibid., p. 104) と。すなわち、市場における売り手に注目したとき、完全競争とは、個々の売り手が市場価格を与えられたものとみなして「プライス・テイカー」として行動する状況を指す。

ロビンソンが自著のタイトルとした「不完全競争」とは、このような意味での「完全競争」ではない状況、すなわち、個々の企業が直面する需要曲線が完全弾力的ではなく、個々の企業が自己の供給を変化させることによって価格に影響を与えることができるような「価格支配力」あるいは「独占力」をもっている状況を指している。

チェンバリンは、完全競争をめぐる概念について、『独占的競争の理論』(Chamberlin, 1933) で周到かつ綿密に独自の議論を展開している。すなわち、『独占的競争の理論』(pp. 6–7) のなかで、「純粋」(pure) と「完全」(perfect) の用語を用いて、議論を次のように整理している。

まず、独占の要素 (価格支配力や独占力) をまったく含まない競争、すなわち、

(1) 多数の売り手と買い手が存在し、個々の主体の影響が無視しうる状況にあり、

(2) 製品は完全に同質あるいは標準化されている、

という二つの条件が満たされるもとでの競争を「純粋競争」(pure competition) とよんでいる。「完全競争」(perfect competition) とよぶには、そのほかにも、

(3) 資源の移動に摩擦がなく即時的な調整が可能なこと、

(4) 完全知識のもとで不確実性がないこと、

を満たす必要があると指摘している。

ここでは、チェンバリンの意図を汲みながら、その説明を補完して、(3)および(4)の二つの条件を備えた「市場」を「完全市場」とよぶことにする。そのうえで、「完全競争市場」とは、「完全市場」において「純粋競争」が展開されている状況と定義することにしよう。

以上のような議論をもとにすると、チェンバリンは、「不完全競争」という表現はあいまいで不適切だと批判している。さらに、かつて指導教授のヤング教授から、『不完全競争の理論』をかれの書物のタイトルとして示唆されたこともあるが、それには従わなかったと「はしがき」に記している。

こうして、独占的競争と不完全競争という名称のもとに、チェンバリンとロビンソンが分析の対象とした状況は、チェンバリンの意味での「完全」市場を前提としながらも、独占的な要素を含む状況(純粋競争ではない状況)であると理解できる。

## 製品差別化と独占的競争

では、その独占的な要素とはなにか。チェンバリンが注目したのは、「製品差別化」の存在である。すなわち、かれは、純粋競争の条件(2)を満たさないことに起因する独占的な状況に注目する、という自己の立場を明確にしている。他方、ロビンソンの議論では、独占的な状況の背景をなす要素については「あいまい」なままで、あまり明確には議論されておらず、チェンバリンほど十分な考察を経ることなく、ただ単に、各企業が右下がりの需要曲線に直面している状況（不完全競争の状況）を分析しているに過ぎない。「製品差別化」の存在を分析の主眼とするか否か、この点に両者の決定的な違いがある。

「製品差別化」（product differentiation）というのは、チェンバリンが『独占的競争の理論』において提示した独自の概念であり、それは次のように定義されるものである。すなわち、「製品差別化とは、顧客が特定の売り手の製品を選好する状況（製品に対する差別的な評価）を作り出すことである」。

そして、チェンバリンの『独占的競争の理論』第四章（製品の差別化——独占的競争）のなかでは、「製品差別化のひとつの基礎は、登録商標や商品名、包装や容器の奇抜さ、品質やデザイン、色、スタイルの特異さといった製品それ自体の特性にある。もうひとつの基礎は、販売をめぐる各種の条件にある。小売における例をあげれば、店舗の立地上の利便性や店舗の品格、商売のやり方、公正で丁重であるという評判、効率性、顧客を店舗に引きつける人的なつながりといったことがらが製品差別化の基礎となる。こうした無形の要素が売り手ごとに異なっているとき、各々の『製品』は異なることになる。というのは、買い手はそれらの要素を考慮して買い物をするのであり、さらにいえば、買い手は商品それ自体に加えてそうした要素を購入しているとみなしうるからである。こうした製品差別化の二つの側面に注目すれば、ほとんどすべての製品は少なくとも部分的に差別化されており、製品差別化がかなり重要であることは明らかであろう」（pp. 56–57）と述べられている。

この説明からわかるように、製品差別化の背景には、次の二つがある。

(1) 製品の品質や機能、色、デザインといった製品の物理的特性の差異

(2) 製品の配送や修理・アフターサービスなど製品の販売に付随したサービスの差異

ここで、留意すべき点は、あくまで、製品差別化は買い手の側の主観的な判断をベースとしている点である。すなわち、(1)や(2)の面で客観的な差異があったとしても、買い手の側がそれを認識し、評価しなければ製品差別化は生まれない。また、たとえ(1)や(2)の面で客観的な差異がまったくないにもかかわらず、広告・宣伝などによるブランド・イメージによって、顧客の側に差別的な評価が生まれ、製品差別化に結びつく場合がある。

そこで、チェンバリンが書物のタイトルとした「独占的競争」であるが、これもかれのオリジナルな概念なのである。しかし、このネーミングについては、角がまるくなった三角のおにぎりを「まるい三角形」というのと同じように、「独占的競争」というと、独占と相反する競争を併置したこの表現は、形容矛盾のように見える。しかし、「独占的競争」という用語における「独占的」とは、「製品差別化」をともなう状況のことを指し、「競争」とは、そのような差別化された製品を供給するライ

バル企業が「多数」存在している状況のことを指しているのである。現代の経済学では、製品差別化をともなう市場を「差別型市場」(differentiated market)とよび、そのなかで売り手が少数の場合を「差別寡占」、売り手が多数の場合を「独占的競争」とよぶのが通例となっている。

### 独占的競争の長期均衡

市場が、独占的競争、あるいは不完全競争の状況にあると想定してみよう。同種の商品を供給する企業(売り手)のグループは「産業」あるいは業界とよばれるが、ここで、各企業の製品は同種の用途、機能をもちながらも、それらが製品差別化によって「同一ではない」状況を考える。このとき、各企業が自己の価格を引き上げたとき、自己の製品に対する需要量は減少するとしても、自己の製品に格別の選好をもつ顧客(お得意さん・固定客)がいるかぎり、他の企業にすべての顧客を奪われることはない。そのため、各企業は価格支配力をもつ独占的な状況、あるいは不完全競争の状況となり、各企業は右下がりの需要曲線に直面する。

では、こうした市場への企業の参入と退出が自由なもとで、長期的に成立する均衡はどのような状況となるだろうか。チェンバリンが『独占的競争の理論』の第五章で多数の企業からなる「グループ均衡」(p. 81)の問題として分析し、ロビンソンが『不完全競争の経済学』の第七章で「完全均衡」(p. 93)として分析したのは、このような問題である。

自由な参入・退出のもとでの「独占的競争の長期均衡」とは、

(1) 各企業が利潤極大化を達成しており，自己の行動を変更する誘因はなく，

(2) 市場への新規企業の参入も，既存企業の退出も生じることなく，産業を構成するメンバーが同一のままで変化することがない，

という条件が成り立っているような状況である。

この場合，(1)から，各企業は，収入と費用との差である利潤を極大化するための条件である「限界収入＝限界費用」となる販売量を選択していなければならない。

また，企業が事業活動を営むうえで最低限これだけは必要だと考える一定の利潤額のことを「正常利潤」(normal profit) とよぶ。企業の利潤がそれを下回れば事業から撤退し，それを上回る利潤をあげていると新規の(潜在的な)企業の参入を招くという，参入・退出を決める基準となる利潤のことである。このとき，(2)市場への参入退出がもはやなくなった状況では，企業は正常利潤を超える利潤(超過利潤)を確保することはできない。そのため，価格は正常利潤込みの「広義の平均費用」と一致する水準でなければならない。

需要曲線上で，「独占的競争の長期均衡」にあたる価格と販売量を示す「均衡点」では，利潤極大化が達成され，超過利潤がゼロなので，需要曲線上のそれ以外の点では超過利潤はいずれもマイナスでなければならない。したがって，需要曲線と広義の平均費用曲線は「均衡点」においてのみ共通点をもち，需要曲線上のそれ以外の点はすべて広義の平均費用曲線の下に位置していなければならない。こうして，「均衡点」では，需要曲線と広義の平均費用曲線が接していることがわかる。こうした結

果は、チェンバリンの『独占的競争の理論』の第一四図（p. 91）および、ロビンソンの『不完全競争の経済学』の第三五図（p. 95）に示されている。

さらに、需要曲線は右下がりなので、「均衡点」において、広義の平均費用曲線も右下がりでなければならない。すなわち、「独占的競争の長期均衡」における各企業の供給量は、広義の平均費用の最低点に相当する供給量（これを最適操業水準という）を下回る。いいかえるならば、「独占的競争の長期均衡では、過剰な企業数の参入を導くことになり、多数の企業が市場の需要を分け合う結果、各企業の供給量は最適操業水準を下回る過少操業の状況におちいる」。この結果は、独占的競争における「過剰参入定理」（excess entry theorem）とよばれている。

## 2　経済変数としての製品

価値・価格を論じる伝統的な市場理論では、価格に焦点があてられ、製品はあくまで与件として、それが経済変数として扱われることはなかった。チェンバリンは、こうした経済理論の立場に対して異議を唱え、「経済変数としての製品」（Chamberlin, 1953）という論文のなかで、「製品を無視したままで経済制度が説明できるというのは理解しがたい。なぜ価格の方を無視しないのか。なぜ価格は製品よりも重要なのか」（ibid., p. 27）と語っている。

さらに、製品についての情報を売り手は知っていていても、買い手が知らないという「非対称情報」

(asymmetric information) の状況にあるとき、製品の選択と価格競争が行われると、競争を通じて品質の向上が生まれるのでなく、逆に、製品劣悪化に向かうという点を指摘している。すなわち、「一九三四年、NRAの消費者諮問局は、テキサスの一製造業者からほぼ次のような内容の手紙を受け取った。『わたしは、数年前にマヨネーズの製造を始めました。わたしはそれを最良の成分で作り、それを公正な利潤のもとで販売しておりました。ひとりの競争者が現れ、マヨネーズに約一〇%のアラビア・ゴムを混ぜて製造し、価格を引き下げ始めるまでは万事順調だったのです。わたしは、商売を続けていくために、かれと調子を合わせて価格を引き下げないわけにはいきませんでしたし、この価格では一〇〇%の良質のマヨネーズを作ることはできませんでした。わたしも一〇%のアラビア・ゴムを入れなければならなかったのです。わたしの競争者のやったことは、アラビア・ゴムを二〇%に増やし、もっと価格を引き下げることだったのです。わたしも得意先を失わないために、もちろん同じことをやらないわけにはいかなかったのです。このあげく、いまではわたしはマヨネーズに五五%のアラビア・ゴムを入れているのです。わたしが以前のとおり良質の製品を作れるように、なにかやって下さることはないでしょうか』」(ibid., p. 24) と。

ひとびとは、自分の所有している金貨のうちで金の含有量が低い悪質な金貨から手放して使用し、金の含有量一〇〇%の良質な金貨は使わずにタンスにしまい込もうとするため、市中に流通するのは悪貨のみとなる。このように悪貨が良貨を駆逐して、悪貨ばかりが交換手段としての機能を果たすということを「グレシャムの法則」という。チェンバリンは、悪貨が良貨を駆逐するこのグレシャムの法則のように、粗悪品が良質品を駆逐する傾向を「製品に関するグレシャムの法則」（Gresham's Law of products）とよんでいる（ibid., p. 26）。

このようなチェンバリンの指摘は、本書の第7章で説明するように、アカロフ（Akerlof, 1970）が情報の非対称性のもとで生じる「アドバース・セレクション」（逆淘汰）の問題とよんだことがらに似ているが、チェンバリンが指摘しているのは、製品の品質が変数として変更可能な場合を扱っているので、情報の非対称性のもとで生じる「モラルハザード」の問題である。このように、チェンバリンは、一九七〇年代に入って市場の理論の進化に大きな影響を与えた「情報の非対称性」の問題をいちはやく見抜いていたのである。

また、一九五三年、チェンバリンはアメリカ・マーケティング協会（AMA）のポール・D・コンバース賞を受賞した。受賞の対象は『独占的競争の理論』である。この賞は、マーケティングの理論およびマーケティングの科学の進歩に大きく貢献したひとびとを称えるために設立されたものである。雑誌『フォーチュン』によれば、その受賞者は、マーケティングの殿堂入りを果たすものであり、マーケティング分野で最高の栄誉であると報告している。同年のもうひとりの受賞者は、小売業態の動態を描き出した「小売の輪」（wheel of retailing）の理論で名高いマルカム・マクネアであった。

しかし、製品を価格と同じように変数として扱い、それを数量分析の対象とすることができるのだろうか。この点について、チェンバリンは分析的なテクニックを自分で提供することはできなかった。そのことが、かれの理論に対する批判のひとつとなった。すなわち、かれの理論は着眼点では興味深いが、その「分析箱」(box of tools) を欠いているため、理論面での貢献はないと批判された。そうした批判の急先鋒に立ったのは、新しい代替的な理論の出現を容認しようとせず、価格を分析の中心とする伝統的な競争市場の理論に拘泥するシカゴ学派の研究者たちであった。(注8)

## 製品は製品特性の束

しかし、「コロンブスの卵」のたとえのごとく、見事に、製品を経済変数として表す方法を考案したのは、ケルビン・ランカスターの論文 (Lancaster, 1966) である。その考え方とは、製品は、耐久性や品質、色、デザインなどからなる多元的な製品特性の「束」(バンドル) ないしはベクトルだと考えることである。

たとえば、台所用洗剤についていえば、「汚れ落ち」(洗浄力) や、「手肌へのやさしさ」、「香り」という要素が重要な製品特性であろう。パソコンを例にとれば、処理速度、メモリやハードディスクの容量、モニターのサイズ、重量などが主な製品特性である。防寒用の衣類でいえば、保温効果、軽さ、コンパクトな持ち運びやすさ、伸縮性などの着心地、形状記憶力や洗濯の簡便性などの製品特性があり、この点で優れたユニクロのフリースやダウンジャケットが爆発的なヒット商品となったことは周知の事実である。

製品をこのように「製品特性」の「束」(ベクトル) だと考えれば、企業による製品の選択 (製品企画) とは、製品を構成するさまざまな製品特性のベクトルを決定することにある。ここで、さまざまな製品特性を示す座標軸をそれぞれ作成し、そうした座標軸から構成される「製品特性空間」を考えるとき、経済変数としての製品を選択するということは、製品の束を構成する各々の製品特性のレベルを選択し、製品特性空間上にポジショニングすることである。このように、製品を経済変数として扱う方法は、思いのほか「簡単」であるとともに、消費者側が製品を評価する観点にも合致している。

### 製品差別化の二つの次元

パソコンの処理速度は速い方がよいし、ハードディスクの容量も大きい方が好ましい。このように、すべての消費者が同一の一致した評価方向をもつ製品特性のことを「品質」(quality) とよび、品質の次元で製品差別化することを「垂直的差別化」とよぶ。また、製品の色やデザインのように、消費者ごとに希望する特性が異なっている製品特性を「バラエティ」(variety) とよび、バラエティの次元での製品差別化を「水平的差別化」とよぶ。

### ホテリングの線分市場——差別化最小と差別化最大

ところで、ベルトランの同質寡占のモデルでは、ごくわずかの温度差が、すべての熱を瞬時に熱のもっとも低い部分に移動させるかのように、ある売り手がほかより少しでも安い価格をつければ、すべての需要を奪うことができると想定されている。しかし、実際には、ある程度の価格差があっても、顧客はそれぞれ異なる売り手から製品を購入しており、売り手が他の売り手より少し価格を引き上げたとしても、需要がすべて他の売り手に移ることはない。ハロルド・ホテリングが「競争における安定性」(Hotelling, 1929) という論文においてとりあげたのは、このような競争状況である。かれはこの論文において、企業の立地選択をめぐる「空間競争モデル」を定式化し、「差別寡占」の研究への道を開拓した。その内容は、現代の用語にしたがうならば、製品の水平的差別化の分析である。

同種の用途をもつ商品を販売する二つの企業を想定しよう。消費者の希望する製品特性が一定の長さの線分上に一様に分布しているものとする。希望する製品特性の異なる消費者が線分上に分布しているという意味で、こうした状況を「ホテリングの線分市場」という。各企業はこの線分上に自己の製品特性を選ぶものとし、生産コストはゼロとする。

このような状況で、①価格はそのままで、一方の企業が自己の製品（特性）を他方の企業の製品（特性）に近づけていくと、相手企業から顧客を奪うことができる。すなわち、各企業にとって、相手企業の製品に類似した製品を提供しようとする「製品の模倣化」への誘因が働く。

しかし、②製品の特性がかなり接近する（類似する）と、ライバル企業との価格競争が激しくなり、利潤が減少する。そうした価格競争を回避するために、相手企業の製品（特性）から自己の製品特性を遠ざけようとする「製品の差別化」への誘因が働く。

①の効果が強く働くと「差別化最小」（製品の標準化）が導かれ、②の効果が強く働くと「差別化最大」（製品の差別化）が導かれる。

ホテリングは論文 (Hotelling, 1929) において、二つの企業が線分の中点にあたる製品特性を選択する差別化最小が均衡となるという結果を導いた。この結果にしたがえば、ホテリングの線分市場のモデルでは、チェンバリンの製品差別化は均衡において消滅することになり、かれにとっては悲しい理論的な結末となる。

しかし、その五〇年後に発表されたデスプルモンらによる論文（d'Aspremont et al. 1979）において、ホテリングの論文の証明には誤りがあることが示された。消費者の移動コスト（自己の理想点と製品特性とのズレから生まれる不効用）がホテリングの論文にあるような一次関数の場合には、均衡は存在しないこと、さらに、移動コストが二次関数の場合には、二つの企業は線分市場の異なる端点に製品特性を選択し、「差別化最大」が均衡となることが示され、幸運にも、チェンバリンの製品差別化の発生を支持する結果となった。

### ヴィックリーの円環市場——過剰参入定理

企業の立地選択として考えれば、ホテリングの線分市場は、直線のストリートに居住する消費者に向けて、店舗をどこに立地するかを決める「ストリート・モデル」ともよばれ、その場合、差別化最小は、その中心地に商業集積が生まれる状況を描いていると解釈される。

また、線分市場とは異なり、池あるいは山を周回する道路に沿って消費者が居住する状況を想定し、円周上に消費者が一様に居住する状況を「円環市場」とよぶ。サロップ（Salop, 1979）は、一定の長さの円周上に消費者の理想点が一様に分布する「円環市場」のモデルを考えた。そうして、すべての企業が、円周上に等間隔を置いて自己の製品特性を選択しているものとし、すべての企業が同一の価格を選択する対称的なケースを想定した。そのうえで、すでに説明した「独占的競争の長期均衡」、すなわち、①すべての企業は自己の利潤を最大化しており、②市場への新規企業の参入も退出も生じることなく、市場における売り手を構成するメンバーが同一のままで変化することがない状況を検討し、長期均衡における企業数を求めた。

ここで、多数の企業が市場に参入して、それぞれ異なった製品を供給すると、消費者にとっては自己の希望する製品（特性）に近い製品を得ることができるので好ましく、不効用は小さくなる。しかし、他方で、多数の企業が市場に参入するコスト（各企業が差別化された製品を生産するセットアップ・コストなど）が増加する。ここで、社会的に最適な企業数とは、参入コストと消費者の不効用の合計を最小にする企業数と定義する。

このとき、サロップ（Salop, 1979）は、長期均衡における企業数が、社会的に最適な企業数を上回ることを示し、独占的競争の「過剰参入定理」を導いた。

実は、この円環市場の理論的な考察は、ヴィックリー（Vickrey, 1964）が始めたもので、そこではすでにこの定理が示されていた（Vickrey, 1999を参照のこと）。[注9] こうして、チェンバリンによる独占的競争の長期均衡における「過剰参入定理」の指摘の方も支持されたのである。すなわち、チェンバリンの独占的競争の主要理論である製品差別化の存在と、過剰参入定理は、ともに後続の研究者の理論分析による肯定的な分析結果によって支えられ、かれの主張の新規性のみならず、その妥当性が確認されたのである。

# 第Ⅱ部　市場理論の世界

## ミクロ経済学の進化をたどる

市場理論の新たな世界

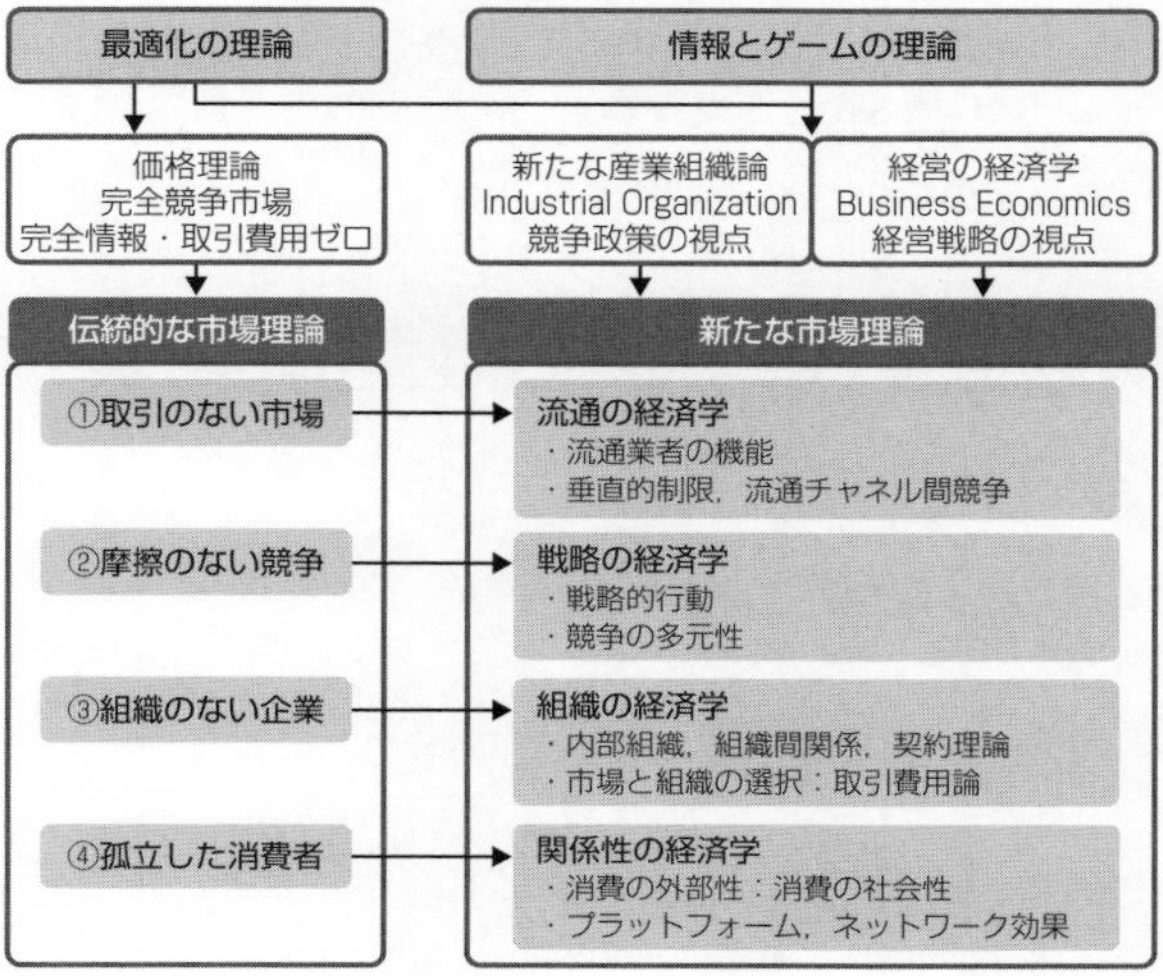

# 第5章　新たな市場理論の構図

## ミクロ経済学の森に芽吹いた若木たち

### ミクロ経済学の森

「若い木はまわりの古い木のさしかける陰、陽光と空気をさえぎるあの陰のなかを突きぬけて伸びていこうとして、苦闘をつづける。若い木々の多くは途中でたおれ、わずかな木だけが生き残る。生き残った木は年一年と強くなり、……まわりの木々を圧して空高く伸び、永久に伸びつづけ、伸びるにつれて強くなっていくかのようにみえる。しかしそうはいかない。……遅かれ早かれどの木も老いの衰えを示しはじめる。高い木は……しだいに生活力をうしなっていき、つぎつぎに、物的な力は劣っていても青春の活力にみちている木々に負けていくのだ」（マーシャル『経済学原理』邦訳、第Ⅱ巻、三二二頁）

これは、マーシャルが『経済学原理』の第四篇第一三章において、新しい企業が絶えず現れ、栄えては、やがて衰えていく、企業の盛衰興亡を語った一節である。

ここには、かれが『経済学原理』のモットーとして掲げた「自然は跳躍せず」という、経済進歩の「連続性の原理」を特徴とした「有機的成長のヴィジョン」が表現されている。

第3章のマーシャルの部分で説明したように、マーシャルは、この連続的で有機的な成長のヴィジョンを、経済学の歴史に適用した。そうして、古典派から近代経済学への展開には飛躍はなく、経済学説の進化は連続的である、というとらえ方をしていた。旧来の学説が新鮮さを失い、テキストとなって一般化し、その発展能力を失ってしまうところに新しい学説が出現する。新しい学説は、旧来の学説の上に立って、不足していた要素を埋め合わせ、旧来の学説をその特殊ケースとして含む、より一般的な学説へと発展するという見方である。

一九七〇年代の初頭には、それまでの経済学の展開を集大成する、優れたテキストの出版がブームを迎えた。一九七一年に『現代経済学』(全一〇巻、岩波書店)の刊行がはじまった。経済理論をミクロ経済学とマクロ経済学に区分することは、すでに定着していた。ミクロ経済学は、「顕微鏡」(microscope)で経済社会をながめるかのように、個々の企業や消費者の行動から経済現象を解き明かそうとする「微視的」な方法論である。経済学には、木を見て森を見ずのそしりを受けないように、国民経済全体の集計された変数間の関係を分析する「巨視的」な方法論をとるマクロ経済学もある。なお、当時は、ミクロ経済学は「価格理論」、マクロ経済学は「所得分析」の名称でこの「現代経済学」シリーズに収められている。

**新古典派均衡論の大樹**

このミクロ経済学の森を支配してきたのは、ワルラスとマーシャルの理論をもとに、それらを体系化した新古典派経済学である。市場の理論については、消費者と企業の「主体均衡」と「市場均衡」から構成するという新古典派均衡論の基礎構造が、一九五〇年代から六〇年代にかけて確立され、その内容は、一九七〇年代の初頭にテキストとして集大成され、世界中の標準的なミクロ経済学の内容として定着してきた。

個別主体の行動の分析には「条件付き最適化」の数学的手法が用いられ、その最適化理論の解説については、ヘンダーソンとクウォントの『現代経済学』(Henderson and Quandt, 1971) や高山晟の *Mathematical Economics* (Takayama, 1974) などがあり、また、一般均衡論のテキストとしては、アローとハーンの『一般均衡分析』(Arrow and Hahn, 1971) やマランボーの『ミクロ経済理論講義』(Malinvaud, 1972) がこの時期に続々と出版されたのである。

市場均衡の存在、安定性、効率性については、凸集合論や位相数学（トポロジー）が用いられるため、ミクロ経済学は、高度に数理的でメカニカルな色彩を帯びることになった。その動向を、一般のひとびとが近寄ることのできない海底で華麗な文様に身をつつみ絶滅したアンモナイトにたとえて、ミクロ経済学の「アンモナイト的発展」と揶揄するひともいた。

しかし、経済社会を分析するにあたって、数学を使用すること自体が、問題だというわけではないだろう。また、「実寸大で描かれた地図」が、地図としての用途をもちえないように、現実の姿を克明に描写しようとする経済モデルは、経済社会の基本法則を理解する手立てとはならない。モデルはあくまで現実の抽象であり、本質にかかわりのない些末な事実を除去してこそ、複雑な経済社会を解明できる。この点についても異論はないだろう。

ところが、ワルラスとマーシャルにより確立された市場均衡論、そして一九五〇年代から六〇年代にかけて、数学的に定式化された完全競争のモデルで描かれる市場は、情報が完全で取引費用がゼロという「完全市場」の世界であり、個々の経済主体の行動が他の主体に与える影響を無視しうるに等しい、小規模かつ多数の売り手と買い手からなる「完全競争」の世界である。

この世界に登場するのは、「孤立した消費者」であり、「組織のない企業」である。想定される競争は「摩擦のない競争」であり、さらに「取引のない市場」である。

市場の基本構造を「完全競争」に結晶化する過程で、新古典派均衡理論が取り除いてきたことがらは、あまりにも大きいというべきであろう。

## 新たな分析用具の登場

このような新古典派経済学のテキストとしての体系化とは裏腹に、一九七〇年代初頭は、新しい経済学の理論が群生し始める時期だった。それまでのミクロ経済学のテキストでは粗略に扱われてきたことがらや、あいまいにされてきた点に、理論の光が投げかけられ、その後の市場理論の大きな発展につながった。そのために、「ゲーム理論」と「情報の経済学」という二つの分析用具が開発され、それらが新たな研究に向けて広く応用された。

そのひとつは、第6章で説明する「ゲーム理論」の広範な分野への応用である。経済社会を分析するには、経済主体の利害関係がどうなっているか、意思決定の相互作用を通じて、いかなる結果が生まれるかを記述する必要がある。ゲーム理論はそのための分析用具である。

それまでの新古典派経済学の弱点は、個別主体の行動と市場均衡とのつながり、いいかえるならば、経済主体の相互依存関係の分析という点にあるとするならば、ゲーム理論がこの部分を埋めるべく、急速かつ広範囲にわたって経済学に浸透していったことは、当然のことがらであろう。また、ゲーム理論が、「制度からフリー」(institution free)な理論という性格から、多様な分野の分析の基礎となって、各分野の発展の起爆剤となった。

市場の理論との関連でいえば、第8章で説明するように、一九七〇年代以降、ゲーム理論が伝統的な「産業組織論」のもつ「理論的」な弱点を補強し、企業間競争や独占禁止法、競争政策を理論的に分析する「新たな産業組織論」が華々しく台頭した。

また、第9章で説明するように、ゲーム理論が、戦略の経済学や組織の経済学として、経営の分野に応用されて、「ビジネス・エコノミクス」(経営の経済学)の発展を導いた。

もうひとつは、第7章で説明する「情報の経済学」の市場や企業組織への応用である。そこでは、情報の非対称性によって引き起こされる問題に注目し、それを克服するための工夫という観点から、市場や組織に見られる各種の「制度」の機能を探り、望ましい制度をデザインしようとする研究を導

**図5-1　市場理論の新たな世界**

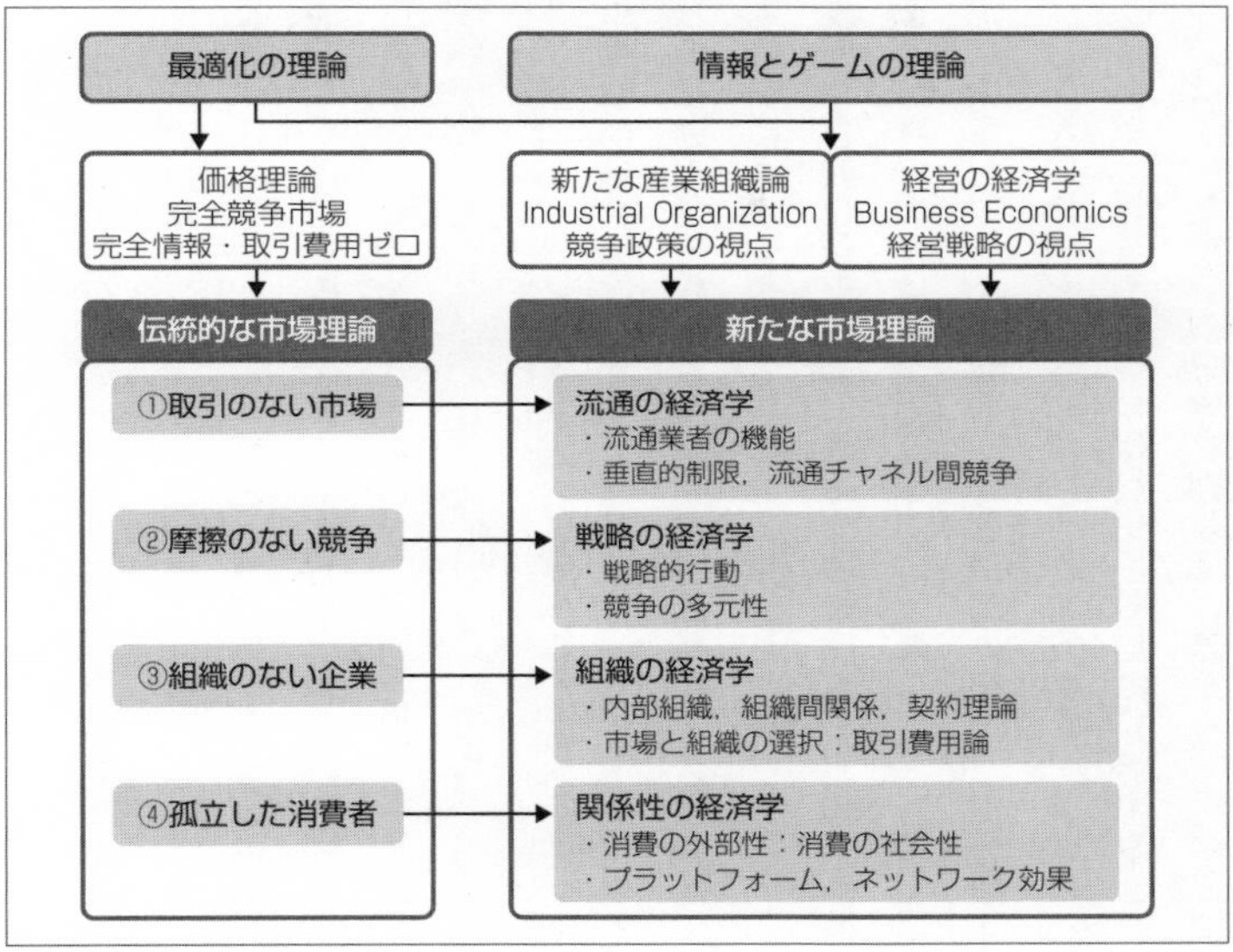


いた。従来の新古典派経済学では、市場の機能や企業の内部組織を「ブラックボックス」としてきたが、情報とインセンティブという観点から、それらに理論的な分析の光を投げかける研究が発展した。

ミクロ経済学の森に群生するこのような若い木々たちは、この森において夭折した祖先たちの種子から芽吹いたものである。それらが木漏れ日と空気をすって育ち始め、ミクロ経済学の森を新たな方向に広げていこうとする若木たちである。以下ではその成長ぶりを確かめながら、ミクロ経済学の森の進化をたどり、市場理論の新たな世界を展望することにしよう。

## 1　流通の経済学——市場の本質をさぐる

不思議なことに、新古典派ミクロ経済学の教科書には、「流通」や「取引慣行」の議論はまったく出てこない。情報の完全性と取引費用ゼロという、完全市場を想定することによって、取引という活動は考察の対象外とされている。「取引の場」としての市場の分析は、この点できわめて不満足な取り扱いを受けてきた。それは「取引のない市場」のモデルであり、市場の理論という観点からするとじつに不幸なことだといわざるをえない。

市場経済は、高度な分業と交換のネットワークによって成り立っている。分業による専門化の利益が経済活動の効率化をもたらすが、アダム・スミスは『国富論』第一篇第三章において「分業は市場の大きさによって制限される」と指摘した。

生産は自給自足を目的としたものではなく、他人への販売を目的として営まれている。そのため、生産と消費の間には三つの意味での分離（へだたり）が生じてくる。

(1)　生産の主体と消費の主体とが別人格として分離すること、
(2)　生産の場所と消費の場所とが地理的に分離すること、
(3)　生産の時点と消費の時点が時間的に分離することである。

分業は生産と消費の分離を押し進めるため、生産と消費の連結・調整が必要になってくる。

## 流通業者の機能

「流通」とは、生産と消費の連結であり、「流通業者の機能」を端的にいうならば、生産者と消費者の手をとりむすび、生産と消費の調整を図ることである。ここで、「流通業者」には、「卸売業者」と「小売業者」のように、商品を仕入れて他者に再販売することで利益を得る「商業者」(merchant) に加えて、そのほかにも、自らは商品の所有権を取得せずに売買マッチングを担当する「代理商」(agent) や、運送業者、倉庫業者という「その他の流通業者」として分類される業者も含まれる。

生産者と消費者の分離という「主体的ギャップ」については、流通業者の仲介により所有権移転の円滑化がもたらされ、そうした流通業者の「所有権の移転機能」によって埋め合わされている。生産地点と消費地点のズレという「地理的ギャップ」は、流通業者の「輸送・配送機能」によって埋め合わされている。さらに、生産時点と消費時点のズレという「時間的ギャップ」は、流通業者の「在庫・保管機能」によって埋め合わされている。

流通業者は、生産と消費の間の三つのギャップを埋め合わせるべく、それに対応した三つの機能を担っている。それらは流通業者の基本機能である。

流通業者がこうした機能を担っていることは確かであろう。しかし、いずれのことがらも、生産者や消費者が自らの手で行いうることでもある。では、流通業者という独立した主体の存在を支持している条件とは、いったい何だろうか。

いいかえるならば、消費者は、なぜ小売業者を通して商品を購入し、メーカーは、なぜ流通業者を通して商品を販売するのか。流通業者の介在する間接流通のシステムは、社会的に見てどのような有利性をもっているのか。商品が生産者から消費者にいたるまでには、生産者と卸売業者、卸売業者から小売業者、そして小売業者から消費者という、取引の垂直的な連鎖を経ているが、こうした垂直的な市場構造は、どのような原理によって編成されているのであろうか。

このような問題を考えるためには、取引にともなうコストや、取引をめぐる情報の不完全を考慮し、市場を運営するコストに注目することが必要である。

市場の本質にかかわるこれらの問題は、第Ⅲ部の第10章のテーマとしてとりあげる。ここでは、流通業者の機能として、次のような点が議論されてきたことを予告しておこう。そうした機能とは、流通業者による選別・品揃えを通じた情報コストの社会的な節約であり、取引単位の集計化を通じた取引コストの節約、複数の商品の取り扱いによるリスク・プーリングを通じた販売リスクの削減、それによる見込み生産の円滑化といったことがらである。このような観点で、流通業者は社会的に有用な機能を担っているのである。

ミクロ経済学の教科書では、市場メカニズムとして、「見えざる手」による需要と供給の調整や「価格のパラメーター機能」という「虚構」が用いられてきた。しかし、第Ⅲ部の第11章において、「見えざる手のベール」をはがしてみれば、生産と消費の連結に取り組む流通業者によって、需要と供給の量的、質的、地理的、時間的なマッチングと調整がなされ、それらが市場メカニズムの本質であることを示そう。

また、近年のデジタル技術の進展は、さまざまなマッチング・ビジネスへの機会を提供し、それが従来のビジネスの破壊と革新的なビジネスの創造というかたちで、市場機能の拡大へとつながっているのである。この点については、本章4節ならびに第Ⅱ部の第9章4節、第Ⅲ部の第11章3節でとりあげることにしよう。

**取引慣行と垂直的制限**

一般に、メーカーが出荷した商品は、流通業者（卸売業者や小売業者）を経て、消費者の手に届く。そのため、商品の需要量は、メーカーの出荷価格や広告投資のみならず、流通業者の価格（卸売価格や小売価格）や流通サービス（店頭展示や商品管理、商品説明、配送、アフターサービスなど）にも依存しているのである。

そのとき、流通業者は自己の利潤を最大にする価格や流通サービスの水準を選択するため、それらはメーカーと流通業者からなる流通チャネル全体としての利潤を最大化するとは限らない。

原材料や部品の調達から完成品の生産、流通までの取引の流れを「市場の垂直構造」とよび、その異なる段階に位置する企業間の関係を「垂直的な関係」という。

そして、「垂直的制限」（vertical restraint）とは、垂直的な関係にある主体の間で、ある主体が他の主体の行動に制限を加えることをいう。通常は、メーカーが、流通業者の活動をコントロールすることがそれにあたる。その内容には、さまざまなものがある。

メーカーが流通段階の価格体系を提示する「再販売価格維持」や、取引相手の販売エリアを制限する「テリトリー制」、取引相手の取扱商品を限定する「専売店制」や、自社商品の取扱業者を選択して限定する「選択的チャネル」などである。

そうしたメーカーによる流通のコントロールが行われるのはなぜなのか。また、流通のコントロールは、消費者も含めた社会的な経済厚生の観点から見て好ましいのか否か。

このような垂直的制限については、第Ⅱ部の第8章3節においてとりあげる。それらは、メーカーと流通業者の意思決定の調整という観点と、流通チャネル間の競争という二つの観点から、その経済効果が解き明かされることになる。一九八〇年代に入って、「流通の経済学」が進展しているが、その内容については、本書の著者がこれまで目をかけ、育ててきたミクロの森に生育する若木のひとつである。

## 2 市場の競争観——競争の本質を問う

新古典派経済学が想定する「完全競争」の条件とは、①資源の移動に摩擦がなく、即時的調整が可能であること、②完全知識のもとで不確実性がないこと、③個々の主体の影響を無視しうる多数の売り手と買い手が存在すること、④製品は完全に同質または標準化されていることである（たとえば、奥野・鈴村〔一九八八〕四〜五頁を参照）。

本書の第4章で説明したように、①と②を満たす市場を「完全市場」、③と④を満たす競争を「純粋競争」とすると、完全競争とは、完全市場における純粋競争を意味することになる。

市場が完全競争の状況にあるとき、ある売り手が他の売り手よりも低い価格を設定すると、すべての買い手はその売り手に殺到するので、他の売り手も顧客を奪われまいと競って価格を引き下げ、結局、各商品について同一の価格が成立するという「一物一価の法則」、あるいは、ジェヴォンズの「無差別の法則」(the law of indifference) が成り立つ。

しかしながら、温度のごくわずかな差がすべての熱を瞬時に熱のもっとも低い箇所に移動させるような物理的世界が、おそらく人間の住みがたい世界であると同じように、価格のわずかな差がたちまち競争的な反作用を瞬間的に引き起こす「摩擦のない競争」の世界では、競争はいわば潜在的な可能性にとどまり、現実に競争過程が働きうる余地はまったくないといってよいだろう。

革新的な企業が、一時的にせよ独占的な地位に置かれ、超過利潤を獲得する見込みをもてることによってはじめて、現状の打破を図る革新が誘発されるのであり、競争過程は、革新的行動が先導的な役割を果たし、それに対抗するライバル企業の模倣あるいは競争的行動が呼び起こされる、というかたちで進行する。シュンペーターは『景気循環論』(Schumpeter, 1939) で「若干の摩擦は、経済体系がそもそも機能するためには必要だ」(邦訳、七二頁) と語った。

## 競争の戦略的な側面

そうした摩擦は、ライバル関係を意識した企業によって戦略的に構築されるという点にも注目する必要がある。企業の競争戦略には、価格や生産量のように、比較的、短期間で変更可能な「短期の戦略」に加えて、広告・研究開発・製品・流通チャネルなどのように、長期の意思決定にかかわる「長期の戦略」がある。そうした長期の戦略は、価格や生産量をめぐる短期の市場環境を規定するという意味で、長期戦略と短期戦略とは相互に深く関連しており、企業は長期の戦略を通して、短期の市場環境を自己の有利になるように操作しようとする誘因をもっている。

新古典派ミクロ経済学では、ライバル企業への影響力をもたない小規模で多数の企業からなる「完全競争」を想定してきたため、こうした競争の戦略的側面の考察を欠いてきた。第9章で説明するように、企業の戦略的行動の分析は、ゲーム理論を応用するかたちでビジネス・エコノミクスの発展を導いている。それはミクロの森の若木たちのなかで成長株となっている。

## 競争の多次元性

伝統的なミクロ経済学は「価格理論」とよばれるように、価格を分析の中心としており、競争というと、もっぱら価格競争を念頭に置いてきた。しかしながら、企業間の競争は、価格以外にも、製品、広告、流通チャネルなど、多様な次元におよんでいる。マーケティングの分野では、価格（price）、製品（product）、広告・宣伝（promotion）、流通（place）などの多様なマーケティング戦略変数をまとめて「マーケティング・ミックス」という。そして、エドモンド・ジェローム・マッカーシーは、これら四つの頭文字をとって「マーケティングの4P」と名づけているが、こうした競争の多次元性をとりこむかたちで、市場の理論を再構成する必要がある。

チェンバリンは『独占的競争の理論』(Chamberlin, 1933)において「製品差別化」の概念を用いて、この種の研究への種子を蒔いた。近年では、多段階ゲームの理論を用いて、競争の多次元性の分析が展開されている。

**競争による知識創造**

新古典派ミクロ経済学が規範とする「完全競争」の概念は、競争の行き着いた「状態」を描き出したものであって、競争過程については多くは語られない。競争過程については語らず、競争によってもたらされる状態に注目するという意味で、「市場の静態論」だといえる。そうして、本書の第2章2節で説明したように、競争的な市場均衡が社会的に効率的な資源配分を達成するという「厚生経済学の基本定理」が、市場ならびに競争のメリットだと語られてきた。

しかし、市場や競争の利点は、ひとえにこのような完全競争均衡という「状態」のもつ資源配分の効率的な特性にあるのだろうか。

企業間の競争とは、製品・生産方法・販売方法・販路の面での革新を求めた知識の創造や発見の「プロセス」であると見る方が、ビジネスの現実感覚に合っているようだ。そうした競争は、ゴールとルールとをあらかじめ定められた「与件」としてタイムを競う競技のようなものではない。学術研究の競争と同じように、各競技者が四方八方に走り出し、成果をめざして知恵をしぼり競い合う、そういった類のものである。その過程で、個々の主体に分散的に所有されていた情報が伝播し、新たな知識が社会的に有効な利用に向けて動員されていく。新オーストリー学派のハイエクからカーズナーらに引き継がれた、このようなことがらこそが市場における競争の本質的な意義ではないか。このような市場の競争観に立った研究の木々は、永く、静かに、ミクロの森で年輪を刻んできた。

## 3　経済制度の選択——与件からの解放

経済社会は分業と協業のもとに成り立っており、現代の用語でいえば「依頼人・代理人関係」（エージェンシー関係）の複雑なネットワークよって社会が構成されている。

われわれは他のひとびとから依頼された仕事をしながら、多くのことがらを他のひとびとの仕事に依頼している。ほとんどの仕事は、単独で行うのではなく、複数のひとびととの協働作業により成し遂げられている。しかも、それらは私的な情報のもとで、私的な利益の追求を基本に行われている。

高度な分業と協業からなる社会において、ひとびとに仕事への適切なインセンティブ（誘因）を与え、それらのコーディネーションを図っていくには、どのように組織や制度を設計すればよいのか、これは古くから重要な問題となってきた。

## 市場・組織・制度

伝統的な新古典派モデルに登場する「組織のない企業」という問題点については、企業の業務構造の編成をめぐって、組織の内部構造や組織間の関係を研究する「組織の経済学」が台頭して久しい。もし、情報が完全であるならば、望ましい行動をとるように契約で定めることで問題は簡単に解決できる。しかし、問題は、情報の偏在や非対称情報という情報の不完全性にある。そのため、この分野では、情報とインセンティブの観点から、エージェンシー関係の枠組みのもとで、多くの研究がなされてきた。

将来生じる状態を完全に識別し、各々の状態に応じた内容を契約書に書き込むことは不可能である。「限定された合理性」（ひとびとは合理的たらんとして行動するが、その程度は限定されている）のもとで、複雑な条件付き契約を作成するには膨大なコストがかかるし、契約の実効を担保するにもコストがかかる。このため、契約は不完備となるのが常である。そうした「不完備契約」とそれを埋め合わせる「権限の存在」に企業の本質があり、企業はこの種の「契約の束」として理解する「契約の理論」という研究分野が生まれている。

これらの研究は、広い意味でいえば、個々のひとびとの経済的な誘因と適合しながら、社会やグループ全体としてもうまく機能する経済制度の選択・デザインを目的としている。

もうひとつは、ロナルド・コース（Coase, 1937）に始まり、オリバー・ウィリアムソン（Williamson, 1975）が拡張したように、取引にともなう費用を比較することによって、市場と組織の選択を議論する取引費用アプローチである。そこでは、伝統的な新古典派モデルにあるように組織や制度を与件として扱うのではなく、それらを選択変数とすることである。そうした見解は、ドナルド・ノース（North, 1990）の市場と制度との相互作用の議論や青木昌彦（Aoki, 2001）の比較制度分析、アブナー・グライフ（Greif, 2006）の比較歴史制度分析とあいまって、経済制度の究明に向かっている。本来、市場の編成、発展には、それを支える制度が深くかかわっているため、こうした一連の研究については、第Ⅲ部の第13章において市場の編成原理を考察するさいにとりあげよう。

## 4　市場に見られる社会性——ネットワーク効果

伝統的なミクロ経済学では、消費から受ける満足度（効用）が自己の消費量にのみ依存して決まるという「孤立した消費者」を想定してきた。

しかし、普通のひとびとは、無人島に漂流したロビンソン・クルーソーや、京の日野山の庵に隠棲して『方丈記』を著した鴨長明のように、社会から孤立して存在しているのではなく、他のひとびとと相互に影響を与え合う「関係性」（つながり）のなかで暮らしている。

フェイスブックやツイッター、ＬＩＮＥといったＳＮＳ（ソーシャル・ネットワーキング・サービス）が普及する現代社会では、その「関係性」の範囲がますます広がる傾向を示している。衣食住の全般にわたって、他のひとびとの消費をもとにしたネット上のランキングやおすすめ情報にもとづいて、消費行動を選択することが日常的となっている。

## 消費の外部性

このように、消費から得られる効用が、他の消費者の消費によってプラスあるいはマイナスの影響を受けることを「消費の外部性」(consumption externality) という。消費の外部性は、消費者が相互に依存し合い、影響を与え合いながら存在しているという「消費の社会性」の一端を示すものである。

古くからヴェブレンやライベンシュタイン、デューゼンベリーらによって、社会的関係に埋め込まれた消費の他者依存性についてさまざまな指摘がなされてきた。

たとえば、かれらが指摘するように、流行しているから自分も消費するという「バンドワゴン効果」や、逆に、他人が消費するから自分は消費しないという「スノッブ効果」、消費水準が社会的地位のシンボルとしてみなされる環境のもとで、他の人の目を気にすることが消費の高級化へとドライブをかける「デモンストレーション効果」なども「消費の外部性」の具体的な事例である。

## プラットフォーム・ビジネス

そうした旧来型の消費の外部性に加えて、ネットワーク技術の進展によって生まれた「ネットワーク外部性」という外部効果の存在に注目が集まっている (Rochet and Tirole, 2003)。

近年、デジタル技術革新が産業の劇的変化をもたらし、インターネットの普及とブロードバンド・

アクセスが、新たなビジネス・モデルを生み出している。インターネット上には、商品を顧客に直販するサイトや、アマゾンや楽天市場などのように、さまざまな商品をワンストップでまとめ買いできる総合サイトが開設され、ネット上のマーケットプレイスが隆盛を極めている。さらに、新聞や雑誌、書籍、音楽、放送などがデジタル・コンテンツとしてネット経由で流通する「デジタル流通革命」が起き、従来の業界の壁を破壊する「産業融合」が押し進められている。その旗手は、GAFAと略称されるグーグル、アップル、フェイスブック、アマゾンなどのプラットフォーム企業である。

その基本とするプラットフォーム・ビジネスとは、複数の異なるグループのマッチングに利用される場（基盤）としての「プラットフォーム」を提供し、異なるサイドの利用者に価値を生み出し、その見返りとして利用者から利益を得るツーサイド（あるいはマルチサイド）のビジネス・モデルである。プラットフォーム・ビジネスそれ自体は新しいものではなく、誘致したテナントと買い物客を結ぶショッピングセンターや、不動産の売り手（貸し手）と買い手（借り手）を仲介する不動産業などは、古くからあるその代表例である。新聞・雑誌やテレビ放送の事業も、メディアを利用する広告主と購読者や視聴者とを結び、両サイドから収入を得るプラットフォーム・ビジネスである。

注目すべきは、ICT（情報通信技術）の発達により、マッチングにともなう膨大なデータをやりとりする能力が飛躍的に高まり、従来よりもシンプルに、安く、スムーズに、マッチング・ビジネスが提供できるようになり、デジタル・プラットフォームによるビジネスが拡大している点である。

## 直接ネットワーク効果

プラットフォーム・ビジネスの推進力として注目すべきは、「ネットワーク効果」の存在である。携帯電話などのネットワーク商品では、利用者数が増加するにつれて、送受信先（アクセス可能性）が拡大し、携帯電話の利用価値が高まる。他のひとびとの利用によって、商品の利用価値が高まるため、これを「ネットワーク外部性」とよんでいる。

こうした効果が働くと、携帯電話の普及に代表されるように、「普及が普及をよぶ」という自己増殖のプロセスが生じる。このような外部効果は携帯電話を利用するグループ（同一の利用者サイド）で生じる効果であるため、「直接ネットワーク効果」（直接的なネットワーク外部性）ともよばれる。

## 市場の盛衰の要因──間接ネットワーク効果

しかし、ネットワーク外部性は、プラットフォームを利用する異なるグループ（異なる利用者サイド）の間でも生じるという点に注目することが重要である。

たとえば、ショッピングセンター（プラットフォーム）に入居する魅力的な店舗や施設（テナント）が増えれば増えるほど、来客にとってショッピングセンターの利用価値が高まる。他方、ショッピングセンターへの来客が増えるほど、テナントにとっては利潤機会が増えるのでショッピングセンターに入居している価値が高まる。このように、プラットフォームの異なる利用者サイドの間に働く外部効果のことを「間接ネットワーク効果」（間接的なネットワーク外部性）とよぶ。

図５－２　プラットフォームの構造

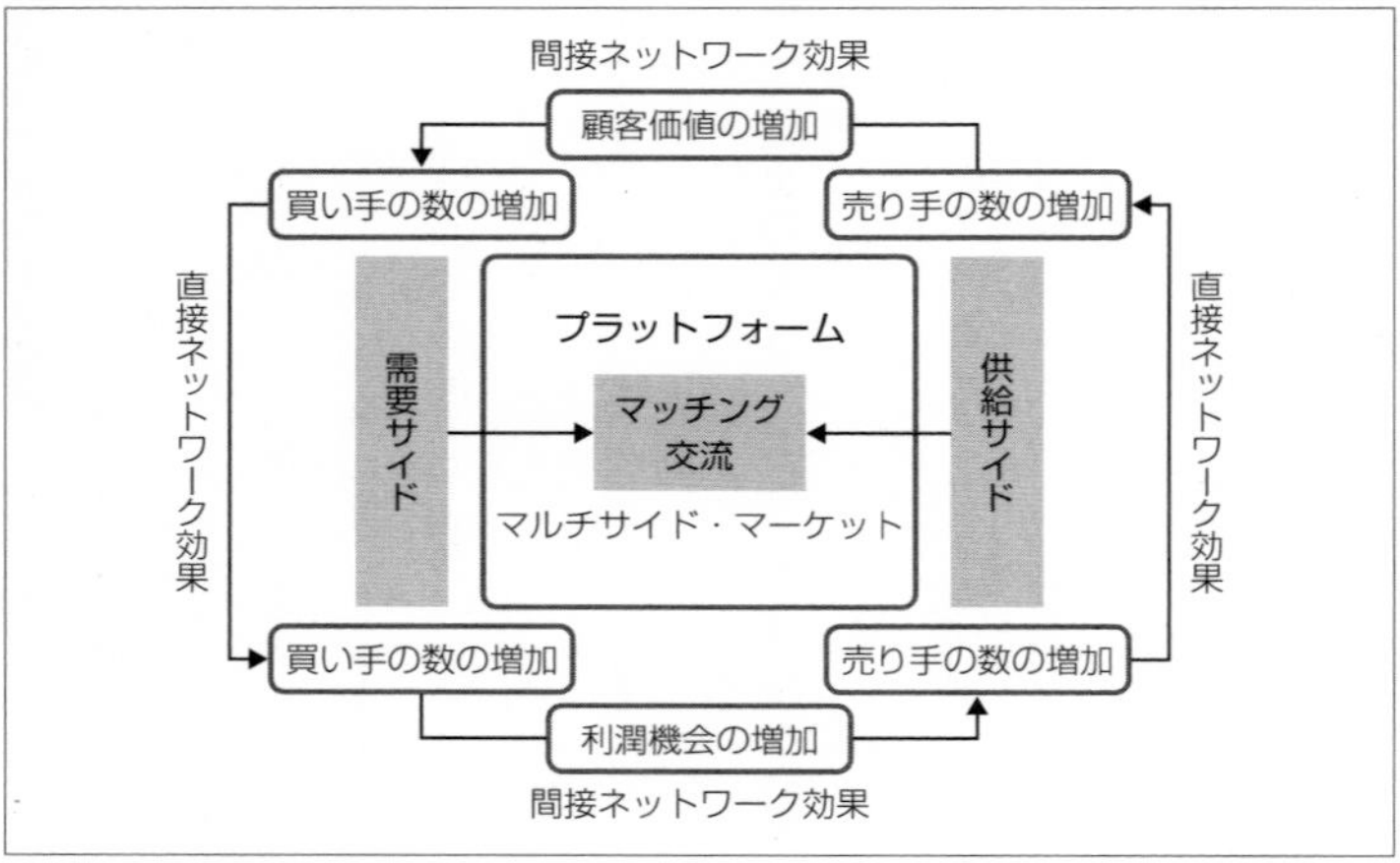


魅力的な店舗や施設が集まるショッピングセンターには、多くの来客が訪れることになり、来客数の多いショッピングセンターには、多くの魅力的なテナントが販売機会を求めて集まってくる。プラットフォームのにぎわいや盛衰を左右しているのは、このような間接ネットワーク効果という、異なる利用者サイド間に働く外部性である。

「買い手がたくさん集まる場には、多くの売り手が集まり、多くの売り手が集まる場には、多くの買い手が集まる」。古今東西、市場の栄枯盛衰のプロセスに働いているのが、間接ネットワーク効果である。

こうした外部効果は、新古典派経済学の弱点である「市場の動態」を解明する重要な要因であり、第Ⅲ部の第12章１節においてとりあげる。また、近年のプラットフォームをめぐる研究は、「需要と供給のマッチング」に焦点をあてており、同じく新古典派経済学の弱点とする「市場メカニズム」の解明にあたって重要なテーマのひとつであり、第Ⅲ部の第11章3節においてとりあげることにしよう。

# 第6章　ゲーム理論の基礎

## 新たな市場理論の分析用具(1)

### 1　ゲーム理論の基礎

「ゲーム理論」とは、複数主体の相互依存関係を描写し、意思決定の相互作用を解明するための理論あるいは分析用具である。その対象は、囲碁や将棋、野球やサッカーのゲームのように、引き分けを除けば勝者と敗者が必ず存在し、誰かが得をすると、その分だけ誰かが損をするといった利害の対立する状況だけではない。協力（協調）によって、全員の利得が増えるウィン・ウィンの状況も、ゲーム理論で取り扱うことができる。ブランデンバーガーとネイルバフ（Brandenburger and Nalebuff, 1996）が「ビジネスは、『パイ』を作り出すときには協力し、その『パイ』を分けるときには競争するものなのだ。換言すれば、ビジネスは『戦争と平和』である」（邦訳、一七頁）というように、競争と協調の両方がゲーム理論の対象となる。

## ゲームの表現法

意思決定をゲームとして描くときに、基本となるのは、誰が、いつ、どのような行動を、どのような情報条件のもとで選択し、どのような利得が得られるか、という五つのことがらである。これらは「ゲームの基本要素」とよばれ、①意思決定を行うプレーヤーとその数、②プレーヤーのとりうる行動とその順序、③情報構造、④戦略とその実行可能な集合、⑤利得構造、という五つの項目によって、意思決定をゲームとして表現できる。

このうち、③「情報構造」とは、意思決定の各局面で、誰が、何を知っているかということ、④「戦略」とは、ゲームのはじめから終わりまで、プレーヤーのとる行動計画をすべて並べたリストのこと、さらに、⑤「利得構造」とは戦略と利得との関係のことである。

また、ゲームには「協力ゲーム」(cooperative game) と「非協力ゲーム」(non-cooperative game) がある。協力ゲームは、グループの利益の最大化という観点から、プレーヤーが結託して意思決定の拘束的な取り決めを行う状況を扱う。非協力ゲームは、プレーヤーが自己の個別的な利益を最大化するように意思決定し、プレーヤー間の意思決定の拘束的な取り決めはできない状況を扱う。以下では、非協力ゲームの理論について解説しよう。

ゲームを表現するには、「標準型」(normal form) と「展開型」(extensive form) という二つの方法がある。「標準型」とは、戦略の組み合わせとそれに対応する利得との関係を「利得行列」を用いてゲームを表現する方法である。ここで、利得行列とは、戦略の組み合わせがもたらす利得を並べた行

図6-1　ゲーム理論の図解

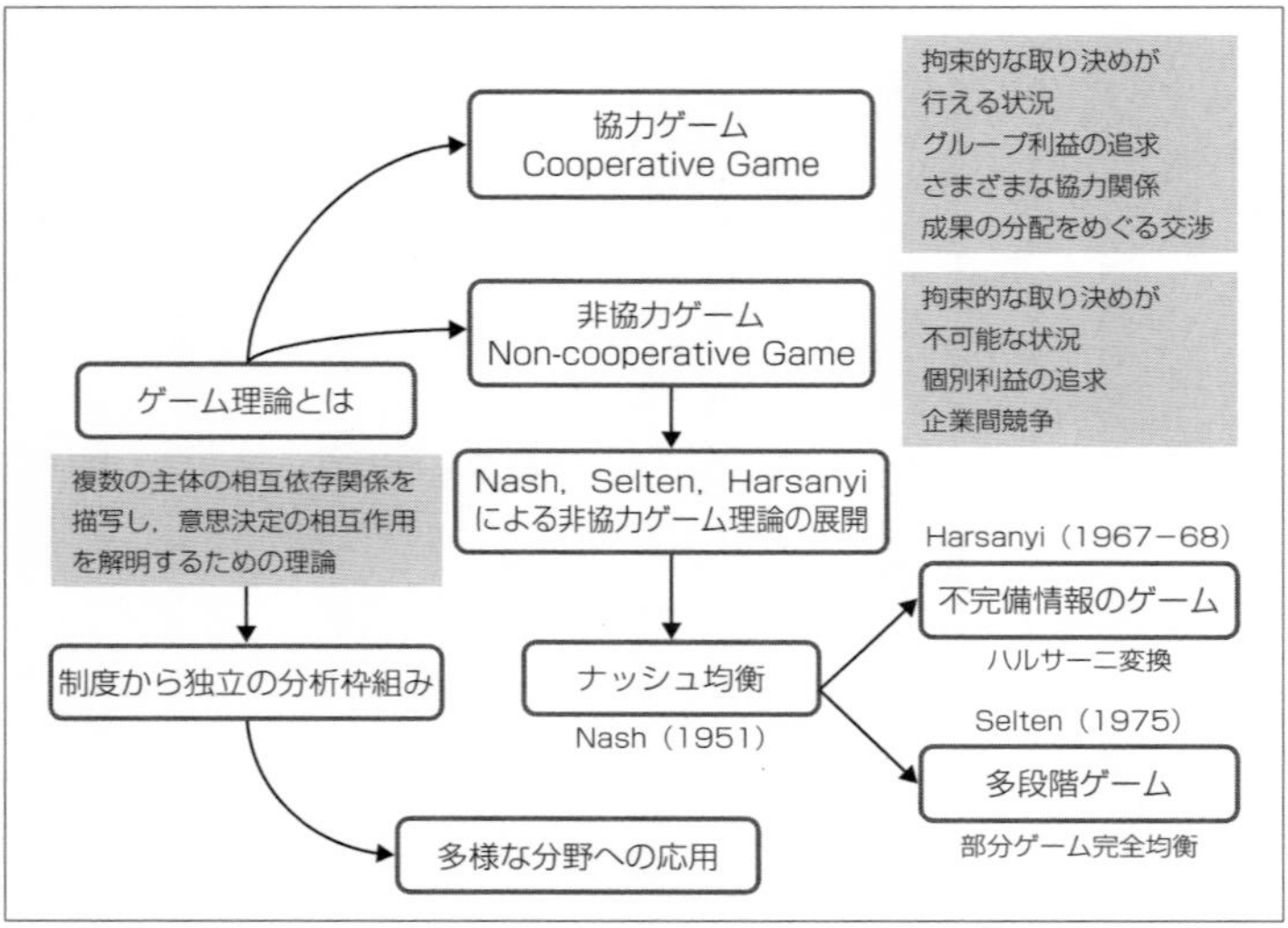


列のことで、利得表ともよばれる。また、「展開型」による表現とは、戦略の組み合わせと利得の関係を、各プレーヤーの意思決定のポイントを示す「ノード」(結節点)と、行動の選択肢を示す「枝」からなる「ゲーム・ツリー」(樹形図)によって表現する方法である。

じゃんけんのように、プレーヤーが同時に行動(グー・チョキ・パーのいずれか)を選択する場合を「同時手番」(simultaneous move)のゲームとよび、囲碁や将棋の先手と後手のように、プレーヤーの行動の選択に順序があり、プレーヤーが交互に行動を選ぶ場合を「交互行動」(sequential move)のゲームとよぶ。

交互行動のゲームでは、後手は先手の行動を観察したうえで自己の行動を選択するが、同時手番のゲームでは、他のプレーヤーがとる行動を知らずに自己の行動を選択することになる。このように、プレーヤーが、他のプレーヤーの「行動」に関して、不確かな情報のもとで意思決定をする場合を「不完全情報」(imperfect information)のゲーム、確かな情報のもとで意思決定をする場合を「完全情報」(perfect information)のゲームとよぶ。

**ゲームの均衡**

ゲームの「均衡」(equilibrium)あるいはゲームの「解」(solution)とは、ゲームの落ち着く先のことである。それは、すべてのプレーヤーが自分にとって望ましい戦略を選択しており、自己の戦略を変更しようとする誘因をもたない状況である。いま、プレーヤーにとって、他のプレーヤーの戦略のいかんにかかわらず、自己の利得を最大にする特定の戦略が存在するならば(他のプレーヤーの戦略のいかんにかかわらず、自分が他の戦略をとるよりも同等以上の利得を自己にもたらす戦略が存在するならば)、そうした戦略のことを「支配戦略」(「弱支配戦略」)とよぶ。また、すべてのプレーヤーの戦略が支配戦略(弱支配戦略)となっている状況では、いかなるプレーヤーも自己の戦略を変更しようとする誘因をもたない。そのため、そうした状況はゲームの均衡のひとつであり、「支配戦略均衡」(「弱支配戦略均衡」)とよばれている。

しかし、このような支配戦略がつねに存在するとは限らない。むしろ、他のプレーヤーの戦略に応じて、自己の採用する最適な戦略は異なるのが、より一般的な状況であろう。ゲーム理論では、他のプレーヤーの戦略を所与としたときに，自己の利得を最大にする戦略のことを「最適反応戦略」とよぶ。そうして，すべてのプレーヤーの戦略が他のプレーヤーの戦略に対する最適反応戦略となっている状況のことを「ナッシュ均衡」（Nash equilibrium）とよぶ。

## 2　ダイナミック・ゲーム

### 交互行動のゲームと先読み

いま二人のプレーヤーからなる二人ゲームについて，プレーヤー1がまず行動を選択し，その後，プレーヤー2がプレーヤー1の選んだ戦略を観察したうえで行動するというように，先手と後手が交互に行動を選択するゲームを考える。

アメリカの大統領リンカーンは，自己の演説の内容を考える時間以上に，自己の演説に対して聴衆はどのように反応するかを先読みする（考える）ことに多くの時間を割いたそうである。また，囲碁や将棋のプロにとっては，相手と自分の何十手も先の展開を予想しながら自分の打つ手を決めていくことが求められる。このように，交互行動のゲームでは，各プレーヤーは将来の行動を先読みし，ゲームの最終段階から合理的な推量をもとに相手の行動と自己の行動の選択を後ろ向きに解いていくという方法を用いて，ゲームの均衡を求めることができる。これを「後ろ向きの推量」（backward induction）とよぶ。

こうして求められるゲームの均衡に「部分ゲーム完全（ナッシュ）均衡」（sub-game perfect（Nash）equilibrium）という概念がある。この均衡概念は，ナッシュ均衡の概念に「逐次合理性」（sequential rationality），すなわち，「先手は，後手の合理的な行動の選択を先読み（考慮）して，自己の行動を選択する」という要件を付加したものである。

ここで，「部分ゲーム」とは，展開型のゲームにおいて，意思決定のポイントを示す単一のノードから始まりそれ以降のすべての選択（ノード）を含むゲームのことである。ゲーム全体は，さまざまな部分ゲームからなり，全体ゲームも部分ゲームのひとつである。

交互行動のゲームを「後ろ向きの推量」を用いて解くというのは，部分ゲームのナッシュ均衡を求め，次に，それぞれの部分ゲームのナッシュ均衡をふまえて，全体ゲームの均衡を求めるということである。ここで重要な要件は，部分ゲーム完全均衡戦略では「均衡経路上」において最適反応戦略が選ばれているとともに，「均衡経路外」においても相互に最適反応戦略が選ばれていなければならない，ということである。

**多段階ゲーム**

企業の競争戦略には，価格や生産量といった，比較的に短期間で変更できる「短期戦略」と，製品特性・研究開発・広告・流通チャネル・垂直的制限のように，長期的な判断をもとに意思決定がなされる「長期戦略」とがある。

企業は、長期戦略によって、短期の競争環境を自己に有利となるように操作しようとする「戦略的行動」への誘因をもっている。

そうした戦略的行動は、さまざまな戦略の選択を異なる段階の意思決定としてとらえ、それらを多段階の意思決定として並べた多段階ゲームによって分析できる。多段階ゲームは、さまざまな企業の競争戦略や戦略的行動の分析に適用することができるため、第9章において説明するビジネス・エコノミクスの主要な分析用具となっている。

いま、もっとも単純なケースとして、同質財を生産する二つの企業が、第一段階において、独立かつ同時に生産コストの低下をもたらす研究開発への投資水準$R_1$、$R_2$を決定し、第二段階において、生産コストの低下したもとで、各プレーヤーが独立かつ同時に生産量$q_1$、$q_2$を選択するという状況を考える。これは、クールノーの同質財の複占モデルを研究開発への投資を含むダイナミック・モデルへと拡張したものである。

この二段階ゲームは、次のような後ろ向きの推量を用いて、部分ゲーム完全均衡を求めることができる。すなわち、まず第二段階に注目すると、各企業は第一段階で決定された投資水準$R_1$、$R_2$を所与としたもとで、クールノーの数量選択ゲームにおける（部分ゲーム）ナッシュ均衡を求める。この第二段階の均衡生産量は、第一段階で決定された投資の水準に依存した関数$q_1(R_1, R_2)$, $q_2(R_1, R_2)$となる。次に、そうした均衡生産量と投資との（関数）関係を考慮したうえで、第一段階での投資水準を選択するゲームの（部分ゲーム）ナッシュ均衡$R^*_1$、$R^*_2$を求める。このような第一段階の投資の均衡水準をもとにすると、第二段階の生産量 $q_1(R_1^*, R_2^*), q_2(R_1^*, R_2^*)$ が求められる。

### 繰り返しゲーム

各プレーヤーが、ただ一回限り行動を選択する場合、そうしたゲームを「一回限りのゲーム」(one-shot game) とよぶ。また、「同じゲーム」が、多期間にわたって、何度も行われる場合を「繰り返しゲーム」(repeated game) とよぶ。そうした繰り返しゲームは、先に説明した多段階ゲームの特殊ケースである。しかし、小売業者間の価格競争は一度限りで終了するというよりも、毎日毎日、同じような状況のもとで何度も繰り返されるのが一般的である。このため、一回限りのゲームよりも、繰り返しゲームとして検討した方が、より現実的であるようなケースが多い。

ここで、二つのプレーヤー(たとえば、食品スーパー)の価格競争を考えてみよう。各回のゲーム(stage-game) では、各プレーヤーにとって、同一の商品について「高価格」(Ｈと表記する)か、または「低価格」(Ｌと表記する)という二つの選択肢(行動)があるとしよう。また、この状況は、競争回避のための「協調」(Ｃと表記する)か「非協調」(ＮＣと表記する)かという二つの選択肢(行動)としても解釈できる。

両者の行動の組み合わせに対応した利得の組み合わせが表6－1のように与えられているとする。なお、第1項はプレーヤー1、第2項はプレーヤー2の利得にあたる。

ここで、Ｈ(高価格)はＣ(協調)、Ｌ(低価格)はＮＣ(非協調)と読み替えることができるものと

**表６－１　価格競争（利得表）**

| 1＼2 | H | L |
|---|---|---|
| H | 100, 100 | 10, 200 |
| L | 200,　10 | 50,　50 |

する。この事例では、ともに高価格をとると、ともに低価格をとるよりも両者にとって利得が大きい。すなわち、高価格は低価格よりも両者にとって有利である。しかし、相手が高価格をとるとき、低価格をとると、自己の利益は２００となって最大となっている。このようなケースは、企業間の価格競争によく見受けられるごく自然な状況である。

　では、このような各回のゲームの落ち着く先は、どうなるのだろうか。各プレーヤーにとって、相手がLをとるとき、Lをとることが「最適反応戦略」となっている。したがって、（低価格、低価格）の組み合わせは「ナッシュ均衡」である。じつは、各プレーヤーにとって、相手がHを選ぶときにも、Lを選ぶことが最適反応戦略であるため、各プレーヤーにとって、Lをとることが支配戦略となっている。このため、（低価格（非協調）、低価格（非協調））は「支配戦略均衡」であり、それを各回のゲームの落ち着く先として考えるのが自然な状況である。この場合、両者にとって協調するのが好ましいにもかかわらず、個別的な利益の追求によって協調が崩壊することを示しており、「囚人のジレンマ」とよばれる。

　繰り返しゲームでは、プレーヤーの戦略は、各回のゲームでとる行動を全期間にわたって並べたリストとなる。プレーヤーはこれまでのゲームにおける行動の流れ（歴史）を考慮して、次回以降の行動を選択する。このため、繰り返しゲームの戦略は、ゲーム全体におけるプレーヤーの行動様式ということになる。

繰り返しゲーム戦略として、「しっぺ返し戦略」（tit-for-tat strategy）と「引き金戦略」（trigger strategy）がよく知られている。「しっぺ返し戦略」は、初回には高価格（協調）を選択し、それ以降は、相手が前回にとった行動を次回は自分も選択するという行動様式である。また、「引き金戦略」とは、初回にはH（あるいはC）を選択し、相手がいったんH（あるいはC）から離反してL（あるいはNC）を選択すると、次回以降は、ずっとL（あるいはNC）を選択するという行動様式である。

ここで、先ほど述べたような各回のゲームが「無限に」繰り返される状況を想定したうえで、引き金戦略に注目してみよう。いま、相手が「引き金戦略」をとるとしたとき、自分も「引き金戦略」をとる場合の利得と、それ以外の戦略をとる場合の利得を比べてみる。まず、相手が引き金戦略をとるときに自分も引き金戦略をとると、初回からH（あるいはC）が成立し続けることになる。このため、両方のプレーヤーは毎回100の利得を得ることになる。

他方、相手が引き金戦略をとるときに自分は引き金戦略をとらず、いずれかの回にL（あるいはNC）を設定するとしてみよう。この場合、L（あるいはNC）を設定した段階での利得は200となり、協調してH（あるいはC）を設定するよりも100だけの利得の増加がえられる。しかし、相手は次回以降、引き金戦略にしたがってL（あるいはNC）を設定し続けるため、自分もL（あるいはNC）を設定することになる。このため、次回以降の各回の利得は50となり、高価格（協調）のときよりも毎回50の利得の減少がずっと続くことになる。

この一時的な100の利得の増加と、将来の50の損失がずっと継続することを比べると、将来を重視するプレーヤーならば、相手の引き金戦略に対して、自分も引き金戦略をとる方が有利だと判断するだろう。こうして、無限の繰り返しゲームにおいて、両方のプレーヤーがともに引き金戦略を採用している状況はナッシュ均衡となる。そうして、両者が引き金戦略を採用しているもとでは、初回からずっと高価格H（協調C）が成立する。

すなわち、「無限の繰り返しゲームでは、囚人のジレンマは解消されて、協調が成立する」。これは、ゲーム理論の研究者にはずっと前から知られていながら、誰がそれをいいはじめたかはわからないため作者不詳を意味する「フォーク定理」とよばれている。

## 3　不完備情報のゲーム

ゲームの基本要素のうちで、①意思決定を行うプレーヤーとその数、②プレーヤーのとりうる行動とその順序、③戦略とその実行可能な集合、④利得構造、という四つの項目がすべてのプレーヤーの「共通知識」（common knowledge）となっているとき、「完備情報」（complete information）のゲームとよばれ、これらの項目の一部あるいはすべてについて、共通知識ではないとき、「不完備情報」（incomplete information）のゲームとよばれる。

ここで、ある事象A（たとえば、二〇一九年七月六日正午の西宮市の気温が三〇度であること）が「共通知識」であるとは、①すべてのプレーヤーは事象Aを知っている、②すべてのプレーヤーは「すべてのプレーヤーは事象Aを知っている」ということを知っている、③すべてのプレーヤーは「すべてのプレーヤーは『すべてのプレーヤーは事象Aを知っている』ということを知っている」ということを知っている、等々が、無限にわたって成り立っている状況を指している。

たとえば、将棋をして勝てば相手から賞金をもらい、負ければ相手に同額の賞金を与えるというゼロサム・ゲームの状況では、自分の利得は相手の損失を意味するので、自分と相手のプレーヤーの利得構造を完全に知ることができる。しかし、より一般にはプレーヤーが相手の利得構造を知らない場合が往々にしてある。このように、プレーヤーが相手の利得構造について不確かな情報しかもっていない「不完備情報のゲーム」を考えてみよう。

### パイの分配をめぐって

いま、ある家庭のお母さんが、二人の兄弟にパイを作って二人で分けるようにと、パイ作りの準備をしておいた。二人の兄弟はおいしいパイを食べようと、仲良くパイ作りにはげんだ。パイが焼き上がった。さあ、どのようにして分けようか。二人はおいしそうなパイを前に、お腹を鳴らして待ちかまえている。

賢夫人で名高いお母さんはいった「お兄ちゃん、パイを切り分けてね」。そして、「パイを切り分けたら、弟くんの方から、好きな方をとってね」と。お兄ちゃんは、大きなパイと小さなパイに切り分けると、弟くんが大きい方を先にとるだろうから、自分には小さい方が残されて損になる。だから、それを避けようと、必死になって、ゆっくりと真っ二つにパイを切り分けた。そして、二人で仲良く、半分ずつのパイを喜んで美味しくいただいた。この交互行動のゲームにおいて、お兄ちゃん（プレーヤー1）は、弟くん（プレーヤー2）の行動を先読みして、上手にパイを切り分けたのである。

隣の家庭でも同じような兄弟がいて、同じようなパイ作りに励んでいた。パイが焼き上がった。さあ、どのようにして分けようか。二人の兄弟は待ちかまえている。

この家庭のお母さんはいった。「お兄ちゃん、パイを切り分けて、お兄ちゃんの好きなように弟くんに分けてあげてね」。そして「もし、弟くんが、その分け前に反対で、いやだといったら、お母さんがパイをすべて食べちゃうからね」と。さて、この家庭では、パイの切り分け方はどうなったのだろうか。お兄ちゃんになったつもりで考えてみてほしい。

ここで、お兄ちゃんがゲーム理論家になったつもりで、この交互行動のゲームを先読みしながら考えるとしてみよう。いま「お兄ちゃんが半分ずつにパイを切り分けて、半分のパイを弟くんに与える」と提案したとする。このとき、弟くんがこの提案に賛成すれば、半分ずつのパイをおやつにすることができる。弟くんがいやだといったら、弟くんはパイを食べることができない。だから、「弟くんはこの提案に賛成するだろう」と、お兄ちゃんは考えた。しかし、もし、「パイの一〇分の一（それが切り分けられる最小限とする）を弟くんに与える」と提案したとしても、「弟くんはいやだと反対しない」とお兄ちゃんは考えた。というのは、弟くんがこの提案をいやだと反対すると、パイの取り分はゼロとなるが、それよりも、この提案に賛成して一〇分の一のパイをもらう方が得だからだ。こうして、「お兄ちゃんは、パイの一〇分の九を自分のものにして、一〇分の一だけを弟くんに与える、そして弟くんはその提案を受け入れる」というのが部分ゲーム完全ナッシュ均衡となる。

両者が自己の利得の最大化を図る「功利主義者」であることが「共通知識」となっている「完備情報のゲーム」であれば、結果はそうだろう。しかし、二人の兄弟の間で、このような「えげつない」（関西弁）提案がなされるとは、一般には考えにくい。ゲーム理論が間違っているのだとしたら、大変なことだ。

お兄ちゃんになったつもりで、パイを切り分けるとしたら、「パイの半分を弟くんに与える」と提案するひとが多いのではないだろうか。それはどうしてだろうか。

じつは、弟くんは、日頃から、お母さんや、学校の先生から「なんでも仲良く平等に」と教わっており、「半分ずつでなければいやだ」という選好（考え）をもつ「平等主義者」かもしれない。もし、弟くんが平等主義者なら、お兄ちゃんは半分半分の提案をしないと、弟くんの反対にあって自分のパイの分け前はゼロとなる。この場合、「お兄ちゃんは、パイの半分を弟くんに与える、弟くんは提案に賛成する」が部分ゲーム完全ナッシュ均衡となる。

### ハルサーニ変換

お兄ちゃんにとって、弟くんが「功利主義者」（utilitarian）か「平等主義者」（egalitarian）かは確かにはわからないと考えよう。このようなもとでの交互行動のゲームは、弟くんの利得構造が共通知識ではない「不完備情報のゲーム」となっているが、相手の利得行動を知らないということはよくあることだ。こうした不完備情報のゲームについて「コロンブスの卵」のたとえのごとく、ものの見事に単純明快な解法を明らかにしたのが、ハルサーニによる論文（Harsanyi, 1967–68）である。

まず、お兄ちゃんは、弟くんが功利主義者のタイプか、平等主義者のタイプかに応じて、二つの交互行動のゲームを考える。先に説明したように、弟くんが「功利主義者のタイプのゲーム」では、「お兄ちゃんは、パイの一〇分の九を自分のものにして、一〇分の一だけを弟くんに与える、そして弟くんはその提案を受け入れる」が部分ゲーム完全ナッシュ均衡である。また、弟くんが「平等主義者のタイプのゲーム」では、「お兄ちゃんは、パイの半分を弟くんに与える、弟くんは提案に賛成する」が部分ゲーム完全ナッシュ均衡となる。

また、お兄ちゃん（プレーヤー1）は、弟くん（プレーヤー2）が功利主義者のタイプである確率を$p$、平等主義者のタイプである確率を（$1-p$）、と主観的に想定するとする。

この状況は、ゲームの最初の段階で第三のプレーヤーの「自然」（nature）を導入し、実際のプレーヤーであるお兄ちゃんは、自然のとる行動に関して情報が不完全だと考えるわけである。このように、不完備情報のゲームをある種の不完全情報のゲームに変換することを、「ハルサーニ変換」という。

そこで、弟くんにパイの半分を与えるとしたら、弟くんが功利主義者であれ平等主義者であれ、提案に賛成するので、お兄ちゃんは確実にパイの半分を手に入れる。

また、すでに確認したように、弟くんにパイの一〇分の一を与えると提案したら、もし弟くんが功利主義者だったなら、弟くんは賛成して、お兄ちゃんはパイの一〇分の九を手に入れる。他方、もし弟くんが平等主義者だったなら、弟くんはこの提案に反対して、お兄ちゃんはパイを手に入れることができないことになる。そこで、この不完備情報のゲームのもとで、弟くんにパイの一〇分の一を与えると提案した場合のお兄ちゃんの期待利得を求めると $(9/10)p$ となる。

このため、お兄ちゃんにとって、半分を提案する方が有利となるのは、$(9/10)p<1/2$ という条件を満たす場合、すなわち、弟くんが功利主義者である確率が $p<5/9 \fallingdotseq 0.556$（約半分未満）であるとお兄ちゃんが主観的に想定しているときである。こうして、

$p<5/9 \fallingdotseq 0.556$ ならば、（半分を与える、功利主義者は賛成、平等主義者は賛成）、$p>5/9 \fallingdotseq 0.556$ ならば、（一〇分の一を与える、功利主義者は賛成、平等主義者は反対）

というのが不完備情報ゲームの理にかなった均衡となる。

## 4　ゲーム理論家の数奇な運命

第二次世界大戦に青春期を翻弄された多くのひとびとと同じように、一九九四年にノーベル経済学賞を受賞した三人、ナッシュ、ハルサーニ、ゼルテンも、波乱に満ちた生涯を送った。

ナッシュは、一九二八年六月一三日、アメリカ・アパラチア山脈の連なるウェストバージニア州の

ブルーフィールドの地に、電気技師の父と語学教師であった母との間に生まれた。幼少期から高等学校まで地元で教育を受けたのち、ジョージ・ウェスティングハウスの全額支給奨学金を得てカーネギー工科大学（現在のカーネギー・メロン大学）に入学し、化学から数学に専攻を変更して、卒業時には学士号と修士号を同時に取得した。大学院への進学にあたって、ハーバードとプリンストンの両方から奨学金のオファーを受けたが、プリンストン大学のアルバート・タッカー教授から、じきじきの招聘の手紙をもらい、また実家にもずっと近い方という理由から、プリンストン大学の大学院へと進んだ。なお、タッカーは、非線形計画法において有名な「クーン・タッカー条件」に名を残すとともに、「囚人のジレンマ」の寓話の作者でもある。

ナッシュにとって大学院時代は幸運に満ちていた。ゲーム理論に関しては、非協力ゲームの均衡（ナッシュ均衡）と協力ゲームの解（ナッシュ交渉解）の研究を完成させるとともに、多様体に関する数学上の発見（後に出版される）も行っていた。ゲーム理論の研究が数学の博士論文として認められない場合には、他の方の研究を学位論文として提出する用意もしていたが、ゲーム理論の論文が認められて一九五〇年に数学博士号を取得した。その後、MITの数学部に就職したが、一九五九年に病気（統合失調症）を患い、やがて回復した。その様子は、アカデミー賞を受賞した映画『ビューティフル・マインド』に描かれた。

そうして、二〇一五年五月に数学のアーベル賞の授賞式のためノルウェーを訪問した帰りに、空港で乗ったタクシーがニュージャージーの高速道路で自動車事故に遭遇し、かれは波乱に富んだ八六歳の生涯を閉じた。

ナッシュ均衡の概念を不完備情報のもとでの意思決定をともなう不確実性の状況に拡張して、ハルサーニ変換の概念を提起したのはヤーノシュ・ハルサーニである。かれは、一九二〇年五月二九日、ハンガリーのブダペストで薬局を営む両親の一人息子として生まれた。ジョン・フォン・ノイマンも卒業生であるというブダペストの名門の高等学校を卒業した。大学では薬学を専攻した。一九四四年、ナチスのユダヤ人迫害により強制収容所に送られるところをかろうじて脱出した。第二次世界大戦後はブダペスト大学で哲学博士号を取得して教職に就くが、反マルクス主義者を公言して職から追放された。一九五〇年、夫婦でハンガリーからオーストリアに亡命しオーストラリアに渡った。工場で働くかたわら夜間にシドニー大学で学び、経済理論の数学的エレガントさに興味を惹かれて経済学修士号を取得した。一九五六年、ロックフェラー奨学金によってスタンフォード大学に留学し、ケネス・アローの指導のもとで経済学博士号を取得した。第2章で説明したように、

ハルサーニ，ナッシュ，ゼルテン（EPA＝時事提供）

当時は、ワルラス均衡の存在、効率性、安定性の研究をはじめとして、数理経済学が輝かしい研究成果をあげていた時期であった。一九六四年カリフォルニア大学の経営大学院の教授となり、一九六七年から六八年にかけて不完備情報ゲームのハルサーニ変換に関する論文を公刊した。かれは、二〇〇〇年八月九日、バークレーの地で八〇年の生涯を終えた。

ナッシュ均衡の概念を多段階の意思決定をともなうダイナミックな状況に拡張して、部分ゲーム完全（ナッシュ）均衡の概念を提起したのはラインハルト・ゼルテン（Selten, 1975）である。ゼルテンは、一九三〇年一〇月五日、ポーランドの西部に位置する古都ブレスラウの地に生まれた。若くしてユダヤ人の父を亡くした。ヒトラーのナチス政権のために、一四歳で高等学校の中退を余儀なくされ、その約半年後、母、兄弟、妹とともに、からくも市外に向かう鉄道が閉鎖となる最後の列車に乗ってブレスラウを離れた。その後、ザクセン、オーストリア、ヘッセンを放浪する難民生活を送り、第二次世界大戦後にヘッセン州北部のメルズンゲンに住み、高等学校に通った。数学に強い興味をもち、徒歩での通学に要する往復三時間半の登下校の途中も幾何や代数に夢中になって取り組んだ。一九五一年にフランクフルト大学で数学を学び、五七年にゲーム理論で修士号を取得した後、助手として大学で働き、六一年に数学博士号を取得した。その直後に、オスカー・モルゲンシュテルンの援助をもとにプリンストン大学のゲーム理論研究会に参加した。寡占のゲーム理論に関する実験を続けるなかで、一九六五年に部分ゲーム完全均衡に関する論文を発表した（のちに、この論文の不完全な部分を改訂して一九七五年に論文を公刊した）。その年にエルサレムで開かれたゲーム理論の研究会においてハルサーニと知り合い、その後の長い共同研究が始まった。ゼルテンは、ボン大学名誉教授として、二〇一六年八月二三日、中世ポーランド王国の最初の首都ポズナンの地で八五年の生涯を終えた。

# 第7章　情報とインセンティブ

## 新たな市場理論の分析用具(2)

ある主体が、他の主体のもっていない情報を所有しているとき、その情報を「私的情報」という。各主体が私的情報をもち、それぞれ異なった情報条件のもとに置かれている状況を「情報の偏在」とよぶ。そうした日常的に見られる現実の姿は、伝統的な新古典派モデルが想定する完全情報の世界からは、大きくかけ離れている。

製品については、衣類の色やサイズ、形状のように、買い手による購入前の探索によってその内容がわかる「探索的な属性」ばかりではなく、食品の味や、衣類の着心地や型くずれ、洗濯による色落ち、形状記憶などのように、購入後の使用経験によってはじめてその内容がわかる「経験的な属性」がある。また、薬の副作用や車の事故によるエアバッグの機能など、通常の使用経験ではわからず、異常事態に遭遇してはじめてわかる「信用的属性」がある。第4章2節において、製品は属性（特性）の「束」だと説明したが、以上の属性のどれを重要視するかによって、「探索財」、「経験財」、

「信用財」という区分ができる。

アパレル製品のような探索財については、売り手の広告によって、あるいは買い手による購入前のネットや実店舗での検索によって情報を手に入れることができる。しかし、食品のような「経験財」では、飲食経験の試行錯誤を経て情報を手に入れることになり、医薬品のような「信用財」では、医師や薬剤師による専門的な意見や、製品を提供する企業ブランドから製品の情報を判断することになる。しかし、探索財から経験財、信用財になるほど、買い手側の情報不足の程度は高くなると考えられる。

## 1　情報の非対称性

いま、特定のことがらについて、①ある主体が他の主体よりも多くの情報をもっており、なおかつ、②情報格差があることをお互いに認識している状況のことを「情報の非対称性」(asymmetric information)という。

日常の買い物でいうと、食品スーパーの店頭に並べられた商品について、鮮度や品質、安全性といった商品情報についても、それぞれの商品がいつ、どこから、どれだけ、いくらで仕入れ、どれだけ販売しているかといった販売情報などについても、売り手が買い手より多くの情報をもっているが、売り手も買い手も、こうした情報格差があることを知っている。すなわち、情報の非対称のもとで日

アカロフ，スペンス，スティグリッツ（AP／アフロ提供）

常の取引がなされている。

情報の非対称性のモデルは、以下の二つのケースに分類される。ひとつは、ある主体が他の主体の知らない知識をもっている場合であり、「隠れた知識」（hidden knowledge）のモデルとよばれている。もうひとつは、ある主体が他の主体の行動を観察できないという場合で「隠れた行動」（hidden action）のモデルである。

ここで留意すべき点は、通常、隠れた知識のモデルが対象としているのは、契約の締結時には「外生的な与件」とされていることがらに関して隠れた知識があり、情報の非対称性が存在する場合である。たとえば、アカロフ（Akerlof, 1970）がとりあげた中古車の市場を例にとると、市場に出品されている「車の品質」（属性、タイプ）は、取引が始まる段階ですでに確定しており、外生的な与件である。売り手は自分の車の品質に関して、買い手よりも多くの情報をもっている。そのため、中古車市場は「隠れた知識」のモデルとして分析されている。

以下で説明するように、隠れた知識のモデルは、契約が結ばれる「前」に生じる問題に注目しており、隠れた行動のモデルは、契約が結ばれる「前」にも「後」にも起きる問題にかかわっている。隠れた知識のモデルでは「アドバース・セレクション」（adverse selection：逆淘汰）の問題、隠れた行動のモデルでは「モラルハザード」（moral hazard）の問題がとりあげられる。

### アドバース・セレクション

「逆淘汰」（アドバース・セレクション）はもともと保険分野の用語である。火災保険の加入者には、火災に用心深いタイプ（低リスクの加入者）と用心を怠るタイプ（高リスクの加入者）がいる。保険契約を結ぶ「前」に保険会社は個々の加入者がどちらのタイプにあたるかについての知識がない（隠れた知識）。このため、平均的な火災確率をもとに、加入者に一律の保険料を適用する保険契約を作成したとする。このとき、自己の火災確率が平均的な火災確率を下回る低リスクの主体にとって、保険料は割高となる。そのためリスクの低い主体の方から保険に加入せず、保険契約を結ばなくなる。その結果として保険に加入する高リスクの主体の割合が増えると、火災の平均確率が高まり、それにつれて保険料がさらにあがる。そうすると低リスクの主体はますます保険市場には参加せず、保険市場が崩壊して、保険契約そのものが成り立たなくなる（Rothschild and Stiglitz, 1976）。

同様のことがらは、保険市場の他にも多数のケースにおいて確認できる。消費者金融の市場では、貸し倒れのリスクの高いタイプの借り手とリスクの低い良質なタイプの借り手がいるが、それらは貸し手にとって隠れた知識であるため、一律の金利で貸し付けが行われると、低リスクの良質な借り手にとっては割高な金利となるので資金を借りなくなる。そうすると、高金利でも借りたいという高リスクの借り手の割合が増え、貸し倒れリスクが高まるので、金利が引き上げられ、その結果として、消費者金融の市場が成り立たなくなる。

ふつう、市場では、良質品が粗悪品を淘汰するという「自然淘汰の原理」が成り立つとされているが、それは買い手が商品の品質の善し悪しを判断できる場合のことがらである。情報の非対称性のもとでは、粗悪品が良質品を市場から駆逐する「逆淘汰」という逆転現象が生じる。不良品のことを英語で俗に「レモン」ともいうので、このように、「情報の非対称性のもとで不良品が横行すること」を「レモンの原理」ともよぶ。

### モラルハザード

モラルハザードも、本来は保険業界で使われてきた用語である。たとえば、火災保険に加入すると、安心して火災に対する用心を怠り、保険があるからかえって火災の発生確率が高まってしまうということや、保険金目当ての火災が起きるといったことが生じるかもしれない。モラルハザードとは、保険会社が「契約後」の加入者の隠れた行動によって引き起こされる、そのような好ましくない事態を指している。

一般的に、「モラルハザードとは、隠れた行動を理由に、他者を犠牲にして自己の利益を追求しようとする行動である」と定義すると、そのような事例はたくさん存在する。

第4章のチェンバリンの項目（第2節）で説明したように、テキサスの業者によるアラビアゴムを混ぜたマヨネーズ販売や、マクミラン（McMillan, 2002）が指摘したインドの街での水で薄めたミルクの販売のように、売り手が買い手の商品知識の不足を理由に、粗悪品を良質品と偽って販売することはモラルハザードの事例である。逆に、買い手の不注意によって起こった製品の故障を不良品だとして売り手に返品することもモラルハザードであり、「隠れた行動」のもとでは、売り手の側にも買い手の側にも、モラルハザードへの誘因がある。

また、隠れた行動に起因する従業員の側の怠慢と経営者側の怠慢という「二重のモラルハザード」（double moral hazard）が、企業組織の内部に見られる。また、コンビニエンスストアなど、フランチャイズ・システムの本部と加盟店の関係においても、両者の販売努力について二重のモラルハザードが生じる危険性がある。

## 2　モニタリングとシグナリング

### 逆淘汰やモラルハザードの防止策

逆淘汰やモラルハザードを防止するには、二つの方法がある。ひとつは、情報の収集によって情報の格差をなくすことである。その内容には、隠れた行動についての「モニタリング」（監視）と、隠れた知識についての「シグナリング」および「スクリーニング」である。もうひとつは、適切なインセンティブ・システムを設計して、逆淘汰やモラルハザードそれ自体をなくしてしまうことである。

## 隠れた行動のモニタリング

モラルハザードを防ぐためのモニタリング（監視）として、まずは、行動それ自体を観察しようとすることがある。しかし、行動の観察が不可能、あるいはそのために膨大なコストがかかる場合には、行動を反映した（行動と相関関係をもつ）客観的な成果指標の観察が行われている。たとえば、社員証のICカードによる勤怠管理や、販売契約の獲得件数の報告などは社員の行動を反映するため、それらは完全ではなくても行動の客観的な指標として利用できよう。また、セールスマンの顧客勧誘を上司と部下の複数の社員で行うことで社員の行動を相互にモニタリングしたり、ある日本企業の中国支社では、営業マンが予定の時間に予定先を訪問しているかどうかを、監督者が予定先に直接、電話をして確認したりすることもあるという。しかし、監督者が怠慢することもあり、その怠慢を監督するさらに上位の監督者が必要となり、モニタリング・コストは膨大となる。

そのため、四六時中、モニタリングを行うのではなく、ランダム・サンプルの検品のようにモニタリングをランダムに行い、もし勤務の怠慢が見つかったときには大きなペナルティを科すと契約で定め、事実上はほとんどモニタリングをしなくても、モラルハザードが発生しなくなるのがもっとも効率的であり、理想的である。このランダムなモニタリングは、日本のように自動改札を完備した駅に比べて、改札すらも存在しないヨーロッパ諸国の駅において、不正乗車をモニタリングするために実際に使用されているやり方である。

### 隠れた知識（属性）のスクリーニングとシグナリング

いま、能力の異なる二種類の労働者がいたときに、能力の高い労働者には高賃金、能力の低い労働者には低い賃金を支払う、という雇用契約が好ましい。しかし、労働者の能力が観察できないために一律の賃金の支払いを提案して、不服があるなら申し出てほしいとしたとする。このとき、能力の高い労働者からは、不服の申し立てがなされるのは当然だろう。しかし、不服の申し立ては、本当は能力が低いにもかかわらず、能力が高い労働者と装った労働者にも行える。このような自己申告では、労働者の隠れた知識（能力）を知ることはできない。

同じことは、品質の異なる商品を販売する二種類の売り手についても妥当する。高品質の商品には高価格、低品質の商品には低価格を支払うのが好ましい。しかし、購入前に品質が観察できないとき、どちらの売り手も製品は高品質だと広告・宣伝するので、売り手の行う広告・宣伝の「内容」から、製品の品質をうかがい知ることはできない。

「スクリーニング」（screening）とは、相手方の観察できない「特性」（タイプ）を見抜くために、情報をもたない側が、情報をもっている側に対して行う（ふるいにかける）行動のことである。その方法として、スクリーニングは、相手に複数のオプションを提供して、どのオプションを選択したかによって、相手の特性（タイプ）を知ろうとすることである。

それとは逆に、スペンス（Spence, 1974）が示したように、「シグナリング」（signaling）とは、情報をもっている側が、情報をもたない側に対して行う行動であり、相手側が観察できない自己の特性（タイプ）が相手方にうまく伝わるようなシグナル（合図）を送ることである。

年功序列の賃金体系は、労働者の「離職率」の高さを調べるためのスクリーニングとして機能する。いま、勤務年数の短い労働者には低い賃金を支払い、勤務年数が増えるにつれて賃金を引き上げていく賃金体系を採用すると、離職率の高いタイプには、そうした賃金体系は有利ではないが、離職率が低くて長期勤務を望むタイプの労働者には有利になる。このため、年功序列の賃金体系は、長期雇用を求める労働者を選別するためのスクリーニングとして機能する。また、労働者の側からすると、年功序列の賃金体系のもとでは、その会社に就職を希望することが、自己の離職率の低さを示すシグナリングとして機能を果たす。

また、各種の資格に応じた賃金体系は、労働者の能力（生産性）に関するスクリーニングやシグナリングとして機能する。能力の高い労働者は、資格取得のコストが低いので、資格取得によるネットの利益（割増賃金マイナス資格取得のコスト）がプラスとなるが、能力の低い労働者は、資格取得のコストが高く、ネットの利益はマイナスとなる。そのような条件を満たすように資格と賃金の関係を設定したうえで、資格を取得するか否かを、労働者の自己選択（セルフ・セレクション）に任せると、能力の高い労働者だけが資格を取得する。このため、資格にもとづく賃金体系は、雇用主の側からすれば、能力の高い労働者を選抜するための「スクリーニング」として機能し、労働者の側からすれば、資格の有無は労働者の能力を示す「シグナリング」として機能する。

企業の広告については、広告の「内容」それ自体ではなく、企業が支出する「広告費用の高さ」が、製品の品質のシグナリングとして機能するという議論がある。

というのは、低品質の売り手の商品は、広告によって一時的に売上が伸びたとしても、購入後に低品質だとわかると、顧客は繰り返し購入を行わない。したがって、高品質の売り手ほど、顧客の繰り返し購入によって広告による追加的な収入が多くなるので、広告へのインセンティブが強く働く。つまり、企業の行う広告の頻度や広告費用の高さが、企業の製品の品質や信頼性のスクリーニングとシグナリングとして機能するという議論である。

ところで、こうした資格の取得（あるいは学歴など）は、企業の業務にとって有益な場合もあるが、単に労働者の資質を示すシグナルに過ぎず、企業の業務に直接に貢献しない場合がある。また、取得の容易な資格はスクリーニング（ふるいわけ）の機能を果たさないため、より取得の困難な資格のシグナリングへとドライブがかかっていく。同様のことは広告についてもあてはまる。そうしたランキングが問題となる競争状況のもとでのシグナリング活動は、受験競争や広告競争の激化を生み出し、企業にとっても消費者にとっても、本来、必要以上の資源の社会的浪費につながっている面がある。

## 3　インセンティブ契約

インセンティブ契約とは、ある行動をとればどのような利益が得られるかを約束する契約である。「インセンティブ」とは、「動機づけ」、あるいは「誘因」のことで、特定の行動を引き出すための「報酬」を指す。また、「インセンティブ・システム」とは、そうした報酬を与える仕組みである。ひとびとは金銭的・非金銭的なインセンティブによって行動しており、インセンティブ・システムを通じて、ひとびとの行動を誘導し、変更することができる。

インセンティブ・システムとして制度をながめると、古今東西、経済・経営のさまざまな制度の基本問題は、隠れた知識・隠れた行動をともなう情報の非対称性のもとで、適切な行動へのインセンティブを与えるためには、制度をどのように設計したらよいのかという点にある。このことがらの重大性は、次のようなベトナムの経験を知るだけで十分に理解できよう。

一九五〇年代後半から、北ベトナムではソビエト型中央計画モデルが採用されてきたが、ベトナム戦争が終結した一九七五年のベトナム統一後、それがベトナム全土にわたって適用された。社会主義体制のもとで、取引は圧迫され、多くの分野で禁止された。政府は、資本家階級によるビジネスを禁止する指令を出し、国家によって管理されない財を販売する、小規模な小売商人だけが存続できた。計画経済のもとで、国家は国営工場に生産数量の「目標」を指示し、それに必要な資本設備や各種のインプットを配分した。配給制度と国営店舗によって流通する商品の「価格」と「流通量」も、国家が決定した。この「目標システム」は、商品のはなはだしい不足をもたらしただけでなく、ひとびとの労働意欲の欠如につながった。

生産および流通段階における多くのロスと、労働意欲の欠如による低生産性のために、国家は消費需要のわずかしか満たしえなかった。それゆえ、多くのひとびとは、生活に必要な物資をインフォーマル・マーケット（ヤミ市）で調達せざるをえなかった。国家によって流通されない財だけの販売が許可されていたので、米や肉、石鹼、衣類といった類はもちろん禁制品であり、それらを取引するひとびとは密売人とみなされた。国家はインフォーマル・マーケットでの取引を禁止するために全精力を注いだが、ひとびとはあらゆる手段を使って監視の目をくぐろうとした。

中央計画経済の失敗によって、ベトナムは重大な食糧危機に陥った。このため、一九八六年、ベトナム政府は刷新（ドイモイ）政策へと舵を切った。この新たな制度のもとでは、農家は長期間にわたって農地を借り受け、農産物のある一定の割当量を地代として国家に納めれば、残りは市場で販売してもよいことになった。このため、農家は所得を増やそうとして労働意欲を高め、農産物の生産量は飛躍的にジャンプし、たった三年後の一九八九年には、ベトナムは世界第三位の米の輸出国にまで成長したのである。

# 第8章　産業組織論の展開

## 市場への競争政策の視点から

産業組織論は、市場について理論的あるいは実証的に研究する経済学の分野のひとつである。経済学（あるいは産業組織論）では、「市場」とは「同種の商品（財・サービス）を販売する売り手と買い手の集合」と定義されている。ただし、「同種の商品」とは、密接な「代替関係」にある商品のことである。そうして、同種の商品を供給する企業のグループ（集合）を「産業」（industry）あるいは業界とよぶ。

産業組織論への貢献によって、ノーベル経済学賞を受賞したジョージ・スティグラーは、自著『産業組織論』（Stigler, 1968）において、産業組織論は、企業や産業の分析にほかならないが、①産業の集中度などの実証分析と、②反トラスト法や政府規制などの政策問題に深くかかわるという点に、その特徴があると述べている。

産業組織論には三つの主要なトピックスがある。第一に、市場構造を規定する要因を分析すること。

第二に、市場における企業間の競争を分析すること。第三に、企業の市場支配力にもとづく問題を是正し、企業間の競争を促進する政策を研究することである（Schmalensee, 1988）。

このように、産業組織論は、実証的で政策的な問題に重きを置く市場理論の一分野として、産業構造の変化や反トラスト法などの政府規制、そして市場理論の進展につれて誕生し、発展してきたが、その系譜をひもとくことから議論を始めよう。

## 1　反トラスト法と産業組織論

一九世紀の後半、科学上の発明が、鉄鋼・化学・電気の分野において技術革新をもたらし、動力源も石炭と蒸気から石油と電力へとシフトし、重化学工業を中心とする第二次産業革命の時代を迎えた。この時期、アメリカで重要な出来事が起きた。

ひとつは鉄道網の発達である。一八五〇年代にゴールドラッシュ（カリフォルニアで金鉱の発見と発掘）が起こったが、ときあたかも、スコットランドでのポテト飢饉（一八四五年から四九年）によってアメリカへ大量の移民が流入し、移民の西部への移住が進展した時代だった。西部の未開拓地帯であるフロンティアを開拓する進取の精神（フロンティア・スピリット）が、アメリカの価値観の原型となり、カリフォルニアのサンフランシスコを中心に「鉄道」の建設ラッシュが起こった。そうして、一八六九年、東から西に向かうユニオン・パシフィックと西から東に向かうセントラル・パシフィックの両鉄道がつながり、大陸横断鉄道が完成した。

もうひとつは電信・電話の普及である。一八三七年にアメリカのモールスが「電信装置」の実験に成功し、モールスの作った通信コードが世界標準となり、モールス信号として四〇年代から五〇年代にかけて、ヨーロッパ諸国にも普及した。さらに、一八七六年にはアメリカのグラハム・ベルが「電話」を発明し、ベル電話会社（のちのAT&T）を設立して電話事業を本格化した。鉄道の建設と電信電話の普及によって、ネットワークの劇的な進歩がもたらされ、「ネットワーク革命」ともいうべきものが誕生した。

## ビッグ・ビジネスの形成

鉄道は、人と物の流れという「ハード」の面において、電信・電話は、情報の流れという「ソフト」の面において、市場を網の目のように連結するインフラストラクチャーとなって、先進商工業地域の東部、綿花の供給基地として発展した南部、そして開拓が進んだ西部という、三つの地域経済をひとつに統一した広大な全国市場の成立を招いた。

そうした市場の拡大は、企業に対して「設備の大規模化」によって費用の低下をもたらす「規模（スケール）の経済」と、「事業の多角化」によって未利用資源の有効利用を図り、費用の低下を導く「範囲（スコープ）の経済」とを追求する強力な誘因となった。

技術革新に加えて、膨大な資金需要に応じる証券市場が発達し、経営組織の管理手法が発展して、それらが企業規模の拡大を可能として市場集中が進行した。アンドリュー・カーネギーのカーネギー・スチール、ジョン・ロックフェラーのスタンダード・オイルに代表されるように、鉄鋼や石油の産業では規模の経済を追求するために生産規模の拡大が進められ、原材料の調達から生産・販売までの垂直統合による企業規模の拡張が生じた。

そうして、規模の経済によるコストの低下が、厳しい値下げ競争をもたらした。そのため、市場を分割して生産数量を割り当て、値下げを禁止する「カルテル」が企業間で結ばれた。しかし、カルテルを安定的に維持するのは困難であるため、それに代わるものとして、「トラスト」(企業合同)が誕生した。トラストとは、「同じ業種の多数の企業が、単一の経営権(トラスティ)のもとにそれぞれの株式を譲渡し、その見返りに利付き証券を受け取るというかたちでまとめられ、トラスティが全企業の価格とマーケティング政策を統一して決定する」というものである。トラストはスタンダード・オイルによって始められ、一八八二年には同トラストは九〇%の生産を支配するにいたった。

## 反トラスト法の制定

トラストが多くの分野に広がっていくにつれて、消費者は高価格による不利益を被り、農工業部門の中小企業はカルテル組織から購入する原材料の高騰に直面したため、反トラスト運動が起こり、一八九〇年に「シャーマン法」(Sherman Act)が制定されて、アメリカの独占禁止法の骨格になった。その内容は、第一条で「取引を制限するすべての契約、結合、共謀」を禁止し、第二条で「独占、独占の企て、独占のための共謀」を禁じた。

その後、アメリカではトラストに代わり持ち株会社による経営統合が進み、アメリカで一大合併ブームが訪れた。こうして、一八九七年から数年の間に、ゼネラル・エレクトリック、USスチール、デュポンなどの多くのビッグ・ビジネスが生まれた。奇しくも、一八九〇年は、マーシャルの『経済学原理』の出版された年であるが、この書物は、マクミラン社から「再販売価格維持」（出版社が書籍の定価を定めて、書店に定価での販売を拘束すること）という条項のもとで販売された英語圏での最初の書物となった。

一九一一年、アメリカ最高裁はシャーマン法を「垂直的制限」にも適用し、再販売価格維持は「当然違法」となった。なお、「当然違法」(per se illegal) というのは、競争に与える効果を検討するまでもなく例外なく反トラスト法違反とする考え方である。そのほかに、「合理の原則」(rule of reason) があり、それは競争に与える影響を考慮して、不合理な競争制限効果をもつ行為のみを違法とする考え方である。

一九一四年、「クレイトン法」が制定され、反トラスト法は競争を制限する合併にまで拡張された。さらに、同年、不公正な取引を規制する独立機関として連邦取引委員会（FTC）が設立され、不公正な競争の内容をカテゴリーとして示し、それらを禁止する「連邦取引委員会法」が制定された。こうした「シャーマン法」、「クレイトン法」、「連邦取引委員会法」の三つを総称してアメリカの「反トラスト法」とよばれている。

## 伝統的な産業組織論の系譜

産業組織論の系譜をさかのぼると、はじまりはアルフレッド・マーシャルである。その自著『経済学原理』第四篇には、「産業組織」(industrial organization) と題する第八章から第一三章にわたって展開される産業組織の分析が収められており、それが産業組織論の始原といえよう。

しかし、現代の産業組織論との関連からいうならば、一九三〇年代のエドワード・チェンバリンの『独占的競争の理論』(Chamberlin, 1933) とエドワード・メイソン (Mason, 1939) による産業組織論の提唱を先駆的な業績として、五〇年代のジョー・ベイン (Bain, 1959) によって体系化されたというのが一般的な見解である。

その特徴は、「SCPパラダイム」と略称される、「市場構造」(market structure)、「市場行動」(market conduct)、「市場成果」(market performance) という分析枠組みである。こうした産業組織論の体系化に貢献した研究者たちがハーバード大学で活躍したことから、このような産業組織論の立場の研究者は「ハーバード学派」とよばれている。すなわち、「市場構造」(売り手の集中度、買い手の集中度、製品差別化の程度、参入障壁の程度など) が、「市場行動」(企業の価格、製品、販売促進、研究開発など) を規定し、それらによって「市場成果」(資源配分の効率性やコスト効率性、技術革新など) が決まるという因果関係を想定するのが伝統的なハーバード学派の見解であり、戦後のアメリカの反トラスト政策の運用にあたって、理論的・実証的な基礎を提供した。

ここで、「売り手集中度」とは、市場における売上高が上位の企業に集中している程度のことで、それを測る指標のひとつに「累積集中度」(concentration ratio)がある。上位N社集中度とは、市場占拠率(マーケットシェア)の大きな順に企業を並べ、首位からN番目までの企業のマーケットシェアを合計した値である。さらに、売り手集中度の指標として、マーケットシェアの自乗を総和した「ハーフィンダール指数」(各企業のマーケットシェアをウェイトとしてすべての企業のマーケットシェアを加重平均したもの)も用いられる。

こうしたSCPパラダイムの伝統的な産業組織論は、一九五〇年代から六〇年代にかけて、反トラスト法の厳格な適用へと導き、六八年のアメリカ司法省による合併ガイドラインに見られる構造規制を理論的に支持することになった。

このようなSCPパラダイムの産業組織論に対して、異論をとなえる研究が台頭した。その代表は、シカゴ大学のスティグラーを中心に、デムゼッツ、テルサー、ポズナーなどによる「シカゴ学派」の産業組織論である。市場の競争メカニズムに強い信頼を置くその考え方の根底には、市場集中度の高度化にもとづく市場支配力の弊害が発生しても、それは一時的なことがらであり、新たな企業の参入、あるいはカルテルによる協調の崩壊によって、高利潤率は長期にわたって持続することはないという考え方がある。さらに、デムゼッツ(Demsetz, 1973)は、市場の高度集中による高利潤率は、資源配分の非効率を示すというよりも、大企業による経営効率の高さを示すものだとして、高度集中と利潤率の関係の議論を批判した。

そうしたシカゴ学派の批判に加えてアメリカの国際競争力の低下によって、各種のビジネス慣行のもつ効率性の改善効果に注目が向かい、反トラスト法の運用に変化を引き起こした。その転換点となったのは、一九七七年の「シルベニア事件」（テレビの製造販売を行っていたシルベニア社が、フランチャイズ契約において小売店舗の設置地域に制限を加えた事件）である。この事件においては、最高裁は非価格の垂直的制限は「合理の原則」にのっとって判断すべきであると結論づけた。シカゴ学派は、一九八〇年代のレーガン政権の時代に、公益事業への政府による直接的な規制だけでなく独占禁止政策についても規制緩和の必要性を主張して、反トラスト法の軌道修正において指導的な役割を演じた。

## 2　新たな産業組織論の台頭

一九七〇年後半には、SCPパラダイムの伝統的な産業組織論に対して、新たな批判が台頭した。批判の内容をティロール（Tirole, 1988）にしたがって要約すると次のようになる。

まず、実証分析の面でいうと、市場成果（たとえば、利潤率）を、集中度や参入障壁の程度などで説明する回帰分析による実証分析は、構造・行動・成果の間の相関関係であり、因果関係を示すものではないこと。また、利潤率や集中度、参入障壁などは、市場の基礎的条件（外生変数）と企業行動によって、すべて同時に決まる「内生変数」であり、それらの変数の一方を他方で回帰分析することは適切ではないこと。さらに、回帰分析を行うにあたって、フォーマルな理論分析ではなくケーススタディによるインフォーマルな議論が仮説構築のベースとなってきたこと。産業組織論の分野で盛んに

**図8－1　新たな産業組織論（台頭の要因）**

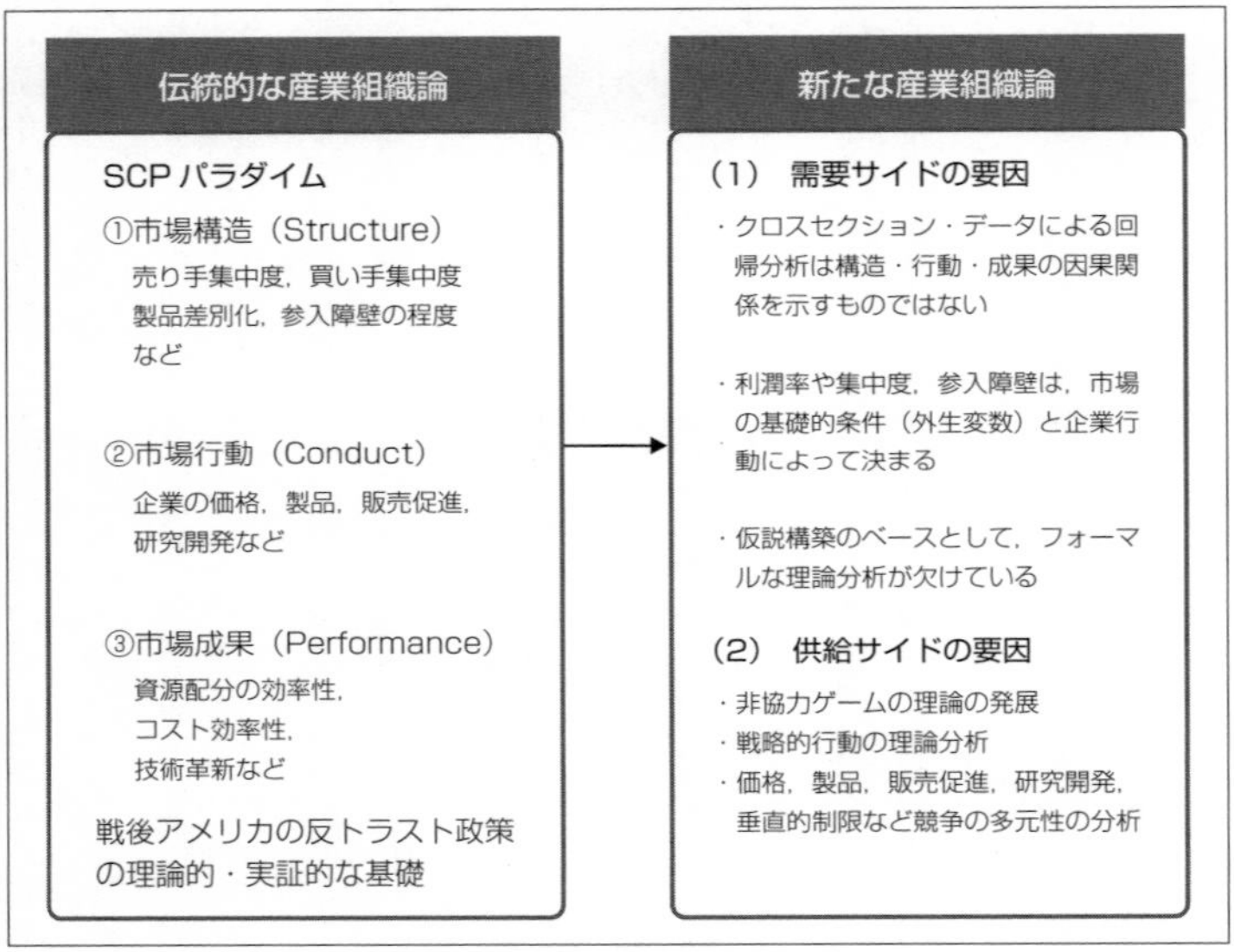


行われてきた「クロスセクション・データにもとづく実証分析」に対するこのような不満は、新たな産業組織論の台頭を求める「需要サイド」からの要因となったのである。

他方で、非協力ゲームの理論が戦略的行動の標準的な分析用具として確立され、産業組織論の分野に応用された。第6章で説明したように、非協力ゲームの理論が、多段階ゲームの理論と不完備情報のゲームという二つの側面で大きく発展し、その応用可能性を広げた。こうした分析用具の発展は、伝統的な産業組織論に欠如していた「理論分析」の展開を可能とし、ゲーム理論を基礎とした産業組織論の展開への「供給サイドの要因」となった。

新たな産業組織論の内容は多岐にわたっており、以下でその全貌を網羅するのは、市場の理論という本書の趣旨ではないので行わない。その全体的な解説については、新たな産業組織論の内容を体系的に整理したティロール（Tirole, 1988）の書物を参照のこと。(注1)

**独占・競争・参入障壁**

さて、シカゴ学派の産業組織論は、新古典派経済学の「市場の競争メカニズム」に強い信頼を寄せ、独占による超過利潤は一時的な現象であり、超過利潤が生じているならば新規企業の参入を招き、独占企業の市場支配力（価格を平均費用よりも高い水準に引き上げること）はやがて消滅するという見方に立ってきた。もしそうならば、反トラスト当局はそうした状況に干渉する理由がなくなる。

以下では、独占と競争、市場参入をめぐるこの重要な問題に対して、新たな産業組織論の立場から検討を加えてみよう。

いま、独占企業が、正常利潤込みの「広義の平均費用」を超える超過利潤を得ているとする。ここで、潜在的な企業にとっても、既存企業と「同じ生産技術」を用いて、既存企業と「同じ製品」を供給することができるとしよう。このとき、新規企業が市場に参入して、既存企業よりもわずかに安い価格を設定することによって、独占企業からすべての顧客を奪い、超過利潤を得ることができる。このため、自由参入のもとでは、独占企業といえども、平均費用を超える価格を設定することはできないという議論がある。そのひとつに、ボーモルほか（Baumol et al., 1982）による「コンテスタブル・

マーケットの理論」がある。

残念なことに、この議論には二つの問題がある。

第一は、新規参入後にも既存企業が参入前の価格を維持する（価格にコミットする）という前提である。しかし、それは交互行動のゲームの部分ゲーム完全均衡ではない。いま、既存企業よりも低価格で参入し、既存企業の顧客をすべて（あるいは、ほとんど）奪い去るほどの大規模な参入が起きる場合には、既存企業は価格の引き下げで対抗すると考えるのが妥当であろう。そうした既存企業の対抗戦略を潜在的な参入企業が合理的に先読みすると、大規模の新規参入は有効ではなく、独占の消滅を導く新規参入が生じることはない。

ゲルマンとサロップ（Gelman and Salop, 1983）が「柔道エコノミクス」（Judo Economics）というタイトルの論文で示したように、既存企業の規模が大きいときに、それよりもはるかに供給能力が少ない小規模の企業が、これまた既存企業よりもはるかに低い価格で参入するときには、既存企業の抵抗を受けずに、うまく参入することができよう。というのは、既存企業が、参入企業の「激安価格」にあわせて値下げをすると、大幅な売上高の減少という大きな犠牲を負うことになる。そのような値下げをせずに、参入企業に市場のごく一部を与えたとしてもその影響は大きくない。このため、既存企業にとって、参入を許容する方が有利となる。しかしながら、このような参入（現実にも見かけられる小規模なディスカウンターによるゲリラ型の参入）によって、既存のドミナント企業としての立場は崩れ去ることはない。

第二は、市場に参入することで利潤を得て、既存企業が対抗戦略を打ってくると即座に市場から退出するという「ヒット・エンド・ラン」の参入が生じるという議論である。そうして、参入企業が「サンク・コスト」(sunk cost：事業から撤退するときに回収できない費用)を負わないという前提である。そのように、潜在的な企業が市場に即時的かつ容易に参入し、即時かつ容易に退出ができるならば、独占企業といえども市場支配力を行使することはできないだろう。しかし、参入コストがサンク・コストとなる一般的な状況では、こうした議論は成立せず、独占が生じることを容易に示せる。

## サンク・コストと独占の発生

いま、ある地域への出店か辞退かを検討している二つのスーパーAとスーパーBを考えよう。この地域に出店するにあたって、店舗や什器の設置、商品の搬入、新規開店の広告などに$F$だけの費用がかかり、その費用は事業から撤退する際に、もはや回収不可能なサンク・コストとする。ここで、両方のスーパーが出店すると価格競争によって利潤は得られず、両方のスーパーはサンク・コストだけの赤字が生じ、一方のスーパーのみが出店したときには、このスーパーは独占的なプラスの利潤$\pi-F$が得られるとしよう。両者の行動の組み合わせに対応した利得の組み合わせを示すと表8-1のようになる。なお、第1項はスーパーA、第2項はスーパーBの利得にあたる。

**表8-1　参入ゲーム（利得表）**

| A＼B | 出店 | 辞退 |
|---|---|---|
| 出店 | $-F$, $-F$ | $\pi-F$, 0 |
| 辞退 | 0, $\pi-F$ | 0, 0 |

このスーパーの出店をめぐるゲームには、(出店、辞退)と(辞退、出店)という二つのナッシュ均衡が存在する。しかし、いずれにせよ、一方のスーパーのみが出店し、市場を独占する状況がゲームの均衡として生じることになる。

### 参入障壁の存在

しかし、既存企業が大きな利益をあげているのに、新たな企業が市場に参入しない(できない)ことが往々にしてある。その理由は市場への「参入障壁」の存在にある。以下では、参入障壁と考えられる五つの代表的な要因をあげておこう。

第一は、法律による制度的な障壁である。免許・許可・認可・承認・届出などの各種の法的な参入規制が加えられ、それが参入障壁となっている市場がある。たとえば、公益事業における許可制をはじめ、運輸業における免許制や許可制や、金融分野における免許制、さらには郵便・通信・放送分野における許可・免許・届出制などである。

第二は、大規模設備と規模の経済の存在である。たとえば、電力事業の送電設備などは大規模な固定設備の典型である。こうした事業では、固定設備にともなう規模の経済が大きく働き、生産量を大きくするほど平均費用が低下する。この場合、多数の企業が需要を分け合うと、平均費用が高くなり「正常利潤」を確保できなくなる。こうした分野では、生産・供給を複数の企業に分割するよりも、単一の企業に委ねた方が費用効率性の面で好ましいので、市場構造は自然に独占の形態になるので

「自然独占」とよばれてきた。

第三は、既存企業の有する絶対的なコスト優位である。既存企業は、参入企業に比べてコスト面での優位性をもっており、それが参入障壁となる場合がある。

既存企業は、特定の技術に関する特許の所有や、秘密の技術的知識の所有など、すぐれた技術を背景にコスト優位性をもっている。また、既存企業は生産や販売の経験を積み重ねており、経験による学習（経験効果）を通じて、コスト優位性をもっている。さらに、既存企業は、原料や部品の調達先を優先的に確保していたり、流通チャネルを自社製品の販売のために優先的に確保していたりするために、仕入れと販売の面でコスト優位性をもっている。それらが参入障壁となる場合がある。

第四は、既存企業の差別的優位性である。既存企業は「ブランド・ロイヤルティ」や評判を確立しており、それらが企業の参入障壁の要因となる。とくに、食品のような経験財や、医薬品・化粧品のような信用財の分野では、既存企業による広告投資によって築かれたブランド・ロイヤルティが、既存企業の差別的優位性となって、新規企業には参入障壁となる。

また、「スイッチング・コスト」の存在は、消費者側にすでに購入している製品を継続的に購入しようとする誘因を与え、先発企業に対して差別的優位性をもたらす。そうしたスイッチング・コストには、新たな製品の使用法を習熟するためにかかるコストや、特定の製品とのみ互換性をもつ補完製品の処分にともなうコスト、さらには既存顧客を優遇する各種の割引などがある。スイッチング・コストは、自己の顧客を既存企業に囲い込む（ロックイン）効果をもち、新規企業への参入障壁となる。

第五に、新規企業は、既存企業に比べて資金調達の面でも不利な立場にある。たとえば、投資資金を調達するにあたって、融資先の企業がよく知られていないという理由から、金融機関の側から融資を制限され、それらが資金面の制約から事業への参入障壁となることもある。

## 3　市場の垂直構造と垂直的制限

メーカーから出荷された商品が消費者に届くまでの取引の構造を「市場の垂直構造」とよび、異なる段階（上流と下流）に位置する主体間の取引関係（たとえば、上流のメーカーと下流の卸売業者や小売業者との関係）を「垂直的な関係」という。さらに、垂直的な関係にある主体の間で、ある主体が他の主体との「取引条件」（価格や取扱商品、販売地域など）に加える制限のことを「垂直的制限」という。その具体的な内容として、①再販売価格維持行為、②テリトリー制、③排他的取引などがある。

### 意思決定の調整

垂直的制限については、大きく分けて二つの見方がある。ひとつは、垂直的な関係において「優越的な立場」にある主体が、他の主体の行動を「支配」し、他の主体の犠牲のもとに自己の利得を増やそうとする行為であるという見方である。もうひとつは、流通チャネル全体の効率化に向けて、垂直的な関係にある主体の意思決定を調整する手段であるという見方である。

後者の立場にある垂直的制限の経済分析では、以下のように議論が進められる。①流通業者は商品の再販売のため、価格を設定しているだけでなく、さまざまな流通サービス（商品の在庫と展示、商品情報の提供、商品の配送、修理・アフターサービスなど）を提供している。②それらの価格や流通サービスは、流通業者の利潤を最大化するように決定される。そのとき、③価格のみを取引条件とした単純な契約では流通チャネル全体の利潤を最大化できないことを示し、その理由を明らかにする。④そうして、どのような垂直的制限を用いるならば、流通チャネル全体の利潤の最大化（あるいは増加）が可能となるかを示す。⑤その結果として、消費者を含めた社会的な経済厚生が高まる（あるいは低まる）ことを検討する。

以下では、垂直的制限のエッセンスを示すため、以下のようなケースを想定することにしよう。いま、同種の商品を販売する二つのメーカー$M_1$、$M_2$と、それらの商品を販売する二つの小売業者$R_1$、$R_2$からなる流通チャネルを考える。各小売業者は競合する二つメーカーの商品をともに販売している状況を考える。このとき、各商品に対する小売段階の需要量は、二つの小売業者が設定するその商品の小売価格と流通サービスのみならず、二つの小売業者が設定するライバルメーカーの商品の小売価格と流通サービスにも依存する。

**垂直外部性**

価格のみを取引条件とする契約のもとで、各小売業者の価格および流通サービスは、自己の利潤を

図8－2　流通段階の外部性

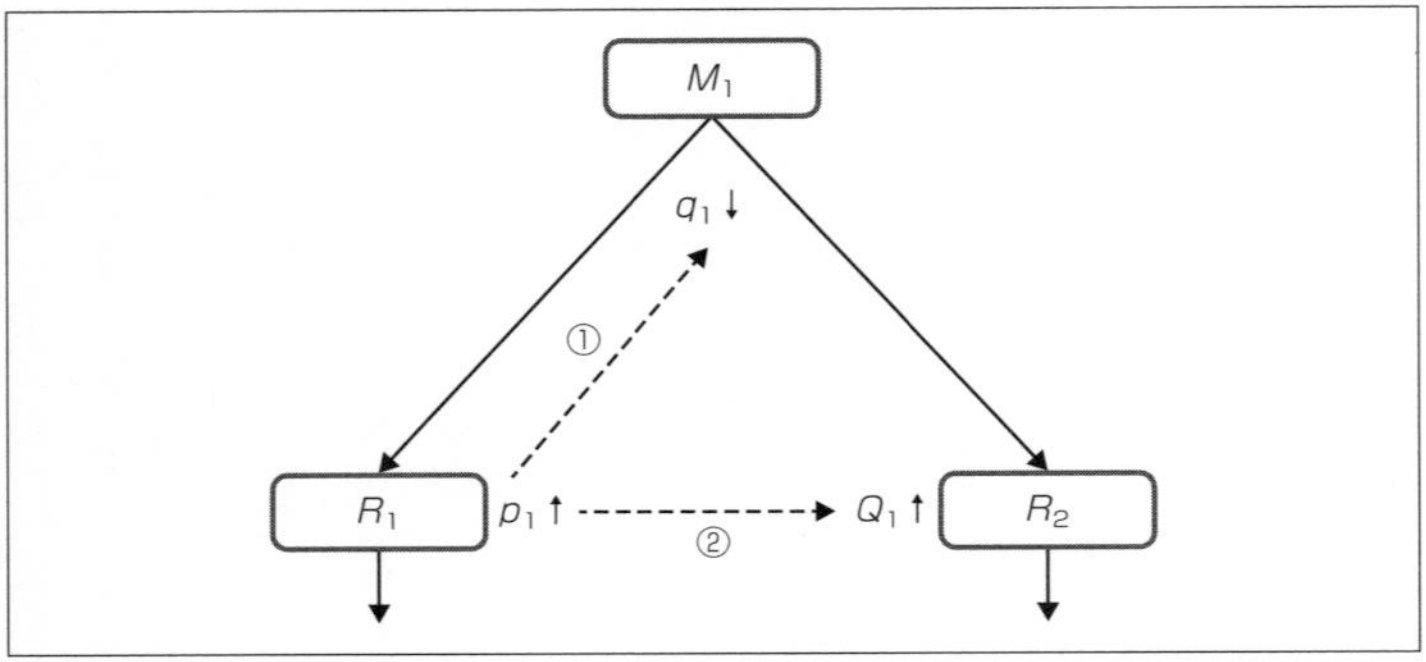


最大化するように決定される。このとき、小売価格について、小売業者1（$R_1$）が商品1の価格を引き上げると、自己の需要量と同時に上流のメーカー1（$M_1$）の需要量も減少し、$M_1$の利潤の減少をもたらすことになるが、$R_1$は垂直的な関係にある$M_1$へのマイナスの影響（図8－2の①垂直外部性）を考慮せずに、商品1の価格を決定する。このため、小売業者の価格の引き上げは過大となり、メーカーと小売業者の利潤の合計を最大にする水準よりも「価格」は「高く」なる傾向がある。

同様に、流通サービスについても、$R_1$が商品1の流通サービスを増加すると、$M_1$の需要量が増加し、$M_1$の利潤が増加するが、$R_1$は$M_1$へのプラスの影響（垂直外部性）を考慮せずに、流通サービスの水準を決定する。このため、小売業者の提供する流通サービスは過少となり、メーカーと小売業者の利潤の合計を最大にする水準よりも「流通サービス」は「少なく」なる傾向がある。同様のことがらは、小売業者2（$R_2$）の価格と流通サービスについても成り立っている。

### 水平外部性

流通段階のライバル関係には、「ブランド内競争」と「ブランド間競争」という二つの側面がある。「ブランド内競争」とは、同一のメーカーの製品を扱う流通業者（おもに小売業者）どうしの競争を指している。その事例として、食品スーパーの店頭で見かける同一メーカーのNB（ナショナル・ブランド）商品（たとえば、S社のミネラルウォーターや茶系飲料など）について、食品スーパーどうしが展開する特売競争がある。

他方、「ブランド間競争」とは、同種の商品に関する異なるブランド間の競争を指している。その事例として、ともに赤い缶入りでしのぎを削るK社とS社のビール系飲料の販売競争があげられる。ブランド内競争は小売業者間の競争、ブランド間競争はメーカー間の競争というように、いずれも「同じ流通の段階（レベル）」に属する主体の間の「水平的な競争関係」ともいう。

このとき、小売業者1（$R_1$）が商品1の流通サービスを増加すると、それが店員による丁寧な接客や迅速な配送といった流通サービスの場合には、同じ商品を販売する小売業者2（$R_2$）から顧客を奪い、$R_2$の利潤の減少を導くという「競争効果」が働く一方で、広告・宣伝のような流通サービスの場合には、同じ製品を販売する$R_2$の顧客を同時に増やし、$R_2$の利潤の増加を導くという「スピルオーバー（spillover：漏出）効果」が生じる場合もある。しかし、小売業者1（$R_1$）は小売業者2（$R_2$）へのそうしたプラス・マイナスの影響（同一ブランド内の水平外部性：図8-1の②）を考慮せずに商品1の流通サービスを決定する。同様のことがらは、小売業者2（$R_2$）についても成り立つ。

このように、垂直外部性や水平外部性が存在するもとでは、価格のみの取引条件のもとでは、流通チャネル全体の利潤を最大化することは本来、不可能であると考えられる。

**垂直関係の最適契約**

ここでは、まず、契約理論（あるいはエージェンシー理論）の議論に沿って、垂直的な関係にある自立的な主体の間の取引における「最適契約」を定義しておこう。以下の議論は、メーカーと流通業者との取引契約だけではなく、コンビニエンスストアや、外食業、サービス業の分野で広がっているフランチャイズ・システムでの本部と加盟店の契約にも適用できる。フランチャイズ・システムとは、「フランチャイザー（本部）が、フランチャイジー（加盟店）との間で契約を結び、自己の商標やサービスマーク等を使用して同一のイメージのもとに事業を行う権利を与えるとともに、経営に関する指導を行い、場合によっては継続的にフランチャイジーに商品（サービス、原材料を含む）を供給し、これらの対価として、フランチャイジーが加盟金、保証金、ロイヤルティ（本部への定期的納入金）などを支払い、本部と加盟店とが共同して事業を進めるシステムである」（日本フランチャイズチェーン協会）。

あるメーカー（あるいは、フランチャイズ本部）と流通業者（あるいは、加盟店、以下同様）との取引契約を想定し、メーカーが流通業者に対して取引契約を提示するものとする。契約の内容は、両者の間で「観察可能」(observable)、かつ第三者に対して十分な証拠を提出できる「立証可能」(verifiable) な内容に限られる。

そのため、自立的な主体間の契約が満たすべき二つの条件がある。まずひとつめは、メーカーが提示する契約のもとで、①流通業者は、自己の利得を最大化するように自己の行動（価格や流通サービス）を決定していること、という条件である。この条件は、「誘因適合性条件」（incentive compatibility condition）とよばれている。もし、この条件を満たさなければ、たとえ、メーカーが流通業者に対して価格や流通サービスを指定したとしても、そのような価格や流通サービスは守られない。さらに、それを契約違反として訴訟するとしても、価格や流通サービスは観察可能でない場合や、観察可能であっても立証可能でない場合には、それらを契約内容に書き込むことはできず、流通業者の自己選択に委ねられるべきというのがこの条件の意味することがらである。

もうひとつは、メーカーが提示する契約のもとで、②流通業者は、他の事業機会から得られる最大の利得（機会費用）以上の利得を得ていること、という条件である。この条件は、「個別合理性条件」（individual rationality condition）とよばれている。もし、この条件が満たされなければ、流通業者はこの契約を受諾する（この契約に参加する）ことはないため、この条件は契約への「参加制約」（participation constraint）ともよばれる。

そうして、メーカーと流通業者の契約が、①「誘因適合性条件」と②「個別合理性条件」を満たしたうえで、メーカーと流通業者の共同利潤の最大化を達成しているとき、そのような契約を「最適契約」（optimal contract）とよぶことにする。

### 最適契約の達成

以下では、単一のメーカー（あるいは、フランチャイズ本部）と単一の小売業者（あるいは、加盟店、以下同様）との取引契約というもっともシンプルなケースを想定する。また、小売段階の需要量が、小売者の設定する小売「価格」に依存するとともに、メーカーが行う「努力」（広告や宣伝を通じたブランド価値の維持や各種の経営支援などで、フランチャイズ本部による加盟店の訓練も含む）と、小売業者が行う「努力」（店舗レベルの広告や、従業員の雇用・監督、需要動向の把握など）にも依存している状況を考える。

### シングル・モラルハザード

まず、メーカーの努力は契約可能であるが、小売価格と小売業者の努力は立証可能でないため契約不可能な場合を考える。すなわち、契約当事者の一方の行動についてのみ観察不可能で、モラルハザードの問題がある場合である。このような場合には、商品の出荷価格と固定的なフランチャイズ料からなる「二部料金制」（two-part tariff）を用いて最適契約が達成可能であることが知られている（Lal, 1990）。なお、この結果は、小売業者が複数の場合にも成立することが知られている。

### ダブル・モラルハザード

次に、小売業者が行う努力をメーカーが立証可能でないばかりか、さらにメーカーが行う努力を小売業者も立証可能でないという状況を考える。すなわち、契約当事者の両サイドにモラルハザードの問題がある場合である。このような「二重のモラルハザード」の状況では、ルービン（Rubin, 1978）がはじめて示唆し、ラル（Lal, 1990）が分析し、バタチャリアとラフォンテーヌ（Bhattacharya and Lafontaine, 1995）によって一般化されたように、メーカーに対して努力へのインセンティブを与えるために、契約の取引条件に「ロイヤルティ」を含める必要があることが知られている。ロイヤルティとは、小売業者（加盟店）が、売上高の数％あるいはグロスマージン（粗利益＝売上高－仕入高）の数十％というかたちで、メーカー（本部）に支払う金額のことである。

## ロイヤルティ契約

そうして、仕入価格と固定的なフランチャイズ料に加えて、ロイヤルティをともなうフランチャイズ契約によるとき、最適契約の達成可能性について、次のことが知られている。

①メーカー（フランチャイズ本部）と小売業者（加盟店、以下同様）の努力が「代替関係」にある場合には、最適契約は達成できない（Romano, 1994; Holmstrom, 1982）。

②メーカーと流通業者の努力が「離散変数」で「完全代替」の関係にある場合には、最適契約は達成できる（Lal, 1990）。

③メーカーと流通業者の努力が「完全補完」の関係にある場合には、最適契約は達成できる（丸山、二〇〇三）。

ここで、メーカー（フランチャイズ本部）と小売業者（加盟店）の二つの努力が「完全代替」の関係にあるというのは、小売段階の需要量がメーカーと小売業者の努力の総量によって決まり、一方の主体の努力（の不足分）を他方の主体の努力（の増加）によって完全に代替することができる場合である。他方、二つの努力が「完全補完」の関係にあるというのは、第1章のクールノーの項目（第1節）でも説明したように、たとえばナットとボルトとの関係のように、片方だけでは用をなさず両方がともに不可欠ということである。この場合、小売段階の需要量はメーカー（本部）と小売業者（加盟店）の二つの努力水準の少ない方によって決まり、一方の主体の努力（の不足分）を他方の主体の努力（の増加）によって代替することはできないとするものである。

コンビニエンスストアのフランチャイズ契約は、③のケースに相当している。本部の努力（業務）と加盟店の努力（業務）は異質であり、お互いに補完的な関係にある。両者がともに提供されることで売上高が増加する。コンビニエンスストアのフランチャイズ契約では、加盟店は本部に対して、初期の加盟料金をはじめとする「固定料金」（franchise fee）と、本部から仕入れた商品に対する「仕入額」、さらには売上高あるいは粗利の一定割合に相当するロイヤルティを支払うことになっている。③の結果に照らすならば、このように一見すると複雑に見えるロイヤルティ契約が、フランチャイズの最適契約の達成を導いているということができる。(注2)

次に、再販売価格維持、テリトリー制、専売店制の三つについて、垂直的制限の具体的な行為類型の機能や経済効果を説明しよう。

### 再販売価格維持

メーカーが自社商品の再販売価格（卸売業者が小売業者に販売するときの価格、あるいは小売業者が消費者に販売するときの価格）を指示するとともに、それを守らせようとすることを「再販売価格維持行為」（resale price maintenance）という。メーカーがなぜ自己の出荷価格を指示するだけでなく、再販売価格をコントロールしようとするのか。この点についてはさまざまな仮説がある。

再販売価格維持は、小売業者間の価格カルテルという「小売カルテル仮説」や、メーカーの出荷価格カルテルを安定的に維持するためには、出荷価格のカルテルに加えて再販売価格に関するカルテルを組んでカルテルを維持しようとする「メーカー・カルテル仮説」といった共謀関係を示すケースのほか、さまざまな議論がなされてきた。以下では、その代表的な見解について紹介しておこう。

**① 「二重マージン仮説」（垂直外部性）**　メーカーと小売業者がともに価格支配力をもつ状況において、小売業者が価格を引き上げると、小売段階の需要量が減少すると同時にメーカー側にも需要量の減少というマイナス効果が生じる。先に説明したように、小売業者がこのような垂直外部性を考慮することなく価格を設定すると、小売価格の引き上げが「過大」となる。この点を是正する手段として、メーカーが流通チャネル全体の利潤（メーカーと小売業者の利潤の合計）を最大化する水準に再販売価格を設定すると、それを超えた価格での販売ができないため、再販売価格が小売価格の「上限規制」として機能する。そのことによって流通チャネル全体の利潤が増加するだけでなく、小売価格の低下を通して消費にとっても好ましい効果が生まれる。

②**「小売店舗仮説」**　日用品などは、商品を取り扱う小売店舗が多いほど、消費者の目に触れる機会が大きくなり、需要量が拡大する場合がある。このような状況のもとで、価格競争によって小売マージンが減少すると、商品を取り扱う店舗数が少なくなり、メーカーへの需要量が減少する。この点を避けるため、メーカーは再販売価格維持によって小売マージンを保証し、小売店舗による商品の取り扱いを確保するというのが「小売店舗仮説」である。

③**「フリーライダー仮説」（水平外部性）**　インターネットの出現により、オンラインの販売チャネルや商品の検索・比較サイト、さまざまな口コミサイト等が登場するなかで、商品特性や価格に関する情報収集の手段が豊富になっている。買い手は実店舗（あるいはオンラインの販売サイト）を訪問して商品を確認し、商品情報の提供を受けたうえで、価格比較サイトを利用して最安値をチェックし、価格の安いところから商品を購入するというケースが増えている。

その場合、実店舗での店頭展示や販売員による商品説明（あるいは販売サイトにおける商品のデモンストレーションによる情報提供）という販売サービス（pre-sale services）が、安売り業者によってただ乗りされ、当該店舗や販売サイトは自己の販売には結びつかずにショールームとなる「ショールーミング現象」が生じる。その結果、販売量が減少して販売サービスに投下した費用が補塡できなくなると、販売サービスが提供されなくなる。

このような「フリーライダー問題」を解消する手段として再販売価格維持が採用されるというのが、シカゴ大学のテルサー（Telser, 1960）が二〇代の若さで提起した議論である。自社商品の小売価格を再販売価格維持によって同じ水準に統一すると，当該製品に関する販売業者の価格競争（ブランド内競争）を阻害することになるが，販売サービスへのただ乗りが防止される。このため販売サービスが積極的に提供されるようになり，ブランド内およびブランド間の非価格競争の促進をもたらす。その結果，販売業者のみならず消費者を含めた経済厚生が拡大する面がある。このような「フリーライダー問題」（販売サービスの水平的な外部効果）は，従来から議論となってきたが，近年のデジタル経済においていっそう現実味を帯びた問題となっている。

**テリトリー制**

メーカーは小売業者の販売地域を指定し，各地域内での独占的販売権を小売業者に与えるケースがある。こうした販売地域の制限を「テリトリー制」という。テリトリー制が導入される理由として次のようなものがある。テリトリー制のもとで市場支配力を与えられた小売業者は，メーカーの出荷価格を所与としたもとで，自己の利潤を最大化するように小売価格や流通サービス（販売努力）を選択する。このとき，メーカーが，製造原価で出荷すると，小売業者は流通チャネル全体の利潤を最大にするように小売価格と流通サービスを設定することになる。そうして，メーカーは，小売段階で生じた利潤を固定的なフランチャイズ料によって回収し按分することができる。

さらに，メーカーはテリトリーを適切に設定することによって，最適な小売店舗数を確保することが可能となるし，テリトリー制のもとでは，小売業者が提供する販売サービスが他の小売業者によってただ乗りされることもない。このため、小売サービスのフリーライダー問題を回避することもできるのである。

### 専売店制

専売店制とは、自社製品を特定の販売業者に取り扱わせるということと引き替えに、その販売業者に対して、他社製品の販売を禁止することである。自動車のディーラー・システムやファストフードのフランチャイズ・システムのように、流通チャネルが専売店制によって組織されることがある。専売店制が採用される理由として次のような仮説がある。

メーカー（フランチャイズ本部）が自社製品の販売のために小売業者に援助したさまざまな資源が、小売業者（加盟店、以下同様）の行動を通じて他の業者にただ乗りされる可能性がある。このような状況ではメーカーによる小売業者への積極的な経営支援が行われず、販売の効率性が損なわれることになる。この点に対処するため、メーカーは専売店制を導入するという考え方であり、こうしたことがらはフランチャイズ・システムでも同様に成り立っている。

### 垂直的制限と競争政策

アメリカの垂直的制限をめぐる競争政策を振り返ると、いくつかの重要な転換点がある。そのひとつとなったのは、一九一一年、「ドクターマイルズ事件」（製薬会社のドクター・マイルズ社が再販売価格を拘束する契約は、シャーマン法に違反し無効とした事件）の判決である。それ以降、アメリカ最高裁は、シャーマン法を垂直的制限にも適用し、価格の垂直的制限の代表である「再販売価格維持」は当然違法となった。その後、再販売価格維持については、「当然違法の原則」が継続された。

一九七七年の「シルベニア事件」において最高裁のとった判断以降、アメリカでは「非価格」の垂直的制限は「合理の原則」にとって判断すべきであるとされた。この判決をさかいに、垂直的制限に対して寛容な方向に転換した。

アメリカでは、二〇〇七年の「リージン事件」（革製品とアクセサリーの製造販売を行うリージン社による「再販売価格維持契約」をめぐる事件）における連邦最高裁判決で「合理の原則」のもとに再販売価格維持を判断すべきとされ、再販売価格維持をめぐる競争政策が大幅に変化している。ただし、州法の競争法では再販売価格維持は当然違法とするところもあり、連邦法では合法、州法では違法ということなる判断にいたる余地も残されている。

EU競争法では再販売価格維持は原則違法の立場が維持されている。

日本の独占禁止法では、事業者が、「正当な理由」がないのに再販売価格を拘束することは、原則として不公正な取引方法に該当し、違法となる。二〇一五年三月のガイドライン改正で、再販売価格の拘束が行われる場合であっても、「正当な理由」がある場合には例外的に違法とならないとされた。(注3)

①事業者による自社商品の再販売価格の拘束によって実際に競争促進効果が生じてブランド間競争が促進され、②それによって当該商品の需要が増大し、消費者の利益の増進が図られ、③当該競争促

進効果が、再販売価格の拘束以外のより競争阻害的でない他の方法によっては生じ得ないものである場合において、④必要な範囲および必要な期間に限られている場合に、「正当な理由」があると認められるとされた。

垂直的制限について先に説明したように、ブランド内競争への影響だけを考えれば、テリトリー制や選択的流通、専売店制などの「非価格の垂直的制限」は、流通チャネルの意思決定の調整を図り、効率的な「マーケティング・ミックス」（価格、製品、広告販売促進、流通チャネルの政策）の展開を導くものであって、メーカーと流通業者の利潤の増加を導く。さらに、そうしたマーケティング活動の効率化は、多くの場合、消費者余剰も高め、消費者側にとっても有利に作用する。それゆえ、ブランド内競争を制限したとしても、ブランド間競争にマイナスの影響をもたない垂直的制限は、市場における支配的な企業が行う場合を除いて、競争政策上、禁止すべきではないと考えられる。

また、垂直的制限はどの手段を用いても同じ効果をもたらすことができるという意味で、相互に代替的である場合が多い。その場合には、競争政策上の対応は、同じであるべきであり、一方を禁止し、他方を認めるということは好ましくないように思われる。

競争政策の理論と実践で名高いマッシモ・モッタ（Motta, 2004）は「競争政策（あるいは独占禁止政策）とは、経済厚生を低めるやり方で市場における競争が制限されることがないようにする一連の政策や法律の集合」と定義している。ここで、競争政策はあらゆる競争制限行為を禁止することではなく、経済厚生の減少を引き起こす競争制限を禁止すべきとする点が肝要である。

現実の市場は、情報の不完全性や非対称性、取引費用や外部効果が存在する不完全市場である。不完全市場のもとでは、競争がつねに経済厚生を高めるとは限らないし、逆に、競争を制限することが経済厚生を高めることもある。

つまり、競争は、経済厚生を高めるための必要条件でも十分条件でもない。だからこそ、市場における自由競争の放任ではなく、経済厚生を高めるような競争秩序を保持していくうえで、競争政策の果たす役割は大きい。それとあわせて、競争促進効果と阻害効果を判断するにあたって、経済分析の役割が高まっている。

# 第9章　ビジネス・エコノミクスの発展

## 市場への経営戦略の視点から

### 1　市場における競争と協調

伝統的な産業組織論と経営戦略論は、ともに一九五〇年代から六〇年代初頭にかけて台頭したが、両者は研究の目的や分析単位の違いから、その後、しばらくの間、相互にほとんど影響を与え合うことはなかった。マイケル・ポーター（Porter, 1983）は、八〇年代の初頭に公刊された論文のなかで、その理由と両者の違いについて議論しており、現在においてもなお参考になるところが多いと思われるので、以下においてのその内容を紹介しておこう。

(1)　産業組織論は、反トラスト法などの公共政策の枠内に議論がとどまり、企業の経営戦略には深くかかわってこなかった。

(2)　伝統的な産業組織論は、産業を対象とし、産業内の企業はすべて基本的に同一と仮定してきた。

それに対して、経営戦略論は、個々の企業が業界内でいかに独自の戦略を構築するかに大きな関心を注いできた。

(3) 伝統的な産業組織論には、戦略立案をめぐる諸概念やライバル企業の分析が欠けてきた。

(4) 戦略の変化は産業の変革期に生じてきたことが明らかなのに、産業組織論の議論はそのほとんどが静学的である。

(5) 産業組織論は、売り手集中度や参入障壁といった産業構造を示す少数の基本要素をもとにした単純な分析枠組みとなっている。しかし、経営戦略の立案者たちにとっては、実際の競争要因がもっと多様で豊富であることは明らかである。

(6) ゲーム理論は、競争に関する興味ある事例を提供してきたが、さまざまな戦略がもたらす利得構造や競争相手についての利用可能なデータの所在など、ゲーム理論を実際の市場に応用するうえで重要なことがらには取り組んでこなかった。

(7) そしてもっとも重要な点は、戦略論の大家たちが業界構造を自己に有利なように「変更」する方法を求めてきたにもかかわらず、伝統的な産業組織論は、そうした戦略的行動を考察の対象外にしてきたことである（Porter, 1983, p. 176）。

同時に、ポーターは、こうしたギャップが存在しながらも、産業組織論と経営戦略論とを架橋しようとする有望な試みが進展していることを認めていた（ibid., p. 177）。

現在では、新たな産業組織論やビジネス・エコノミクスの発展によって、産業組織論と経営戦略論の相互交流が盛んになり、そうしたギャップは埋められつつある。ゲーム理論をベースに研究を行う産業組織の研究者たちの多くが、経営大学院（ビジネススクール）に在籍して研究教育を行っていることや、経営戦略やマーケティング、オペレーションズ・リサーチなどの分野で評価の高い国際的な学術誌から研究論文を公刊していることは、もはやめずらしいことではなくなっている。さらには、経営戦略の経済分析を掲載する専門誌（*Journal of Economics and Management Strategy*）が公刊されてから、すでに三〇年近くになろうとしている。それらが、市場への経営戦略の視点からビジネス・エコノミクスの展開を導いているのである。

### 五つの競争要因

ポーター（Poter, 1980）は、「企業の競争戦略の目標は、業界の競争要因からうまく身を守り、自社に有利なようにその要因を動かせる位置を業界内に見つけることにある」と述べている（邦訳、一八頁）。そうして、産業組織論をもとに業界の競争分析のフレームワークを提起し、企業を取り巻く五つの競争要因（five forces）をあげている。

(1)「競争企業」（競合企業とのライバル関係）
(2)「新規参入企業」（新規参入の脅威）
(3)「代替品」（代替製品・サービスの脅威）
(4)「買い手」（買い手の交渉力）

(5)「供給業者」（売り手の交渉力）

ここで、代替品とは、同種の用途を自社製品とは「異なったやり方」で達成する商品のことである。その事例としては、携帯電話に対するスマートフォンや、マニュアル（MT）車に対するオートマ（AT）車、フィルム式カメラに対するデジタルカメラなどが挙げられる。また、サービスでいうならば、小売の実店舗に対するネット通販、銀行の窓口業務に対するATM、職人の握り寿司に対する寿司ロボットによる回転寿司などがあげられよう。そうした代替財が登場することによって、既存の事業が「蒸発」するリスクにさらされている。

ポーターの競争要因分析では、五つの競争要因を指摘するだけでなく、それぞれの競争要因についての詳細なチェックリストを用意している点が便利である。

たとえば、代替品からの圧力を評価するときに、先の事例に沿っていえば、自動車やカメラでは「代替品の価格性能比」が重要な要因となるだろうし、携帯電話には「スイッチング・コスト」も大きな要因となるであろう。また、回転寿司の場合には、顧客がシニア層か若年層かによって「買い手の選好」が要因として影響するといえよう。

SCPパラダイムの産業組織論に比べると、ポーターの競争要因分析の特徴として、第一に、買い手との関係だけでなく、供給業者（部品や原材料のサプライヤー）との関係までを含めた市場の垂直構造へと分析の視野を広げている点、第二に、同種製品を供給する企業とのライバル関係だけでなく、代替品との競争まで含めて市場の水平構造の分析の視野を広げている点、第三に、業界構造を理解するための便利な枠組みを提示するとともに、競争要因の具体的な内容を詳細に列挙し、整理することによって実践的な利用への便宜を図っている点があげられよう。

### コーペティション――ビジネスは戦争と平和

ポーターの五つの競争要因の分析は、ある企業を中心にしてそれ以外のすべての企業を「競争要因」、すなわち、自社の利益を脅かす存在としてとらえている点に特徴がある。

それに対して、ブランデンバーガーとネイルバフ（Brandenburger and Nalebuff, 1996）は、「ビジネスは『戦争と平和』である」（邦訳、一七頁）という言葉のもとに、競争と協調の新しい分析枠組みを提起している。

このように、「企業は競争すると同時に協力しあわなければならない」という企業間関係に、かれらは「競争」（competition）と「協力」（cooperation）の両面を含む「コーペティション」（co-opetition）という造語をあてた。

企業は独自では価値を創り出すことはできず、価値を創出するためには、顧客、供給者、その他の多くの企業と協力し、提携していく必要がある。そうすることによって、新たな市場を生み出したり、既存の市場を拡大したりすることができる。コーペティションの議論の本質は、競争と協力が合わさることによって、さまざまな主体の間にダイナミックな関係が生まれてくるという点にある。

### バリューネット――競争相手と補完企業

さらに、かれらは、ポーターによる五つの競争要因を拡張して、第六のプレーヤーである「補完企業」(complementor) をとりあげ、その存在に注目することによってビジネス・ゲームの全体を「バリューネット」(value net) という概念で把握する方法を提起した。

バリューネットの枠組みの中で、補完企業は「需要サイド」と「供給サイド」の二つの角度から定義される。まず、「需要サイド」からすると、「補完企業とは、その企業の製品を顧客が所有するとき、それを所有しないときよりも顧客にとっての自社製品の価値を高める企業」と定義される。逆に、その企業の製品を顧客が所有するとき、それを所有しないときに比べて自社製品の価値を低下させる企業は、自社の「競争相手」(competitor) と定義される。

供給サイドからすると「補完企業とは、供給業者が自分以外のプレーヤーにも同時に供給することが、そうしない場合よりも自社にとって有利となる企業」と定義される。逆に、同時に供給されると、自社にとっては不利となるような企業は「競争相手」と定義される。

### 補完企業の見つけ方

需要サイドから見て、競争相手を見つけるのは簡単である。補完企業はどうだろうか。たとえば、ミシュランガイドの三つ星レストランは、ミシュランの補完企業である。というのは、ミシュランガイドを見て、パリからはるばるフランス郊外のオーベルジュをめざし、自動車で長距離移動するお客は、タイヤを消耗してミシュランの売上を増やすからである。タイヤメーカーであるミシュランが、自動車旅行に便利な地図だけでなく、レストランガイドを提供する理由はそこにある。もちろん、快適な旅行を可能にする自動車メーカー、給油所、修理会社、保険会社、道路整備会社も、すべてはミシュランの補完企業である。

供給サイドから見ても、競争相手を見つけるのは簡単であり、ほとんどが競争相手に見えそうだ。しかし、こちらのサイドから見ても補完企業が存在する。それも、需要サイドから見たときに競争相手であった企業が、供給サイドから見ると補完企業になることもある。

たとえば、パソコン会社を焦点にしたとき、スマートフォンの会社は需要サイドからすると競争相手である。というのは、スマートフォンがさまざまなパソコンの機能をそなえ、かつ画面の大型化が進み、いまやパソコンの密接な代替財となっており、ほとんど画面サイズが違うだけの強力な競争相手となっているからだ。

他方、スマートフォンにもパソコン（タブレットPC）にもＩＣチップが搭載されており、ＩＣチップの供給サイドから見ると、パソコン会社だけではなくスマートフォンの会社にも供給されることで、規模の経済という量産効果を通じてＩＣチップの価格の低下が生まれ、パソコン会社にとって有利となる。そのためスマートフォンの会社はＩＣチップの供給サイドから見るとパソコン会社の補完企業となる。

このように見ていくと、自社をとりまく企業は、競争相手であると同時に補完企業でもあることになり、ビジネス・ゲームは競争と協力の両面を含んだコーペティションの状況にあることがよく理解できる。このように、補完企業という第六のプレーヤーを考慮すると、競争要因に加えて協力の次元が生まれ、自社の補完企業を育成し、それと「協力」することが、同業他社との「競争」を自社にとって有利に運ぶ手段になる。

### ビジネス・ゲームの基本要素

ブランデンバーガーとネイルバフによれば、ビジネスのゲームには、

(1)「プレーヤー」(企業、顧客、供給者、競争相手、補完企業)

(2)「付加価値」(プレーヤーがゲームに持ち込む価値のことで、そのプレーヤーを含めたゲームにおいて生まれる価値の大きさから、そのプレーヤーを除いたゲームにおいて生まれる価値を引いた値)

(3)「ルール」(慣習・法律・契約といったものから生じるビジネスのルール)

(4)「戦術」(競争相手の認識を自己に有利なように操作する行動)

(5)「範囲」(分析しやすいように頭の中で作り出しているゲームの境界)

という五つの基本要素がある。

企業が最大の利益を得るには、これらの要素を変化させ、ゲームを変えることだと、かれらは主張している。ビジネスのゲームでは、企業が利益を得るには、プレーだけを変えるのではなく、自分の利益になるようにゲームそれ自体を変えることが重要だというわけである。

## 2 戦略的行動

### 戦略的行動とその要件

戦略的行動の古典ともよぶべき書物（Schelling, 1960）の著者として有名なトーマス・シェリングは、戦略研究の大家である。第二次世界大戦の戦後処理にあたって、ヨーロッパの復興援助のために設けられたマーシャルプランにかかわり、ホワイトハウスで大統領の外交政策顧問を務めた。さらに、ハーバード大学において三一年間の永きにわたって教鞭をとった。二〇〇五年にはヘブライ大学のゲーム理論家であるオーマンとともにノーベル経済学賞を受賞している。

シェリングは自著（Schelling, 1960）において「戦略的行動とは、自分の行動に対する相手側の予想に影響を与えることによって、相手側の選択を自分に有利な方向に向かわせること」と定義している。戦略的行動をとるためには、二つのことがらが必要である。

(1) まず、結果を先読みして行動の筋道を立てておくこと。

(2) 次に、自己の行動を相手に知らせ、自己の行動に対する信頼性を確保すること。

### コミットメント

すなわち、相手側に対して、自己の行動が変えがたい「前提条件」であると確信させ、それを前提にして行動を選択するように仕向ける必要がある。そのためには、自己の行動が「コミットメント」(抜き差しならない状況)となって容易には変更できない性質をもっていなければならない。

この点で、シェリングは「相手の選択を制約しようとする相手に対する影響力は、自分をいかに抜き差しならない状態に制約できるかという自分に対する拘束力に依存する」(Schelling, 1960)という含蓄のある言葉を残している。

企業間の数量選択ゲームでの「数量」が新工場の建設といった「生産能力」に相当しているときには、いったん建設した工場を変更するのは容易ではないので、数量のコミットメントが可能だろう。また、価格選択ゲームにおいても、タクシー業界のように料金改定が認可制になっているときには、いったん決定した価格の改定は容易ではないし、カタログ販売の場合にも、価格の改定にはカタログの刷新(回収、印刷、再配布)が必要であり、価格の改定は容易ではないので、価格のコミットメントが可能といえるだろう。

シェリング(EPA= 時事提供)

戦略的行動のわかりやすい事例として、「背水の陣」がある。それは川や海などを背にした陣立てで、あとには引けない所で決戦する構えである。転じて、もし失敗すれば滅びる覚悟で事にあたるということを指している。この背水の陣には、自軍の戦士の戦意高揚を図るという効果のみでなく、相手の軍勢に対して「自軍は決死の覚悟で戦うので手強いぞ」と予想させて、攻撃を断念させるという戦略的行動の効果がある。

また、城攻めをするときに、全面包囲で攻撃すると、相手群からの強硬な反撃に遭うことになる。しかし、あえて「相手群の退路（裏手）を空けて」攻撃を仕掛けると、相手群に退路を与えることで、逃げ道があると悟った相手群の戦意を削ぐことができる。実際、劣勢と見た相手群は退却するので、勝利に結びつきやすい。これも戦略的行動の一例であろう。

### チームの理論と権限

二人のメンバーからなるチームについて、二人がともに努力したら成果は30、ひとりだけが努力したら成果は24、二人がともに怠けると成果は18になる、という状況を考えよう。各人の努力コストは5とし、怠ける場合のコストはゼロと仮定する。さらに、各人の努力はお互いには観察できないものとする。

いま、各人の努力が観察できないため、チームの成果を均等に分配する場合を考えよう。すなわち、ともに努力した場合の成果は30で、15ずつ分配され、努力のコスト5を差し引くと、ともに10の利得となるというように、このときの利得は表9-1のように表される。

このとき、（怠ける、怠ける）が唯一のナッシュ均衡となり、支配戦略均衡にもなっている。すなわち、努力にかかわらず成果を均等分配すると、二人とも怠けるという当然の結果が導かれる。

次に、各人の行動は観察できないが、チームの成果は観察できるとしよう。そうして成果が30ならば、二人がともに努力していることがわかるので、各人にはその成果を均等に分配し、成果がそれ以外の場合には、何も分配しない場合を考える。このときの利得は表9-2のようになる。

この場合には、(努力する、努力する)と(怠ける、怠ける)という二つのナッシュ均衡が存在するが、(努力する、努力する)の均衡は(怠ける、怠ける)の均衡よりも、両者にとって利得が多いため、(努力する、努力する)の方の均衡が選ばれる可能性が高い。

このような契約を使えば、二人がともに努力する状況を導くことができそうだ。しかしながら、この契約には問題がある。というのは、二人がともに努力しないかぎり、この契約では成果を分配しないことになっているが、一方だけが努力したときにも24の成果が生まれているし、二人とも怠けた場合にも18の成果が生まれているのである。こうしたプラスの成果が生み出された後になって、二人がともに努力していなかったからといって、この成果を分配せずにおくという約束が本当に実行できるかということである。もし、この成果の配分をめぐって事後的な交渉が行われ、努力が観測不可能(立証不可能)なので、成果を均等分配するということになると、この結果を先読みすれば、議論は先の結果に逆戻りして、(怠ける、怠ける)がナッシュ均衡となる。

チームワークがうまくいくためには、成果が30のときにはそれ

**表9-1　チームの成果の分配(1)**

| 1＼2 | 努力する | 怠ける |
|---|---|---|
| 努力する | 10, 10 | 7, 12 |
| 怠ける | 12, 7 | 9, 9 |

**表9-2　チームの成果の分配(2)**

| 1＼2 | 努力する | 怠ける |
|---|---|---|
| 努力する | 10, 10 | −5, 0 |
| 怠ける | 0, −5 | 0, 0 |

はすべて均等に分配され、それ以外のときには、その成果はいっさい分配されないという「予想」をチームのメンバーに確信させることが必要である。そのためには、この契約に「コミット」し、有無をいわせずそれを実行できる「権限」をもった外部主体の存在が必要となる。すなわち、チーム生産が効率的に行われるために、チームには属さない外部の権限に存在理由があり、それは水平的なチームワークの上位に権限が発生する理由を示唆している。

## 3　競争戦略の類型

研究開発への投資や広告投資などのように、企業の長期戦略は、価格や生産量をめぐる短期の企業間競争に影響を与える。たとえば、生産コストの低下を導く技術開発への投資（長期戦略）によって、企業は短期の競争におけるコスト優位を確保することができる。また、広告投資によって自社製品の製品差別化を図ること（長期戦略）によって、企業は短期の競争における差別的な優位を確保することができる。

以下では、二つの企業による長期戦略と短期戦略の決定をめぐる二段階ゲームを想定し、第一段階において企業1が長期戦略にもとづく投資（長期投資とよぶ）を選択し、第二段階において企業1と企業2が短期戦略を選択する場合を考えてみよう。

企業1の長期戦略が利得に与える影響には「直接効果」と「戦略効果」の二つがある。ここで「直接効果」（direct effect）というのは、長期戦略が直接、自己の利益に与える影響のことで、第二段階における戦略的な相互依存関係を経由しない効果のことである。

### 戦略効果

それに対して「戦略効果」（strategic effect）とは、長期戦略によって第二段階におけるライバル企業2の行動が変化し、それが企業1の利得に与える影響のことである。この戦略効果が、自己の利得に対してプラスに働く場合には、直接効果だけを考えた場合に比べて、長期投資を積極的にすること（過大投資）が有利となる。逆に、戦略効果がマイナスならば、直接効果だけを考えた場合よりも長期投資を控えめにすること（過小投資）が有利になる。

### 戦略的代替と戦略的補完

長期戦略による戦略効果がプラスに働くかマイナスに働くかは、短期の競争がどのように行われているかに依存する。短期の競争が同質財のクールノーの数量競争の場合には、一方の企業（たとえば企業1）が生産量（戦略）を増加すると、他方の企業（企業2）は生産量（戦略）を減少させることが最適な反応となる。この場合、企業1と企業2の戦略は「戦略的代替」（strategic substitutes）の関係にあるという（たとえば、丸山（二〇一七a）、一三三〜一三四頁を参照のこと）。

ここで、技術開発への投資により企業1のコストが下がり、企業1が生産量を増やすと、戦略的代替の関係から企業2は生産量を減らしてくる。このため、この長期戦略は、企業1の利益に対して、コストの低下による利得の増加というプラスの「直接効果」に加えて、相手企業の生産量の減少による利得の増加というプラスの「戦略効果」をもたらす。したがって、プラスの戦略効果を考慮すると、直接効果だけを考慮した場合に比べて、投資は過大に行うことが有利となる。

いま、短期の競争が差別寡占の価格競争の場合には、一方の企業が価格（戦略）を引き下げると、他方の企業は価格（戦略）を引き下げるのが最適反応となる。すなわち、企業1と企業2の戦略は「戦略的補完」（strategic complements）となる傾向が知られている（丸山（二〇一七a）、一三三頁を参照のこと）。

こうした戦略的補完の関係があるもとで、企業1による技術開発への投資によって企業1のコストが下がり、企業1が価格を引き下げると、戦略的補完の関係から企業2も価格を引き下げてくる。そのため、この長期戦略は、企業1の利益に対して、コストの低下による利得の増加というプラスの「直接効果」をもたらすが、それに加えて、相手企業2の価格引き下げによる自己の利得の減少というマイナスの「戦略効果」をもたらすことになる。こうしたマイナスの戦略効果を考慮すると、直接効果だけを考慮した場合に比べて長期投資を過小に行うことが有利となる。

**ライバル効果**

長期戦略がライバル企業の利得に与える効果のことを「ライバル効果」という。ここで、企業1を既存企業とし、企業2を参入企業としたとき、既存の企業1による参入阻止戦略という観点から、長期投資のあり方について考えてみよう。

いま、企業1による長期戦略のライバル効果がマイナスである場合には、企業1は企業2の参入を阻止しようとするためには、このような長期投資を積極的に行うことが有利となる。逆に、長期戦略のライバル効果がプラスであるならば、企業1は企業2の参入を阻止しようとするためには、このようなライバル企業に利することになる長期投資については、消極的に行うことが自己にとって有利となる。

**競争戦略の分類**

フューデンバーグとティロール（Fudenberg and Tirole, 1984）は、長期戦略の「戦略効果」の符号と、「ライバル効果」の符号によって、競争戦略を四つのケースに分類し、それぞれに対して以下のような名前をつけている。

**①「勝ち犬の戦略」（top dog）** （戦略効果がプラス、ライバル効果がマイナス）

戦略効果がプラスなので、過大投資が有利となるが、ライバル効果がマイナスなので、積極的な投資はライバルに不利となる。それは、旺盛な食欲（積極的な投資）により鍛えた体がけんかを挑むライバル犬を不利に導くという、ドーベルマンのような犬を連想させるので、このようなケースに分類される競争戦略は、「勝ち犬」の戦略とよばれる。

図9－1　競争戦略の分類

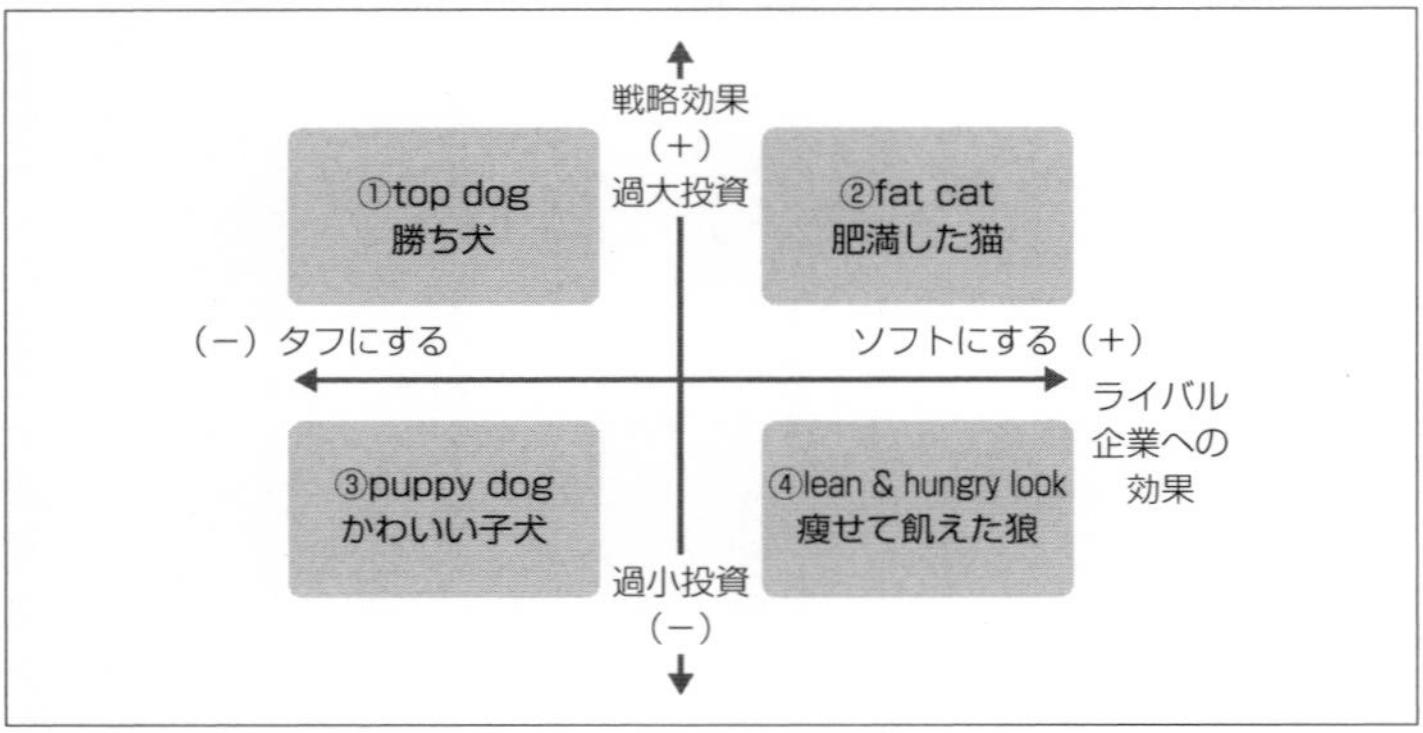


**② 「肥満した猫の戦略」（fat cat）** （戦略効果がプラス、ライバル効果がプラス）

戦略効果がプラスなので過大投資が有利となるが、ライバル効果もプラスなので、そうすることはライバル企業にとっても有利に働く。これは日頃から十分な餌（積極的な投資）を与えられて肥満し、ネズミをとらなくなった猫を連想させるので、このようなケースに分類される競争戦略は、「肥満した猫の戦略」とよばれる。

**③ 「かわいい子犬の戦略」（puppy dog）** （戦略効果がマイナス、ライバル効果がマイナス）

戦略効果がマイナスなので過小投資が有利となるが、ライバル効果もマイナスなので、そうした過小投資がライバル企業にとっても好ましい。これは小柄な身体（消極的な投資）で誰からも可愛いがられる小型犬を連想させるため、このケースに分類される競争戦略は「かわいい子犬」の戦略とよばれる。

**④ 「やせて飢えた（狼の）戦略」（lean and hungry look）**

（戦略効果がマイナスで、ライバル効果がプラス）

この場合、戦略効果がマイナスなので過小投資が有利となるが、そうした過小投資はライバル企業に不利に働くことになる。これは日頃から餌に恵まれない（過小投資である）ため凶暴さをむき出しにしている、やせて飢えた狼を連想させるため「やせて飢えた（狼の）」戦略とよばれる。

**価格競争の回避**

企業の価格政策には、一見すると消費者を優遇するように見えて、じつは企業間の価格競争の回避につながるケースがある。ひとつは「最優遇顧客条項」である。最優遇顧客条項とは、企業が顧客に対して他の顧客よりも不利に扱わないことを保証する契約で、もし将来値下げをすることがあったなら、現在の価格との差額を顧客に返還するという約束である。マンションや耐久消費財の販売に見られる契約条項で、一見するとこの最優遇顧客条項は買い手を保護する契約のように見える。しかし、実際には、この条項は、企業の価格引き下げへのインセンティブを減らす効果をもっている。

というのは、企業が市場シェアの拡大を求めて値下げをすると、それまでにこの企業から製品を購入したすべての顧客に差額の返還を行わなければならない。最優遇顧客条項は自分の値下げに対してこのようなペナルティを自ら科していることになる。このため、企業が最優遇顧客条項を設けているのは、将来、現在の価格よりも値下げしません、と宣告しているようなものである。このことによって、将来の値下げ競争は緩和されることになる。

次に、家電量販店等で見かける「最低価格保証」をとりあげてみよう。ここで、最低価格保証とは、顧客に対して最低価格での販売を保証する契約で、同じ時期に同一の製品をより安い価格で販売している他の業者が存在したら、その証拠を提出するとその価格で販売するというものである。一見すると、この最低価格保証も顧客にとって好ましいように見えるが、最低価格保証は企業間の価格競争を緩和する方向に作用する。というのは、自分もライバル企業も最低価格保証を行っていると、自社の販売価格を引き下げても、他社の販売価格も同時に引き下げられるので、市場シェアは増えずに損をするだけとなる。こうして、最低価格保証のもとでは、企業にとって価格引き下げのインセンティブが弱くなり、企業間の価格競争が弱まることになる。

以上は、消費者側に不利に働く価格戦略の罠であるが、逆に、企業の側が自らを不利な状況に導く価格戦略の罠に陥るケースがある。そのひとつは、購買履歴に基づく価格差別戦略である。

近年、ネット販売が拡がるにつれて、現金による匿名の取引では得られない顧客の属性や購買履歴が、取引を通じて売り手の側に蓄積されている。そのため、価格戦略として「購買履歴に基づく価格差別」(BBPD: behavior based price discrimination) が行われている。たとえば、航空会社によるマイレージ・サービスによる「既存顧客割引」や、携帯電話会社(キャリア)による「新規顧客割引」である。また、小売企業は、ポイントカードによる購買履歴をもとにレジにて割引クーポンを自動発行したり、ネット上でのクッキーによるサイトの閲覧履歴をもとに、顧客ごとに異なった価格を設定したりしてBBPDを実施している。

このような価格戦略は、企業の観点からは有利な価格戦略に見えてそれを採用する企業が多い。しかし、ＢＢＰＤは企業間の価格競争の激化につながり、結果として、それを採用しなかったときよりも企業にとって不利となる「囚人のジレンマ」の状況に陥ることが知られている。(注4)

## 4 プラットフォーム戦略

第5章4節において説明したように、インターネットの普及がプラットフォーム・ビジネスの隆盛を導いてきた。近年、注目を集めているプラットフォーム・ビジネスとは、複数の異なるグループのマッチングに利用される「場」としての「プラットフォーム」を提供して、異なるサイドの利用者に価値を生み出し、その見返りとして複数の異なる利用者グループから利益をえるマルチサイドのビジネス・モデルである。そうしたマッチング・ビジネスの仕組みについては、第11章3節において、詳しく説明する。以下では、プラットフォーム・ビジネスにおける固有の経営戦略を浮きぼりにするために、プラットフォームの両サイドに設定する価格戦略と、アプリケーションの互換性をめぐる戦略について説明をしよう。

### マルチサイド・プライシング

プラットフォーム・ビジネスでは、異なる利用者サイドの間に働く「間接ネットワーク効果」に特徴がある。すなわち、一方のサイドの利用者数の増加が、他方のサイドの利用者の便益を高めるというプラスの間接ネットワーク外部効果が働く場合、プラットフォーム企業は、異なる利用者サイドに対してどのような利用料金を設定したらよいのだろうか。

これはマルチサイド・プライシングとよばれる問題で、異なるサイドのグループに対してプラスの間接ネットワーク効果を提供しているグループには、低額の利用料金を設定するのが好ましい。というのは、そうしたグループには、プラットフォームの利用価値を高めてくれている分だけ、料金を割り引くという、外部効果を内部化した料金体系を採用するのが好ましいからである。

このため、プラスの間接ネットワーク効果が大きいグループには、プラットフォームの利用料金が「0円」(フリー)になったり、プラットフォームを利用することで無料のクーポンやポイントがもらえることで、利用料金が事実上「マイナス」になったりすることがある。これは、他方のサイドの利用者グループをプラットフォームに呼び込む(客寄せする)ための「ロス・リーダー」プライシングであり、その実例が多く存在している。

たとえば、無料で誰でも持ち帰ることのできるクーポンマガジンやフリーペーパー、無料放送を基本とする民放のテレビやラジオ、無料で使える検索サイトやポータルサイトは、料金をゼロ(無料)にすることでプラットフォームの利用者基盤の拡大を図ろうとしている。

他方で、相対的に小さなプラスの間接ネットワーク効果、場合によってはマイナスの間接ネットワーク効果を与えている利用者グループの方には、高額の利用料金が設定される。たとえば、それは上記のようなプラットフォームに広告を掲載しようとする広告主の側であり、プラットフォーム企業はそちらの利用者グループから広告収入という形で利潤を得ているわけである。

無料でテレビ放送を楽しむ（無料でWebサイトのニュースや検索サービスを利用する）ために集まった視聴者にとって、番組途中で流される（検索画面に表示される）コマーシャルは有益なこともあるがノイズ（マイナスの間接ネットワーク効果）ともなるので、そうしたマイナスの間接ネットワーク効果を与えている広告主の側には、高い広告料が課金される。フリーのビジネス・モデルの収入基盤は、こうした広告収入にある。

このように、マルチサイド・マーケットという性質をもつプラットフォームでは、複数の利用者サイドから別々に大きな利益を得ようと価格を設定するのではなく、間接ネットワーク効果が有効に機能し、マルチサイドからの利益の合計が最大となるようにプライシングを行うことが必要である。

### 競争的ボトルネック

通常、新聞の購読者は、いずれかの新聞のなかから一種類の新聞だけを購読している。このように、ただひとつのプラットフォームを利用することを「シングル・ホーミング」(single homing) とよぶ。ここで、ホーミングというのは、本来の用語の意味では。鳩が帰巣することを示すものとされているが、プラットフォーム・ビジネスにおいては、以上のようにプラットフォームを利用する（あるいは、プラットフォームに帰属している）という意味で用いられている。

新聞社どうしは、このような購読者の確保に向けて「競争的」な状況にあり、新聞購読料の値下げ競争への潜在的な競争圧力がかかっている。

他方、新聞への広告の掲載主の方は、各社の新聞の購読者にリーチするためには、各社の新聞を通じる道しかなく、新聞はネットワークのハブあるいは要所であり、「ボトルネック」になっており、そのため各社の新聞に広告を出さざるをえない。こうして、広告の掲載主は、複数の種類の新聞に広告を掲載していること（マルチ・ホーミング）が一般である。このような状況では、新聞社はネットワークにおける要所としての立場を利用して、広告主側に対して「独占的」な市場支配力をもっている。このため独占的な広告掲載料を請求する。すなわち、新聞というプラットフォーム・ビジネスにおける「競争的ボトルネック」のネットワーク構造が、このような非対称的なプライシングを生み出している。

### 電子ブックの互換性

電子ブックの市場への関心が高まっている。この市場におけるアマゾンとアップルのプラットフォーム戦略には大きな違いがある。周知のように、アマゾンは、キンドルという電子ブックのリーダー端末（プラットフォーム製品）を販売しており、デジタル・コンテンツとしての電子ブックのみならず、電子新聞や電子雑誌の販売のためのプラットフォーム企業として事業を拡大させている。

しかし、アマゾンはキンドルというハードウェアの販売ではなく、書籍の販売を主力にしていると考えられる。というのは、アマゾンは、アップルの iPad や iPhone 向けに、キンドル版の電子ブックを読むためのソフトを公開しており、アマゾンのキンドルストアから電子ブックを購入してくれれば、アマゾンのリーダー端末（キンドル）でなくても読める環境を作って、キンドルストアから発売される電子ブックの拡大販売を図っているからである。

このような環境は、アップルの iPad や iPhone の魅力度を高める効果をもつため、アマゾンはアップルの補完企業（complementor）になる。このため、アマゾンのキンドルストアから発売される電子ブックの種類が増えれば増えるほど、iPad や iPhone の魅力度が高まり、アップルの売上高が増えることになる。

同時に、iPad や iPhone の売上高が増えることが、電子ブックの需要を高め、アマゾンの売上高の増加につながるという、両者にはウィン・ウィンの関係がある。キンドルと iPad や iPhone は電子ブックのリーダー機能としては競合関係にありながら、アマゾンが上記の環境を設けている背景には、このような理由があると考えられる。

他方、アップルが運営する Apple Books には、パソコン以外では、同社のハードウェアからしかアクセスできないような環境にあり、購入した電子ブックも同社のハードウェアでしか利用できない非互換戦略をとっている。すなわち、アップルは Apple Books のオンラインサービスを自社のハードウェアの魅力度を高めるためのものとして販売している。この場合、Apple Books からコンテンツを買えば買うほど、蓄積されたコンテンツがスイッチング・コストとなって、他社ハードウェアへの

スイッチを難しくし、アップル製のハードウェアへのロックイン効果を生み出すわけである。（注5）

# 第Ⅲ部　市場経済の仕組み

## 市場とは何か，いかに機能するのか

**市場の編成原理**

**①市場範囲の拡大と分業**
適切なインセンティブの付与
分業と専門化の利益
→　分業の高度化

**③市場と制度の選択**
取引費用の削減
所有権の設定・保護
→　外部性の内部化

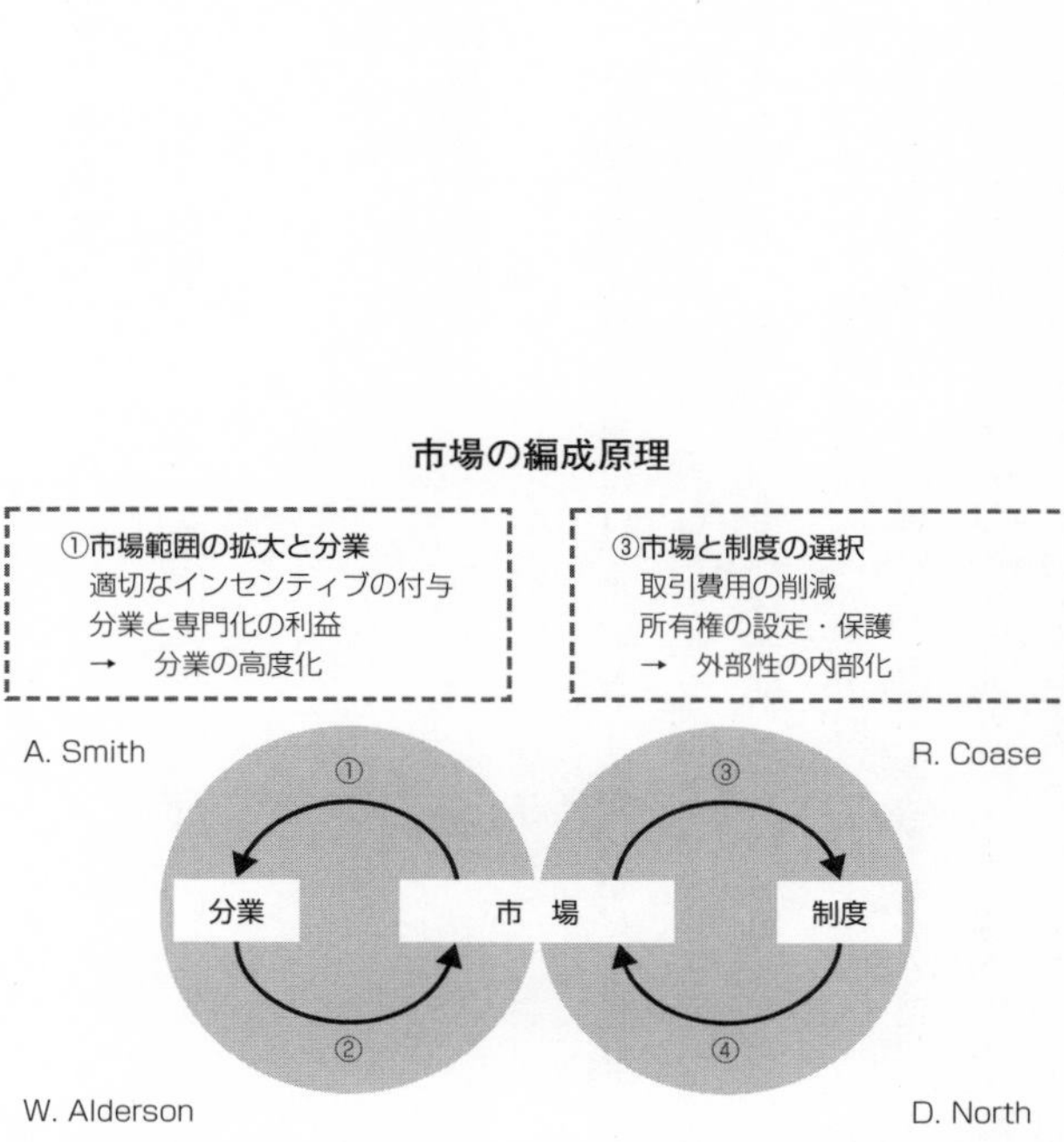


**②需給の斉合（マッチング）**
流通業者の社会的機能
取引の円滑化
→　市場の発展

**④市場の制度的基礎**
有効な制度と組織の生成
協力解の達成・契約履行の保証
→　市場の境界を規定

# 第10章 市場と流通業者

## もはや、流通機構は「経済の暗黒大陸」ではない

### 1 経済学における市場

ミクロ経済学のテキストで説明される市場には、生産者と消費者が登場するだけで、生産と消費を連結する流通についての議論はなく、そうした役割を担う卸売業者や小売業者などの流通業者もまったく出てこない。第5章1節で述べたように、それは「取引のない市場」のモデルである。

ミクロ経済学の市場モデルでは、情報が完全で取引費用がゼロという「完全市場」の世界が想定されている。そのような完全市場では、売り手も買い手も取引機会をめぐる情報をすべて所有しており、第7章で議論したような「非対称情報」のもとでのモラルハザードや逆淘汰の問題、それらによってもたらされる取引の困難性はなく、取引費用はいっさい存在しない。そこでは、「取引」という経済活動をめぐる問題は考慮の対象外とされているため、取引の仲介を業とする流通業者は、なすべき役

割を与えられることなく、完全市場から消えてなくなるべき存在となる。

取引を基底に市場の問題を考えるには、取引をめぐる情報の不完全性や、取引にともなう費用を考慮し、市場を運営するコストに注目する必要がある。そうすることで、取引費用を減らし取引の円滑化を図ることが、市場の中心課題として浮かび上がってくる。

## 市場メカニズムの虚構

「市場メカニズム」とは、市場における需給調整のメカニズムのことである。従来、経済学では、完全競争市場を想定したもとで、市場メカニズムについて、次のような説明が行われてきた。

(1) 完全競争のもとで、いかなる主体も価格支配力をもたず、売り手も買い手も与えられた市場価格に対して自己の需要量と供給量を表明する「プライス・テイカー」として行動する。

(2) すべての商品について、各商品の需要と供給が一致する市場の「一般均衡」状態に到達するまで、取引は行われず、「市場の需要量が供給量を超えていると価格が上がり、供給量が需要量を超えていると価格が下がる」という「需給の法則」にしたがって市場価格が変化する。

(3) このように、「価格を媒介」にして市場の需要量と供給量が調整され、需要と供給の均衡をもたらす仕組みのことを「市場メカニズム」とよび、そのように価格が媒介となって需要と供給を調整する機能のことを「価格のパラメーター機能」とよぶ。さらに、

(4) 誰でもない誰かがこの「市場メカニズム」を司っていることから、それは市場の「見えざる

手」による働きと称されてきた。

標準化された経済学の教科書でごくふつうに説明されるとともに、世間の常識ともなってきたこのような内容を、本書では「市場メカニズムの虚構」とよぶことにしたい。

### 完全競争市場からの脱却

完全競争市場を前提とした以上のような説明は、あくまで市場の分析を容易にするための仮説的なモデルであり、本質にかかわらない事実を除去してこそ、複雑な経済社会を解明できるといわれてきた。しかし、市場経済の基本構造を結晶化する過程で、完全競争モデルが取り除いてきたことがらは、あまりにも大きい。

いま、二〇一九年の株式時価評価額の世界の十大企業を調べてみると、そのなかには、アメリカのグーグル、アップル、フェイスブック、アマゾンの四社に、中国のアリババとテンセントの二社を加えたプラットフォーム企業六社が占めている。これらの企業は、ネット上にプラットフォームを設けて、マッチング・ビジネスにたずさわるデジタル経済の流通企業である。なかでも、アマゾンは、あらゆる商品を扱うECサイト（eコマース）の展開をめざしており、「アマゾン・エフェクト」とよばれるように世界の小売業にとって脅威となっている。

現代において、こうした流通企業の存在しない市場モデルは、「デンマーク王子が登場しないハムレット」のようなものである。流通業者を経済学の市場モデルの舞台に立たせるには、二つのことがらが必要である。ひとつは完全市場モデルの前提を取り去ることである。もうひとつは、従来の経済学の市場観とは別の新たな市場観に立つことである。

そうして、第Ⅱ部で説明した市場理論の展開に加えて、さらに新たな研究分野を開拓し、市場の理論を拡張していくことである。

**経済学の市場観**

経済学（あるいは、より厳密にいうと産業組織論）では、「市場とは、同種の商品に関する売り手と買い手の集合」（以下、「集合としての市場」と略称する）のことを指している。ここで同種の商品というのは、密接な代替関係にある商品のことである。第Ⅱ部で説明したように、この「集合としての市場」の概念をもとに市場理論が展開され、実り多い有益な研究成果が生み出されてきたことは確かである。一九七〇年代の後半から、ゲーム理論と情報の経済学を分析用具とした「新たな産業組織論」ならびに「ビジネス・エコノミクス」（経営の経済学）が、新古典派経済学の市場理論をさまざまな方向に拡張し、発展させてきたのである。

経済学の歴史を振り返ってみると、新古典派経済学の市場理論の開祖とされるマーシャルの自著『経済学原理』第五篇第一章（市場について）には、クールノーとジェヴォンズの市場の定義があげられている（Marshall, 1920）。クールノーは、主著『富の理論の数学的原理に関する研究』の第四章で、市場について次のように述べている。「いうまでもなく経済学者の意味する市場とは、売買が実行せられるある場所を指すものではなく、もろもろの部分が自由なる商業関係によって結合せられ、したがって価格は容易、迅速にすべてを通じて同一の水準をとるがごとき領域の全体を指すものである」（邦訳、八二頁）と。

## 二つの市場観

クールノーは、このなかで「二つの市場観」を提示している。ひとつは「売り手と買い手との間で商取引が行われる場」としての市場である。これを「場としての市場」とよぶことにしよう。クールノーは、経済学者の意味する市場は、こうした「場としての市場」ではなく、それとは別物だと述べている。かれがいう経済学者の意味する市場とは何だろうか。

クールノーの説明を敷衍すると、次のようになる。もし、同種の商品について、売り手の間に価格差が存在していたとする。このとき、買い手は、競って、価格の安い売り手から商品を買おうとするだろう。そのため、その売り手は、すぐさま価格を引き上げようとすることになる。また、価格の高い売り手は、他の売り手に買い手を奪われまいと競って、すぐさま価格を引き下げようとする。このような競争によって同種の商品の価格差が解消され、同一価格へと向かうことになる。クールノーが市場の定義とした「価格が同一の水準となる領域の全体」とは、「同種の商品について、そうした競争の影響がおよぶ売り手と買い手の範囲」のことである。これは先に述べた「集合としての市場」そのものであり、クールノーは「集合としての市場」の概念の上に、市場理論の基礎を打ち立てた。

さらに、一八七〇年代の限界革命の先導者であるジェヴォンズは、その主著『経済学の理論』(Jevons, 1871) のなかで、「もともと市場は、食料品やその他のものが販売のために並べられた市中の公共の場だった。しかし、この言葉は一般化され、任意の商品に関して広範囲にわたる取引を行う人々の集団を意味するようになった」(ibid., chapter IV) と述べている。ここには「場としての市場」から「集合としての市場」へと経済学における市場観が移っていったことが明確に表現されている。なお、同一商品について同一価格が成り立つことを「一物一価の法則」というが、この法則は「ジェヴォンズの無差別の法則」(Jevons' Law of Indifference) ともよばれているが、クールノーが市場について述べた先の文章にあるように、かれはこの点を三〇年以上も前にすでに指摘していたのである。

このように市場をめぐって、「集合としての市場」と「場としての市場」という二つの市場観が古くから存在してきた。しかし、以上で指摘してきたように、クールノーの市場理論に始まり、限界革命の推進者たちによる経済学の近代化を経て、現代まで発展してきた経済学では、「集合としての市場」の立場から研究が進められてきたのである。

「集合としての市場」という伝統的な経済学の市場観に立って、商品ごとに市場を想定し、第Ⅱ部で説明したような市場理論をさらに発展させていくことは十分に意味のあることである。また、そうした研究が、これからも市場理論の重要な分野であることは間違いないだろう。

## 市場理論の拡張

しかし、市場の理論という点からすれば、「集合としての市場」としてではなく、「売り手と買い手との間で商取引が行われる場」として市場を定義し、「場としての市場」の立場に立って検討するのがふさわしい重要な研究領域がある。それは、売り手と買い手の「取引」に焦点をあてた市場の分析である。

本書において主張したいことは、従来の経済学の市場観にもとづく研究を否定することではない。むしろ、筆者自身の研究でもかかわってきたその発展を今後も期待している。それに加えて、新たな市場理論の研究分野を開拓し、市場理論を拡張していくことを主張したいのである。読者の誤解を避けるために、この点に注意を促しておきたい。

## 場としての市場

さて、「商取引の場としての市場」という見方をすれば、商品ごとに個別の市場を考えることは適切ではない。たとえば、リンゴや大根、マグロやサンマという個々の商品ごとに、取引の場としての市場は個別に存在していない。リンゴや大根の収穫される産地、あるいはマグロやサンマの水揚げされる漁港には、そのような商品ごとに「場としての市場」は個別に存在するだろう。しかし、商品は個別に流通しているのではなく、他の多くの商品と関係づけられて流通しており、やがて、それらも「青果物」あるいは「水産物」としてまとめられて取引されているのである。

**図 10－1　市場メカニズムの基本要素**

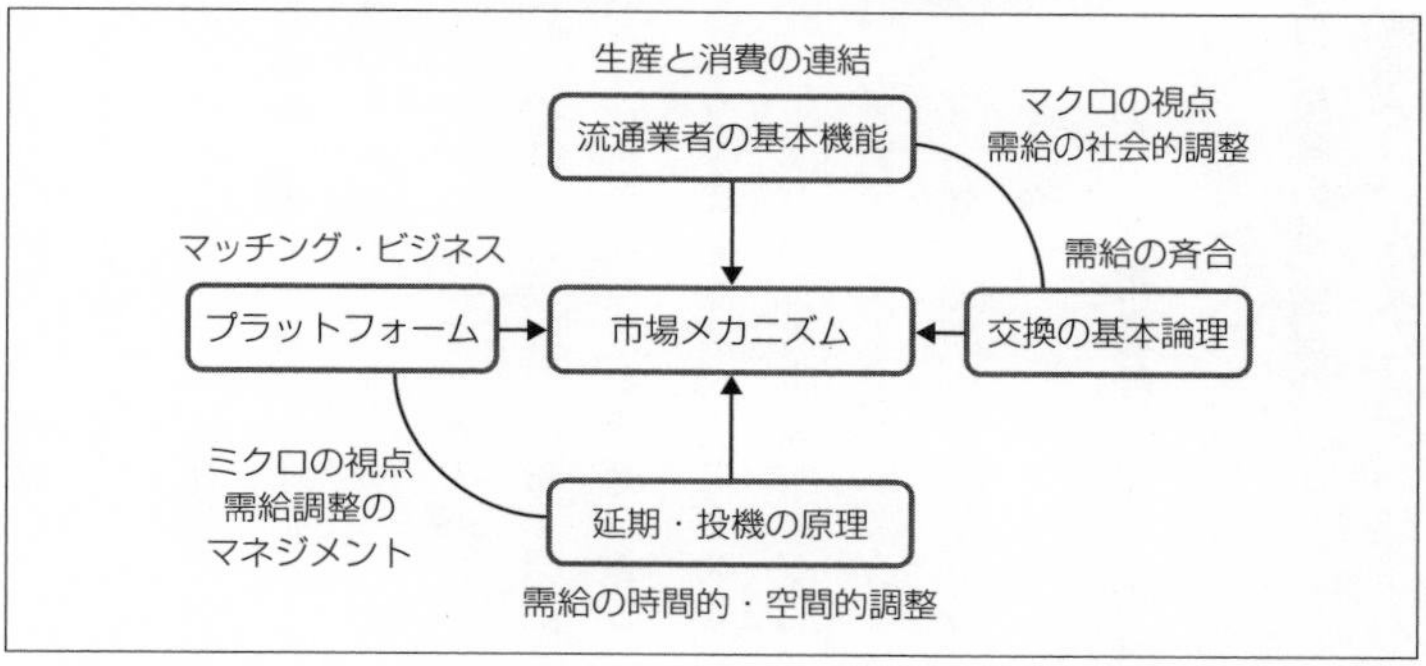


「場としての市場」に注目するとき、複数の商品が、どのように関連づけられて流通し、どのような方法で販売されているかが重要な意味をもつことになる。

すなわち、主要な「取扱品目」、たとえば、織物・衣服・身の回り品や飲食料品、機械器具などの区分に応じて、流通業者にはさまざまの「業種」(kind of business) が存在する。

また、流通業者の「営業形態」(商品構成や価格設定、販売促進、立地、営業時間などのマーケティング・ミックス) に応じて、百貨店や食品スーパー、ディスカウントストア、コンビニエンスストアなどのさまざまな「業態」(kind of operation) が存在する。さらに、市場集積のあり方に応じて、商店街やショッピングセンター、パワーセンター (家電製品や衣料品、ドラッグストアなどの専門ディスカウントストアの集積)、ネット上のマーケットプレイスなど、場としての市場のバラエティが存在している。

このように「取引」を基底にした「場としての市場」という見方をするとき、市場がいかなる形で、いかなる時に、いかなる場所で誕生し、市場がいかに運営され、市場がいかなる機能を果たしているか、といったことがらが検討の対象となってくる。

古くから「商学」の研究分野が基礎としてきたのは、まさに、このような「場としての市場」の概念である。また、近年、インターネットの普及によって大きな関心を集めているネット上のマーケットプレイスやプラットフォームのマッチング・ビジネスについても、「場としての市場」という見方をすることによって、その内容への理解の途が開けてくるのである。

以下では、市場における需給調整の基本要素として、

(1) 流通業者の基本機能である「生産と消費の連結」(第10章2節)

(2) 交換の基本論理としての「需給の斉合《せいごう》」(第11章1節)

(3) 生産と消費の時間的・空間的調整をめぐる「延期・投機の原理」(第11章2節)

(4) プラットフォームによるマッチング・ビジネス(第11章3節・4節)

という四つを順次とりあげながら、市場メカニズムの解明を図ろう。

## 2　流通業者の社会的機能

### 流通業者の基本機能

流通とは、生産と消費の連結のことであり、流通業者の機能を端的にいうならば、生産者と消費者

との間のギャップを埋め合わせ、生産と消費の調整を図ることである。

生産主体と消費主体の分離という「人格的ギャップ」は、流通業者の仲介による「所有権移転機能」（所有権移転の円滑化）によって埋め合わされている。また、生産地点と消費地点の分離という「地理的ギャップ」は、流通業者の「輸送・配送機能」によって埋め合わされている。さらに、生産時点と消費時点の分離という「時間的ギャップ」は、流通業者の「在庫・保管機能」によって埋め合わされている。流通業者は、生産と消費の間の三つのギャップを埋め合わせるべく、それに対応した三つの機能を担っているのである。

流通業者がこうした基本機能を担っているのは確かである。しかし、それらは生産者や消費者が自らの手で行いうることであり、実際に行っていることでもある。

生産者は、自ら商品の営業活動をしたり、自社の倉庫で製品を在庫・保管したり、製品の出荷のための輸送や配送を行ったりしているのである。また、消費者についても、商品の情報を広告や新聞、雑誌、インターネットによって調べたり、商品の購入のために店舗を訪れ、購入した商品を自分で自宅に持ち帰ったり、食品や飲料品、日用品を家庭内で在庫・保管したりしているのである。

では、いったい、流通業者という独立した主体の存在を支えている条件とは何だろうか。いいかえれば、消費者は何ゆえに流通業者を通して商品を購入し、メーカーは何ゆえに流通業者を通して商品を販売しているのだろうか。

生産者が消費者に直接に商品を販売するケースを「直接流通」とよび、生産者が流通業者に商品を販売し、流通業者が消費者に商品を再販売するケースを「間接流通」とよぶが、生産者と消費者の間に流通業者が介在する間接流通のシステムは、世間でよくいわれるように「社会のムダ」ではないのか、社会的に見てどのような有利性をもっているのだろうか。

**流通業者のコスト優位性**

生産者や消費者が自ら流通活動を営むよりも、営利を目的に流通活動を営む流通業者に委ねることによって取引費用の節約が可能となる。すなわち、流通業者のコスト優位性にもとづく流通活動の効率化である。間接流通の有利性は、まずこの点にある。

というのは、生産者の取引規模は、自己の生産量に制限されるし、消費者の取引規模も自己の消費の規模に制限されている。それに対して、流通業者は複数の仕入先と複数の販売先との取引関係をもっているため、取引の規模は、消費者に比べてはるかに大きいし、生産者と比較しても、平均して取引の規模は大きいといえよう。流通業者は取引の規模の大きさを背景に、商品の仕入れ・保管・販売・輸送など取引活動に関する分業・専門化の利益を生かして取引費用を引き下げ、取引を効率的に行うことができる。さらに、流通活動に関する「規模の経済」を通じて、流通業者は生産者や消費者よりも流通活動に関してコスト優位性をもっている。

また、流通業者は複数の種類の製品を品揃えして販売している。このとき、店舗や物流施設など共同利用可能な未利用資源の有効利用による「範囲の経済」を通じて、流通業者は生産者や消費者よりも流通活動に関してコスト優位性をもっている。

さらに、流通業者は取引を繰り返し行うなかで学習を積み重ね、取引費用の節約を図ることができる。このような「経験効果」をもとに、流通業者は生産者や消費者よりも流通活動に関してコスト優位性をもっている。

**流通業者の情報機能**

取引を経済活動として認識することは、とりもなおさず、取引対象および取引相手を探し、取引条件を比較・交渉し、取引を完了するにいたるまでの一連の過程における経済主体間の相互作用に注目することである。このとき、相互作用をコミュニケーションの側面からながめ、取引にともない発生する費用のうちで、とくにコミュニケーション・コストを考慮することは有益であろう。このように考えれば、商品流通の社会的編成にあたって、情報収集・伝達の効率性という基準が少なからず作用していると考えられる。

消費者は購入しようとする商品の属性について、事前に十分な情報をもっているとは限らない。第7章で説明したように、商品は探索的な属性（購入前の探索によってその内容が確認できる属性）、経験的な属性（使用経験を通じてはじめてその内容が確認できる属性）、信用的な属性（通常の使用経験ではわからず、異常事態に出合ってはじめてその内容が確認できる属性）の束である。

探索的な属性といっても、その内容を確認するための費用はひとによって異なっている。とくに主体Aが取引経験を通じて商品知識を蓄えているとき、使用経験をもたない主体Bよりも容易に商品の属性を確認することができる。また、主体Bにとっては経験的な属性や信用的な属性であるものが、主体Aにとっては探索的な属性であることが十分にありうることである。このとき、主体Bは主体Aから商品の評判というかたちで情報を手に入れることができる。

さらに、主体Aが生産者との取引に従事し、商品情報の収集の主体として社会的に認識されているならば、主体Aと主体Bとの出会いの機会は定型化され、商品情報の交換機会は拡大する。すなわち、主体Bが生産者と直接取引するのではなく、主体Aから商品を購入することである。それによって情報収集の社会的な費用が節約できる。流通業者が商品の優劣を選別する機能は、流通業者の情報機能であり、この点に間接流通の第二の有利性がある。

### リスク・プーリングの利益

ところで、生産主体と消費主体との分離は、生産行為と消費行為の分離を意味する以上のものがある。今日では、消費者の注文を受けてから生産が行われる「注文生産」ではなく、消費者の需要をあらかじめ予測した「見込み生産」を主としたかたちで行われている。注文をあらかじめ行わなくても、商品を手に入れることができるのは、思えば消費者にとって便利なことである。しかし、この場合、消費者への便宜の提供とは裏腹に、生産者は需要の変動とその予測にともなう不確実性（リスク）に直面している。

しかし、流通業者の場合、需要の変動がマイナスの相関をもつような複数の商品を品揃えして販売することにより、予想される売上高の合計の分散（変動幅、あるいはバラツキ）は、各商品に関する売上高の分散の和よりも小さくなることが知られている。

たとえば、コンビニエンスストアの商品の売上は、お天気や気温に左右されることが多い。しかも、お天気や気温の予想には不確実性がともなう。曇りの寒い日にはおでんの売上が伸びるが、晴れて暑い日にはアイスクリームの売上が伸びる。コンビニが、おでんだけとか、アイスクリームだけの販売をしていると、その日のお天気や気温によって売上高の変動は激しくなる。しかし、おでんとアイスクリームの両方を販売していると、寒い日のアイスクリームの売上の減少をおでんの売上の増加によってカバーすることができるし、暑い日のおでんの売上の減少をアイスクリームの売上の増加によってカバーできる。このため、予想される売上高の合計の分散が小さくなる。

リスクをきらう主体にとって、予想される売上高の分散の減少は、リスクの減少を意味するので好ましい。このように、リスクをともなう複数の変数（おでんの売上高とアイスクリームの売上高）が負の相関をもつ傾向があるとき、それらをプーリングする（まとめる）ことによって、集計された変数（おでんとアイスクリームの売上高の合計）のリスクを減らすことができることを「リスク・プーリングの利益」という。流通業者が複数の商品を品揃えして販売するという行為は、各商品の販売にともなうリスクをプーリングし、リスクの社会的な削減を図るという機能を果たしている。この点は間接流通の第三の有利性である。

## 流通業者のリスク分担

以上のように、流通業者による複数の製品の品揃えが、「リスク・プーリング」によって総体的なリスクを減少する効果をもたらすことから、流通業者の側にリスクを負担する余地が生まれる。そうして、流通業者によるリスク分担が、見込み生産にともなう販売の不確実性という問題に対して、多大の便宜を提供することになる。

いま、ある商品（アイスクリーム）の生産を計画している生産者Aがいるとしよう。商品の販売には不確実性がともない、生産者は「リスク回避的」（リスクをきらう）とする。生産者は、商品の需要状況と、各々の需要状況が発生する確率を予測し、商品の生産および販売から得られる利潤の期待効用（効用の期待値）の水準を想定する。ここで、利潤の期待効用とちょうど等しい効用水準（満足度）をもたらす確実な利潤額のことを「確実同値額」とよび、生産者が消費者に直接販売する場合の確実同値額を$\pi$（A）と表しておこう。

さて、ある流通業者Bが、その商品（アイスクリーム）の需要とマイナスの相関をもつ商品（おでん）を取り揃えて販売している場合、たとえ需要予測およびリスクに対する態度（リスク回避度）が生産者と同じであったとしても、リスク・プーリングの利益が得られるがゆえに、結果として、その製品から得られる利潤を高めに見込むであろう。すなわち、流通業者の確実同値額$\pi$（B）は、生産者の確実同値額$\pi$（A）を上回ることになる。

このとき、その商品（アイスクリーム）が$\pi$（B）$>\pi$（C）$>\pi$（A）という値$\pi$（C）で、生産者から

図10－2　流通業者の社会的機能

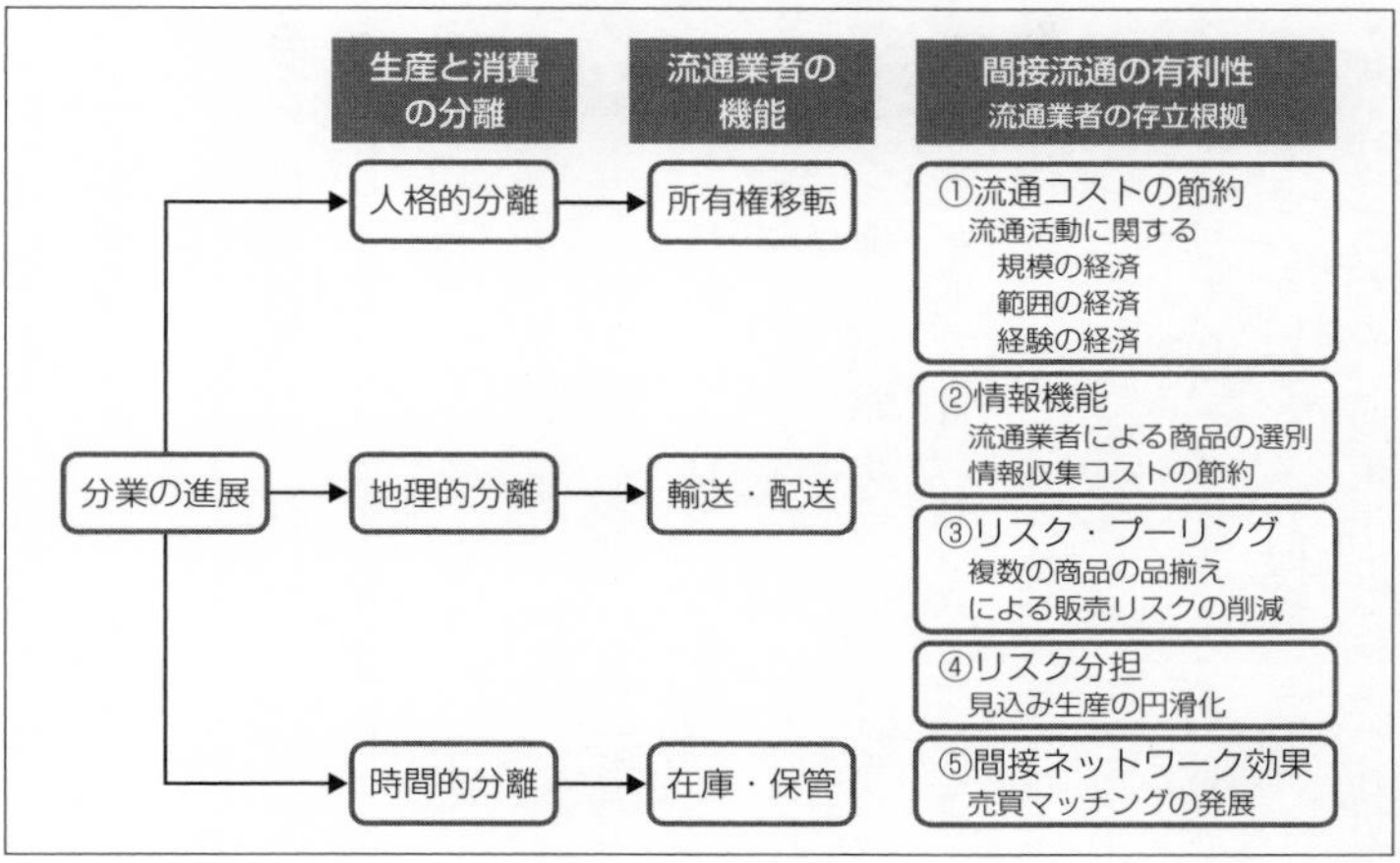


流通業者に売り渡され、流通業者が消費者に販売するという間接流通をとるならば、生産者と流通業者にとって相互の有利化が可能となる。

というのは、生産者は、自らが消費者に直接販売する場合よりも高い確実な利潤$\pi$(C)>$\pi$(A)を手に入れることができるし、流通業者は、販売上のリスクを全面的に負担したとしても、自己の評価する確実同値額を下回る金額$\pi$(B)>$\pi$(C)で商品を買い取ることができるからである。このように、生産者と消費者の間に流通業者の介在する「間接流通」は、需要の変動にともなうリスクの分担機構とみなすことができる。このため、「直接流通」ではなく、流通業者との売買関係を介した間接流通を選択することによって、生産者は、自ら負うべきリスクの一部を軽減しているのである。このような流通業者のリスク負担を通じて、生産者は販売上のリスクから解放されるのであるから、見込み生産の円滑化がなされ、消費者にとっても利益が及ぶことになる。この点は間接流通の第四の有利性である。

## デジタル間接流通の利点

デジタル・プラットフォーム企業のビジネス・モデルには、アマゾンや楽天のように、ネット上に「場としての市場」（インターネット・マーケットプレイス）を提供して、供給者から仕入れた商品を再販売する「商業者モデル」（再販売モデル）と、自らは商品の所有権を取得せずに売買マッチングを担当する「エージェンシー・モデル」（委託販売モデル）、さらにその両方を行うハイブリッド・モデルがある。それらはデジタル経済の間接流通（以下、デジタル間接流通と略称する）である。他方、パソコンの販売やホテルなどのように、ネット上に自社商品専用の直販サイトを設けているものもある。それらはデジタル直接流通である。(注1)

デジタル間接流通には、ワンストップで膨大な商品の売り手にアクセスできるため、自社商品専用の直販サイトというデジタル直接流通にはない利点がある。

さらに、デジタル間接流通では、プラットフォームに出店する魅力ある売り手が増えれば、プラットフォームを訪れる買い手が多くなり、買い手が増えれば増えるほど、多数の売り手が販売機会を求めて集まるという、プラスの間接ネットワーク効果が働くが、専用の直販サイトにはこうした効果は働かない。このため、間接ネットワーク効果がプラスの方向に働いているプラットフォームを利用することで、デジタル間接流通の利点をますます享受することが可能となる。それはデジタル流通経済から見た間接流通の第五の有利性である。

## 流通における財とサービス

流通業者は、以上のような社会的に有用な機能を提供している。われわれは流通業者を通じて商品を購入しているが、流通業者から購入しているのは財だけでなく、流通業者の提供する流通サービス（機能）も同時に購入していることに注意しておく必要がある。

すなわち、商品の価格には、そのような流通サービスへの対価も含まれており、われわれは、流通業者から「財」と「流通サービス」をバンドルした合成財を購入しているのである。この点を認識しておくことは、流通段階の取引を理解するうえで重要である。

世間の常識のようにいわれるように、商品の価格は、商業者（卸売業者や小売業者のように、再販売によって利益を得る流通業者）の手を経るたびに高くなる。逆に、商業者をバイパス（中間流通を排除）すれば商品は安く手に入る。これは否定しようのない事実である。しかし、流通業者をバイパスすると、流通業者が担っていた活動を生産者や消費者が自己負担する必要がある。そのため、購入価格が減少した分、流通コストの自己負担が増加し、流通業者をバイパスすることが、生産者や消費者にとって必ずしも有利であるとは限らない。この点を認識しておくことも重要であろう。

### ネット販売の影響

近年、ネット販売が普及していくなかで、財と流通サービスのアンバンドリング（分離）が進みつつある。ネットで商品を購入すると、情報の収集（情報流）と商品の所有権移転および代金決済（商流と資金流）はオンラインで完結できるが、商品の配送（物流）はオフラインの活動となる。この物流の部分は宅配業者が担当し、商品の売り手とは別の主体が、流通サービスを担うことになる。「商物分離」とよばれる現象である。

さらに、インターネットとスマートフォンの普及にともなって、流通サービスの多くの部分がコンピューターにより提供されるようになっている。たとえば、電車の特急券のチケットをネットで予約・購入すると、発券のため窓口に行く必要はなく、交通系のＩＣカードやスマートフォン決済で改札から入場し、車内では受信したＥチケットをスマートフォンの画面に提示するだけで検札を済ませることができる。

近年、小売分野では、オフラインの実店舗において「スマート・リテイリング」が進んでいる。小売の店内にはＡＩカメラを多数設置し、店頭の棚在庫状況を認識して欠品を防止するとともに、ＡＩカメラを使って、顧客がカートで買い物している場合にはデジタルサイネージでケース入りの飲料を広告し、そうでない場合には飲料一本の広告を出すという、顧客の店内行動に合わせた広告提案を行うことによって顧客と商品をマッチングさせ、買い物行動の八〇％を占めるともいわれる非計画購買を店頭で最適化することをねらっている。

アマゾン・ゴーのレジレス・キャッシャーレス型の無人店舗まで登場しているし、時間、天気、イベントなどをもとに自動的に値下げを行う「ダイナミック・プライシング」も実施されている。このように、これまでの人手による流通サービスをコンピューターに代替する動きが大きく進んでいる。しかし、それはコンピューターによる流通サービスの「省力化」であって、流通サービスの「省略化」ではない。流通活動は省略することができないのである。この点を認識しておくことも重要であろう。

# 第11章　市場メカニズムの解明

## 市場における需給調整の四つの視点

### 1　需給調整の仕組み——需給の斉合

一九五〇年代後半、完全競争市場におけるワルラス均衡の存在、安定性、効率性の数学的証明に研究の焦点が集まり、二階堂副包、宇沢弘文、根岸隆、森嶋通夫らの日本の経済学者がこの分野で世界的な業績をあげていたころ、マーケティング理論として、当時、もっとも理論的で、体系的で、包括的な研究と評される書物が出版された。それはロー・オルダーソンによる『マーケティング行動と経営者行為』(Alderson, 1957a) である。

第10章で説明したように、経済学では「集合としての市場」の定義のもとに、商品の数だけ市場が存在し、何千何万の市場が存在するものとされている。しかしながら、商学やマーケティングの分野では、「場としての市場」の定義のもとに、商品ごとに市場が存在しているとは認識しない。商品は別々に流通しているのではなく、他の多くの商品と関係づけられて流通している。流通における財の組み合わせの姿が重要な意味をもっていると考え、市場における需給調整の分析を体系化したのは、苦難に満ちた人生からスタートして、現代マーケティングの父とよばれるまでの功績をあげたロー・オルダーソンである。ウーリスクロフト（Wooliscroft, 2006）をもとに、かれの生涯を紹介しよう。

**オルダーソン小伝**

ロー・オルダーソン（Wroe Alderson）は、一八九八年九月二七日、アメリカ・ミズーリ州東部のセントルイス近郊のあまり裕福ではない家庭に生まれた。かれは一五歳のときに日本の中学校卒業にあたる学年で退学し、家を出てさまよえる職人のように暮らし、手作業や軽作業の仕事をして実家の家族を支えた。第一次世界大戦後に兵役を離れてからは、いろいろな臨時雇いの仕事に就き、セントラル・ワシントン大学で学んだ。その学校の教師はかれの高い知能に気づき、かれに勉学をすすめ、その支援を受けてかれは一九二三年にジョージワシントン大学に入学し、経済学と統計学を学び、二五年に二七歳で大学を卒業した。

オルダーソン（Wooliscroft, 2006, p. 22）

才能のある人間はやがて必ず芽を出すものである。かれは一九二五年から三四年までアメリカ商務省に勤務し、のちに大統領となるハーバート・フーヴァーのもとで流通コストに関するいくつもの重要な報告書を作成した。一九三六年にフィラデルフィアに移り、マーケティング・リサーチの有力企業であるカーティス・パブリッシングに勤めた。第二次世界大戦中の一九四三年にワシントンに移り、ジョン・ケネス・ガルブレイスの率いるアメリカ政府の物価管理局で働いた。ちょうどそのとき、物価管理局の特別コンサルタントの職にあったカリフォルニア大学バークレー校のマーケティング教授グレサーと一緒の職場で働き、その後の生涯にわたって深い親交を結んだ。

一九四四年、かれはコンサルティング会社を設立し、若かりしころのウィリアム・ボーモル（売上高最大化仮説やコンテスタブル・マーケットの理論で名を残し、経営の経済学で貢献した経済学者）を雇用し、やがて、デュポンやニュージャージー・スタンダード・オイル、ロックフェラー財団など錚々たる企業を顧客とする企業にまでのしあがった。

一九四八年にはアメリカ・マーケティング協会の会長となり、五三年にはＭＩＴで客員教授を務め、さまざまな大学で講義を行った。そして一九五九年から六五年に亡くなるまで、ペンシルベニア大学ウォートンスクールで教鞭を執った。

オルダーソンは、エドワード・チェンバリンよりも一年早い生まれで、チェンバリンより二年早い六六歳で亡くなった。同時代に生きた二人であるが、一九五一年にオルダーソンが始めたマーケティング理論のセミナーにはチェンバリンも参加し、発表も行った。チェンバリンは『独占的競争の理論』によって、五三年にアメリカ・マーケティング協会からポール・Ｄ・コンバース賞を受賞したが、同賞の創設（一九四六年）を提案し、その選考にも関与していたのがオルダーソンである。「異質性を伴う市場」というオルダーソンの市場観には、チェンバリンの「製品差別化」の概念が大きな影響を与えている。

### 交換の論理――需給の斉合

オルダーソンは、自著『マーケティング行動と経営者行為』（Alderson, 1957a）のなかで、生産と消費の間には、人格的、地理的、時間的なギャップに加えて、「品揃えの齟齬《そご》」（discrepancy of assortment）が本源的に存在しているという。すなわち、消費財の取引に関していえば、生産者は、限られた種類の商品を大量に生産することを指向し、単品・大量生産を「生産の論理」とするが、消費者は、さまざまな種類の商品を少量ずつ消費することを指向し、多品種・少量消費を「消費の論理」としている。それゆえ、消費者にとって無意味な財の組み合わせである「集塊物」（conglomeration）を、消費に照らして有意味な財の組み合わせである「品揃え物」（assortment）へと変換することが重要な経済活動となる。オルダーソンは、この経済活動を「需給の斉合《せいごう》」（matching）とよぶ。経済学の父、アダム・スミスは、このような需要と供給のマッチング、すなわち、需給の斉合という活動を「見えざる手」によるものとして議論の対象の外に置いた。しかし、現代マーケティングの父、オルダーソンは、「需給の斉合」を「交換の論理」として経済活動の中心に位置づけたのである。

## 需給斉合の三分類

そうした「需給の斉合」（マッチング）は、①消費の対象となるように財を変換する「形態付与」（shaping）、②それを個々の消費者の具体的な消費に向けて調整する「適合調整」（fitting）、および、③それらを必要とする場所に、必要とするだけ集めてくる「品揃え形成」（sorting）の三つに区分される。ここで、①および②は生産および流通加工の活動に相当している。③の「品揃え形成」が、狭義の「流通活動」（あるいはマーケティング）に相当する。しかし、①はもっぱら生産者によって行われるものではなく、①や②を流通業者が行う場合もある。

たとえば、近年、食品スーパーは、従来の食材を販売する家庭の冷蔵庫代わりという役割から、総菜や調理済み食品を販売する家庭のキッチン代わりへ、さらには店内に飲食スペースを設けてバイ・オーダー商品を提供する家庭のダイニング代わりへと役割が進んでいる。そうした食品スーパーによるグローサラント型の店づくりが増えている。

ここで、「グローサラント」（grocerant）というのは、食品スーパーを意味する「グロサリー」と「レストラン」を組み合わせた造語である。そこでは、食品スーパーという小売業者が、食材や調理済み食品の持ち帰り販売に加えて、店内での調理という生産活動にまで踏み込み、外食需要を取り込むためにフードコートと一体化した売場を構築したり調理した料理をその場で食べることのできるダイニング・スペースを提供している。これは流通業者が需給の斉合に関する①②③という3つの活動をすべて行っているケースである。

## 価値創造の源は何か

オルダーソンは経済学者との議論をふまえて、次のように語っている。「一般の経済学者は、生産活動が価値創造のプロセスであり、マーケティングは生産活動の一部分あるいは過当競争を示す無駄の表れだとみなす傾向がある。しかし、わたしの考えはまったく逆で、実際には、マーケティングこそが究極的な使用価値の源であると考えている。何らの生産活動をともなわずに自然に生じる財でさえも、その財の価値は交換によって生じるのである。生産活動は、消費者の要求に適うように財に形態を付与する補足的な手段であって、生産活動はマーケティング活動の仕組みの一部として位置づけられるものであり、決してその逆ではない」(Alderson, 1957b, p. 146) と。

そして、オルダーソンは、「集塊物」から消費者にとって有意味な「品揃え物」へと変換されていく「需給の斉合」(マッチング) のプロセスには、生産者によってなされる変形のほかに、さまざまな変換が含まれており、そうした経済活動のすべてが価値を生むのであり、「需給の斉合」が価値創造の源であると考えるのである。

## 品揃え形成の四分類

「品揃え形成」は、以下の四つの活動に分類される。①商品を同じ種類の財ごとに分類し、さらに商品の格付けの基準にしたがって、それらをいくつかの等級に分ける「仕分け」(sorting out)。②仕分けによって形成された同質的な財を集めて、さらに大きな集合を形成する「集積」(accumulation)。

図11－1　需給斉合の枠組み

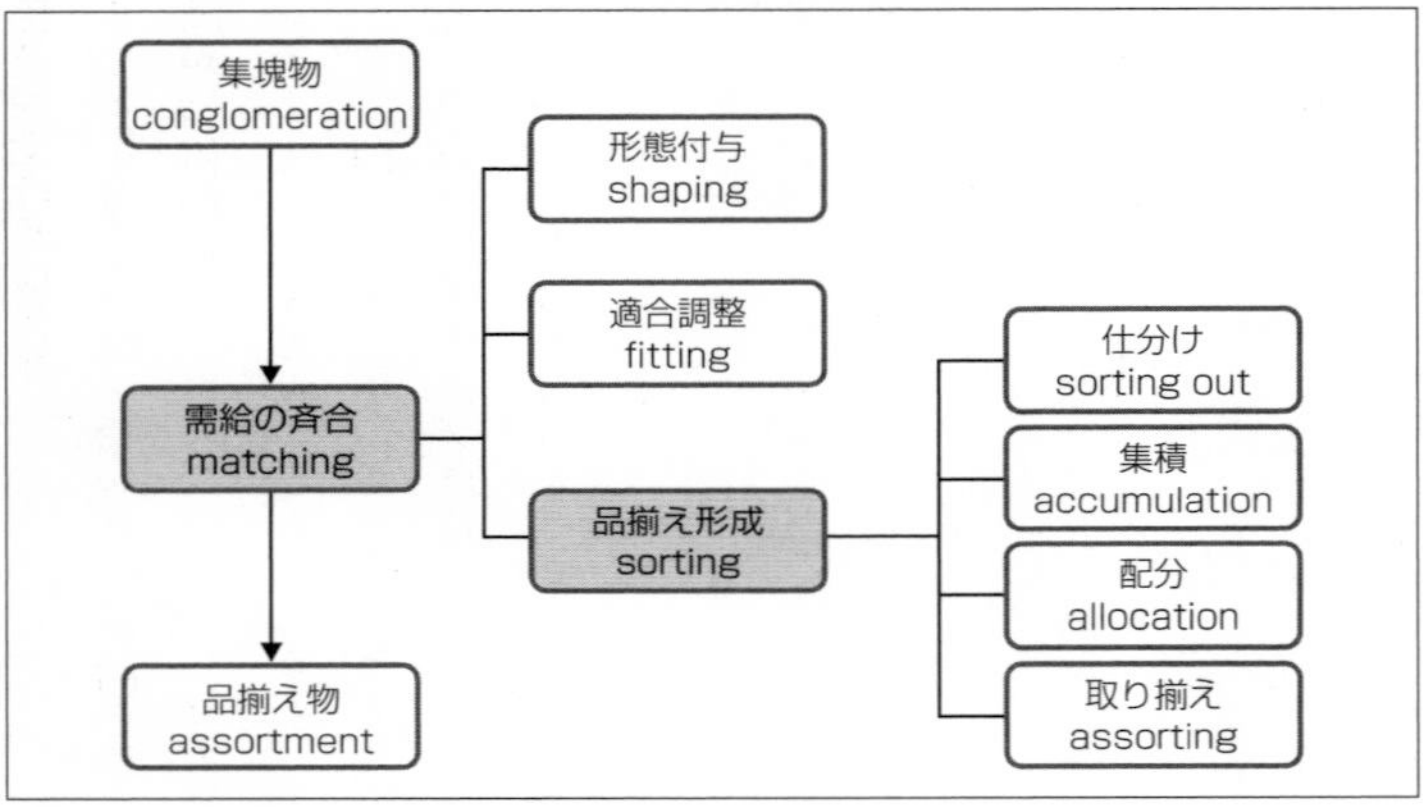


③集積された大量の同質財を買い手の要求にしたがって小分けし、消費地に分散していく「配分」(allocation)。④異なる種類の商品を需要に応じて組み合わせる「取り揃え」(assorting)である。

オルダーソンはジグソーパズルの例を使って、これらの概念を説明している。まず、ジグソーパズルを解き始める際の多数のさまざまなピースの無秩序な集まりが「集塊物」にあたる。試行錯誤を重ねてジグソーパズルを完成させるやり方は、「組織されない市場」において、売り手は自分の商品を買ってくれる相手を求めて探しまわり、買い手は自分が要求する商品を売ってくれる相手を求めて探しまわる様子に似ている。

ジグソーパズルが大きなものになると、自分ひとりで解くのをやめて、何人かのヘルパーを使うことになる。そうして、おそらく、ジグソーパズルで完成される絵は、森のそばの麦畑とその向こうに広がる空だろうと想像したとする。

そうすると、まずピースのかたまりから黄色と緑色、水色のピースを「仕分け」し、それらを「集積」して三つのピースの山をこしらえるだろう。そして、手分けして、緑色のピースから森にあたる部分、黄色のピースから麦畑にあたる部分、水色のピースから青空にあたる部分を作成できるように集積したピースを適切に「配分」し、それらのピースを「取り揃え」ることによって、ジグソーパズルの完成に向けて組み合わせていくだろう。

「品揃え形成」の活動のなかで、「集積」と「配分」は「定量的」な分析の俎上にのるが、「仕分け」と「取り揃え」には、「定量的」のみならず、「定性的」な扱いをも必要とする課題である。

**需給調整への視点——経済学とマーケティング**

そうして、オルダーソンは「需給の斉合」のどの部分に焦点をあてるかによって、経済学とマーケティングに違いがあるとして、次のように議論している。すなわち、「経済学とマーケティングは、こうした需給斉合のプロセスを検討する際に、異なることがらに力点を置いている。経済学は、希少性の原理、すなわち、財の供給はすべてのニーズを満たすほど十分ではないという事実に対処する必要性から議論が始まる。それとは対照的に、マーケティングは、個々のニーズの違いを重視し、利用可能な財の制約のなかで、それぞれのニーズにもっともふさわしい品揃え物を形成することの重要性を強調する」(Alderson, 1957b, p. 147)。

流通成果を評価する基準として、生産性、有効性、利益性、公平性といった四つの評価基準が用いられることが多い。このうち、「生産性」は、資本や労働といったインプットを使って、流通部門のアウトプットを生み出す際の「物理的な効率性」という「供給者指向」の指標である。それに対して、「有効性」(effectiveness) とは、流通部門ないしは流通業者の提供する流通サービスが、需要者側の目的や期待にどの程度マッチしているかという需要者指向の指標である。オルダーソンが語るように、品揃え物の形成を重視するマーケティングの立場は、流通成果の評価にあたって「生産性」ではなく、「有効性」の基準がもっとも大切だとする見解といえよう。(注2)

すなわち、第10章1節において「市場メカニズムの虚構」と述べた伝統的な経済学における需要と供給の調整においては、すでに「仕分け」と「集積」によって同質のグループに区分がなされたさまざまな種類の財について、需要と供給が数量的にバランスするように価格が決まり、売り手から買い手に財が配分される過程に注目しているといえよう。

そこでは、オルダーソンがいうように、市場における需給調整の全体像を示す「需給の斉合」の一部分である「品揃え形成」、そのまた一部の「配分」(allocation) の問題が議論されており、異なる種類の商品を需要に応じて組み合わせていく「取り揃え」(assorting) の問題は、まったく議論の視野にはない。

オルダーソンが「需給の斉合」(消費者にとって無意味な財の組み合わせを、消費に照らして有意味な財の組み合わせに変換すること) を中心概念に描き出した壮大で現実味のある市場メカニズムに比べると、ミクロ経済学で説明されている価格のパラメーター機能による「市場メカニズムの虚構」が、いかに単純で素朴な議論であるかが理解できよう。

## 2　延期と投機のマネジメント

さて、需給の調整については、さらに議論すべき重要な問題がある。それは、消費・購入の時点や場所を基準にしたとき、生産活動や流通在庫形成をどのような時点で行い、どのような場所で行うのかという問題、すなわち、需給の時間的・空間的な次元での調整問題である。現代の用語でいうなら「サプライチェーン・マネジメント」(supply chain management: SCM) とよばれるこの問題についても、先駆的な研究を展開したのはオルダーソンである。

マーケティングの分野において「延期・投機の原理」とよばれる議論において、延期の概念をとりあげたのはオルダーソン (Alderson, 1950) であり、それに投機の概念を加えて、議論を拡張したのがバックリン (Bucklin, 1965) である。

「延期」と「投機」は、いずれも商品の購入を焦点にしたときの対極的な概念であり、「延期」(postponement) とは「商品が購入される時点や場所に向けて、生産や流通在庫形成の活動を近づけていくこと」をいう。それとは逆に、「投機」(speculation) とは「商品の購入される時点や場所から、生産や流通在庫形成の活動を遠ざけていくこと」をいう。

## 延期の原理

消費者が商品を購入する時点に向けて、どのような製品をどれだけ生産するかの意思決定を延期するのが「生産の時間的な延期」である。注文を受けてから生産する注文生産（オーダーメイド）は、その究極のケースである。注文生産の場合には、個別の注文に対応した少量生産による生産コストの上昇（規模の経済の不利益）が生じるし、注文を受けてから生産していると納品までに時間がかかる。このようなコストの上昇を避けながら、納品までのリードタイムを短くする工夫が必要となる。

## マス・カスタマイゼーション

そのため、製品の企画やデザインの段階から始まり、素材の調達、部品の生産、最終製品の組み立てにいたるまでの一連の生産過程のなかで、どこの段階にまでさかのぼって延期するかによって、多様なバリエーションが考えられる。

たとえば、製品の企画やデザインはすでに決定済みの与件として、消費者には、限られた製品カタログのなかからの注文というオプションを与える様式が考えられる。さらに、素材の調達や部品生産の段階までも与件として、基本となる部材は、前もって大量に生産・調達することで規模の経済によるコストの引き下げを図り、最終の組み立て工程だけを受注の時点まで延期するという様式もある。

そうした様式は、パソコンから自動車、衣料品、ファストフード（回転寿司など）の分野で行われており、同質の規格品を大量に生産する「マス・プロダクション」に対して「マス・カスタマイゼー

図11－2　生産過程の投機と延期

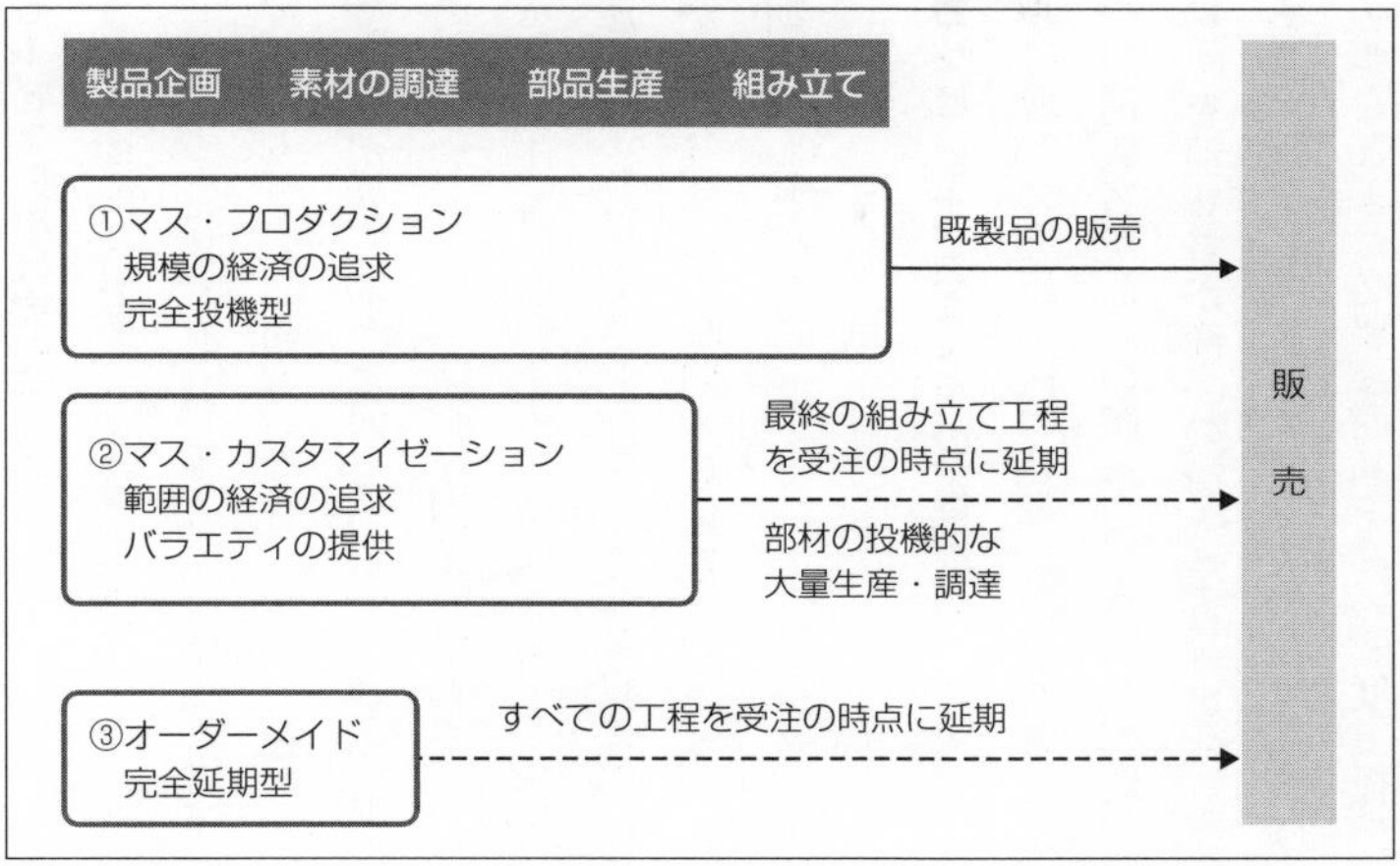


ション」（mass-customization）とよばれ、大量生産のメリットを生かしながら、個々の消費者のニーズに合わせた多様な商品を提供するものである。

たとえば、自動車ならば「車台」（プラットフォーム）、回転寿司ならば「しゃり」、駅ソバならば「ソバとつゆ」を製品の共用部分として大量生産し、自動車部品や、回転寿司のネタ、駅ソバの具材といったモジュール（製品のまとまりをもった構成要素）のバラエティをあらかじめ用意しておき、製品の共用部分に自動車ならばどのような形状と色のボディを組み合わせ、回転寿司や駅ソバならばどのような寿司ネタや具材をトッピングするかは、商品の注文を受けてから行う。それによって大量生産と多様性の提供を両立しながら、なおかつ顧客の注文にスピーディに応えようとするものである。

### サービス取引は完全延期型

また空間的（場所的）な延期では、生産（加工）の場所を消費者が商品を購入する場所（通常は店舗、場合によっては消費者の自宅などの営業先）に近づけることを「生産の空間的な延期」という。理容・美容、レストラン、交通、教育、音楽・演劇といったサービスの分野などはその典型であり、サービスの生産と消費は同じ場所において、しかも同時（同時並行）に行われているという意味で、時間と空間の両方において「完全延期型」である。

モノの生産においても、生産（加工）後に、鮮魚や総菜のように商品の鮮度劣化が早い場合には、生産（加工）は消費者の購入する時点に向けて延期されているし、鮮度維持のために生産（加工）工場から店舗までの時間距離も短く制限されるので、小売店舗内にて生産（加工）するという空間的な延期も行われている。

### コンビニエンスストアの延期戦略

小売段階の在庫形成の延期には、たとえば、在庫投資（品揃え・仕入れ）の内容および数量の意思決定を、消費者が商品の購入を行う時点に向けて延期するという「在庫投資の時間的な延期」と、在庫の場所を消費者が商品の購入を行う場所（店舗）に近づけていくという「在庫位置の空間的な延期」がある。コンビニエンスストアの在庫投資は両者の典型といえよう。

必要なときに必要な商品を高い鮮度で提供することをめざして、弁当やおにぎり、調理パンなどは一日三便体制のもとに、朝、昼、夕方と実需の発生する時点に合わせて多頻度小口で配送され、さらに店舗の店頭在庫として消費者の面前に陳列して保管されている。

このような多頻度小口の受発注は、荷受け・検品・配荷など店舗でのバックヤード作業のコスト増加をもたらす。また、コンビニエンスストアでは、平均三〇坪の小さな店舗におよそ三〇〇〇アイテムの生活用品を効率よく取り揃えるためには、メーカー別、問屋別の物流ではコストがかさむ。そこで、カテゴリー別や温度帯別に商品をとりまとめた「共同配送方式」が生まれた。共同配送は首都圏における日配品から始まり、牛乳・乳製品、冷凍食品、アイスクリーム、雑貨へと広がっていった。その結果として、牛乳・生鮮・加工肉の「チルド」(五度)、米飯類の「定温」(二〇度)、冷凍食品やアイスクリームなどの「フローズン」(マイナス二〇度)、ソフトドリンク、加工食品、雑貨などの「常温」という四つの温度帯別の共同配送方式が確立されている。

**投機の原理**

製品形態や生産数量の確定を、消費者が商品を購入する時点に先がけてあらかじめ行うことを「生産の時間的な投機」とよび、生産(加工)を行う場所を消費者が商品を購入する場所から遠ざけていくことを「生産の空間的な投機」という。加工食品や日用品などの多くは、規模の経済によるコストの引き下げを行うため、需要状況が確定する前にまとめて見込みで生産する生産の時間的な投機が行われる。さらに、生産拠点についても、賃金や原材料などのコストの安い海外にシフトして、生産の空間的な投機が行われている。

また、在庫投資の意思決定を消費者が商品を購入する時点に先がけて見込みで行うことを「在庫投資の時間的な投機」とよび、在庫の場所を店舗から遠ざけていくことを「在庫位置の空間的な投機」という。食品スーパーが扱う加工食品や日用品のPB（プライベート・ブランド）商品などの在庫投資の投機は、この典型であるといえよう。この場合、大量に見込みでまとめて仕入れる在庫投資の時間的な投機によって、仕入れコスト（製品の仕入れ価格や取引費用）の引き下げを図り、さらに、かさばる商品については保管コストの安い海外で在庫するという在庫位置の空間的な投機が行われている。

## サプライチェーン・マネジメント（SCM）

サプライチェーンとは、原材料や部品の供給業者から、製造業者、卸売業者、小売業者、消費者（最終需要者）にいたる「供給活動の連鎖」のことである。

在庫投資の時間的な投機は、需要状況が確定する前に見込みで仕入れを行うため、売れ残りや販売の機会損失（売り逃し）のリスクがともなう。

それに対して、在庫投資の時間的な延期は、需要の動きに合わせて仕入れるべき製品とその発注量をいわば即時的に決定し、仕入れし、販売しようとするものであり、売れ残りリスクと販売の機会損失リスクを限りなく減らそうとする対応である。さらに、在庫投資の時間的な延期は、売り手が見込みで発注した製品在庫を消費者に向けてプッシュする「販売者起点」（あるいは売り手主導）の販売政策ではなく、消費者のプルする製品を仕入れて販売しようとする「消費者起点」(あるいは買い手主導)の販売政策であるともいえよう。

そこで、小売サイドが在庫投資の時間的な延期の方向に動くとき、生産者や卸売業者といった商品の供給・納品業者(ベンダー)が一方的に製品を抱え込むかたちになると、商品の売れ残りリスクは小売サイドから供給・納品サイドにシフトされるだけとなり、サプライチェーン全体としての販売リスクの削減にはつながらない。また、供給・納品サイドが売れ残りリスクを避けようとして生産活動や中間在庫を減らし、小売サイドの発注に対して即時に対応できないと、小売サイドは販売の機会損失リスクを背負い込むことになる。

個別企業の最適化は、サプライチェーンの全体最適化にはつながらない。在庫投資の時間的な延期が、売れ残りリスクの削減と同時に、販売の機会損失リスクを削減するためには、小売サイドと供給サイドとの双方が連携して、生産・配送・販売の効率的なサプライチェーンを構築する必要がある。

そのためには、小売業者が保有する販売情報をリアルタイムでメーカーあるいはベンダーと共有すると、供給・納品業者は製品の売れ行きと在庫を確認しながら出荷ができ、単品別にきめ細やかな生産計画を立てることができる。そのため、そうした販売情報の共有によって、需要変動のリスクに対応するためのパイプライン在庫をサプライチェーン全体として減らすことができる。すなわち、「在庫を情報で代替」することが可能となる。

## リーン・アジル・リージル

サプライチェーン・マネジメント（ＳＣＭ）の分野では、「リーン」と「アジル」という概念が議論になっている（Christopher, 2000）。ここで、「リーン」（lean）とは「無駄のない」ことを意味し、トヨタのジャスト・イン・タイム・システムのように在庫の無駄を省くことに焦点をあてた「リーン生産方式」との関連で用いられる概念である。他方、「アジル」とは「俊敏な」という意味で、市場における需要の数量的、質的、内容的な変化に生産を伸縮的に対応させる「伸縮的な生産システム」（flexible manufacturing system）に由来する概念である。それは、顧客への納品リードタイムの短縮化という意味での「速度」（speed）に焦点を置くやり方とは異なっている点に留意すべきである。(注3)

クリストファー（Christopher, 2000）によれば、ＳＣＭにおいて「リーン型」と「アジル型」のそれぞれのアプローチが有利となる条件が明らかにされている。①市場における需要の変動が小さいか、または需要予測が可能である、②製品バラエティに対する要求水準が低い、さらに、③製品に対する需要の規模が大きい、という三つの条件を満たすような場合には、「リーン型」が有利である。しかし、製品の需要予測が困難である場合、さらに製品バラエティに対する要求水準が高い場合には、アジル型が有利とされる。

しかしながら、ＳＣＭとして、リーン型かアジル型かの二者択一ではなく、在庫の無駄を省いたリーンで、なおかつ市場動向の変化に俊敏に対応するアジルな仕組みづくりが理想である。すなわち、両者のハイブリッドである「リージル」（leagile）とも称されるリーン型の要素を取り入れたアジル型のサプライチェーンの構築が妥当な姿であろう。
クリストファー（Christopher, 2000）の上記の条件に照らしていえば、最終製品に関する実需が届くサプライチェーンの下流段階までは、実需に即して在庫の無駄を省くリーン型の在庫形成を採用し、それより上流のサプライチェーンでは、需要予測をもとにして市場需要の変化に俊敏に対応するアジル型の在庫形成がふさわしいといえる。その場合、サプライチェーンの上流部分では、需要予測の困難性に対応するために、最終製品の形態での生産や在庫を行うのではなく、衣料品ならば、染色前の状態で在庫形成を図り、シーズン途中で人気の色が変化した場合にも即座に対応できるような延期的な在庫形成が必要となる。

ファストファッションのSCMで成功を収めている企業に、スペインのアパレルメーカーのザラ（ZARA）がある。ファードウズほか（Ferdows et al., 2004）によれば、ザラは、新製品を頻繁に少量ずつ生産し、すばやく店舗に納品する超高速のサプライチェーンを構築している。従来のアパレル業界では、何カ月もかけて来シーズン用の製品の用意を行うのが通例だったが、ザラはわずか一五日間でデザインから製造、流通までを完了し、全世界で展開するザラの店舗に最新作を陳列しているといわれている。

さらに、ザラでは商品を生魚や軟弱野菜のような「生鮮品」のように扱っており、店頭での商品の「鮮度維持」のため、新製品を絶え間なく少量ずつ流通させるフロー型の販売システムをとり、二〜三週間で売れなかった商品は他の店舗にローテーションさせるというかたちで、店頭に陳列されている商品の「鮮度感」に気を配っているといわれている。

## 3　マッチング・ビジネスの仕組み

さて、市場メカニズムの解明という点で、サプライチェーン・マネジメントと並んで見逃すことができないのが、マッチング・ビジネスの台頭である。需給のマッチングの多くは、これまでオフライン（リアル）の流通業者（卸売業者や小売業者）によって担われてきた。しかし、近年、インターネットを利用したeコマースが広がっていくなかで、オンラインのデジタル・プラットフォーム企業によるマッチング・ビジネスの比重が高まり、需給のマッチングの仕組みに大きな変化が生じている。

スマートフォンとワイヤレス・ネットワークの普及によって、インターネットを経由した商取引が急速に拡大し、消費者は、アマゾンや楽天市場などオンラインのマーケットプレイスにアクセスして、書籍から家電製品、衣料品、日用品、生鮮食品まで、さまざまな商品を購入している。また消費者は、「楽天トラベル」、「じゃらん」、「エクスペディア」、「ブッキングドットコム」、「トリップ・アドバイザー」などのオンラインの旅行代理店や、「食べログ」や「ぐるなび」などのレストラン検索・予約サイトにアクセスして、旅行やホテル、レストランの予約を行っている。

近年では、デジタル情報通信技術とアルゴリズムの発展によって、マッチングにともなう膨大なデータをやりとりする能力が飛躍的に高まり、従来よりもシンプルに、安くスムーズに需給のマッチングが可能となっている。日常生活における需給の調整が、急速に台頭するマッチング・ビジネスによって支えられ、われわれはそのことによって大きな恩恵を被っているのである。

### プラットフォーム・市場・マッチング

第5章4節で説明したように、「プラットフォーム・ビジネス」とは、異なるサイド（種類）のグループの「交流」に利用される「場」としてのプラットフォームを提供し、異なるサイドの利用者の交流によって両サイドに価値を生み出し、その見返りとして利用者から利益を得るというビジネスである。

ここで「交流」は、広い内容を含むことに留意しよう。「交流」の内容が「売り手と買い手の商取引（売買）」という場合には、「プラットフォーム」は「場としての市場」を意味することになる。しかし、「プラットフォーム」は「市場」と同義ではなく、本来、市場よりも広い概念である。また、市場での商取引（売買）では、売り手が買い手だけから利益を得るシングルサイド・ビジネスである。プラットフォーム・ビジネスは、異なるサイドの利用者から収益を得るマルチサイド・ビジネスであり、多様な複数の収入源をもっている。この点でも両者は異なっている。

また、「交流」の内容が「マッチング」（需給の斉合）の場合には、プラットフォーム・ビジネスは、マッチング・ビジネスを意味することになる。本章では、需給のマッチングに焦点をあてているため、プラットフォーム・ビジネスのうちでマッチング・ビジネスに注目する。

## マッチング・ビジネスの分類

デジタル・プラットフォーム企業によるマッチング・ビジネスにはさまざまなものがある。その内容は、大きく分けて、検索・予約サービスを提供するウェブサイト、多様な商品を総合的に提供するマーケットプレイス、取扱商品を限定したマーケットプレイス、フェイスブックやLINEなどのSNS（ソーシャル・ネットワーキング・サービス）を提供するウェブサイトがある。以下では、それらを分類・整理しておくことにしよう。

まず第一のタイプとして、実際の取引を完了するところまでをサポートするのではなく、あくまでオンラインで商品特性や価格を比較する情報を提供することに目的を絞った「限定サービス型」のマッチング・ビジネスがある。

それらは取引をめぐる情報の流通に機能を限っているため「情報仲介業者」（infomediary）とよばれている。サイトにアップされている情報は、商品を提供する供給者自身によるものだけでなく、商品の過去の利用者や専門家による情報にもアクセスすることが可能となっている。こうしたプラットフォームは、広告収入やユーザー課金を収入源としている。

第二のタイプとして、インターネットを使ってホテルの宿泊、旅行、食事などの検索や予約をする場合、予約サイトは情報を提供するにとどまらず、予約から決済までのすべてを提供する「フルサービス型」のマッチング・ビジネスがある。このタイプのなかには、サービスがプラットフォーム企業のサイトにおいて提供されるケースと、商品供給者の自社専用サイトで行われるケースとがある。

第三のタイプとして、特定の商品の検索や予約のほかに、アマゾンやイーベイ（eBay）、ヤフー、楽天などが展開するインターネット・マーケットプレイスのように多様な製品を対象とした総合的なプラットフォーム・ビジネスがある。このようなプラットフォームは、マーケットプレイスへの出店者を潜在的な利用者につなぐ仲介業者の役割を担い、商品の配送サービスはプラットフォーム企業が行う場合と、出店者自身が行う場合とがある。プラットフォーム企業の収入源は、出店料、手数料、広告収入、ユーザー登録への課金などから構成されている。

第四のタイプとして、取扱商品を限定したプラットフォーム・ビジネスがある。そのなかには、音楽配信、動画配信、アプリ、電子書籍などのコンテンツ系のプラットフォームから、動画の共有・配信、位置情報などを提供するシェア系のプラットフォームがある。さらに、ＳＮＳやソーシャル・ゲームを提供する多様なソーシャル系のプラットフォームの形態が存在する。

## マーケットプレイスの運営

プラットフォーム企業にとって、インターネット・マーケットプレイスを運営する際に、商品を仕入れてそれを「再販売」することで、買い手から利益を得るシングルサイドのビジネス・モデル、すなわち「商業者モデル」（merchant model）を採用するか、あるいは自らは商品の所有権を取得せずに、売買マッチングを担当することで、売り手と買い手の両方から利益を得るマルチサイドのビジネス・モデル、すなわちの「エージェンシー・モデル」（agency model）を採用するかの選択は重要な課題である。

食品スーパーやコンビニエンスストアなどは、オフラインの販売においてもオンラインのネット販売においても、再販売を業務とする「商業者モデル」を採用している。ネット販売を行っている企業のなかには、従来の商業者モデルというビジネス・モデルにインターネットをプラスしただけの「純粋な商業者」(pure merchant) のビジネスが多数存在している。

また、イーベイのようにオンラインのマーケットプレイスを開設して売買マッチングを担当しているが、再販売の業務は行わない「純粋なエージェンシー・モデル」(pure agency model) も存在している。

さらに、アマゾンの場合は、書籍のオンライン販売では再販売を業務とする「商業者モデル」からスタートした後に、イーベイにならってさまざまな商品のマーケットプレイスを開設し、売買マッチングを担う「エージェンシー・モデル」のビジネスも同時に進めている。そのため、現在では楽天と同様に、商業者とエージェントの両方でビジネスを展開するという「ハイブリッド・モデル」のスタイルをとっている。

アマゾンは、生鮮食品の販売まで手がけ、The Everything Store を標榜して、可能なあらゆる商品を扱うＥＣサイト展開をめざしており、「アマゾン・エフェクト」とよばれるように既存の小売業にとって大きな脅威となっている。

アンドレイ・ハギウとジュリアン・ライト (Hagiu and Wright, 2015) は、商業者モデルとエージェンシー・モデルの基本的な違いは、不完備契約のもとでの販売をめぐる重要な項目（価格、広告、顧客サービス、受注管理など）をコントロールする権限が、プラットフォーム企業にあるのか、商品の供給者にあるのかという点にあるのかに着目している。かれらは、そうした権限がすべてプラットフォーム企業の側にある場合が「純粋な商業者モデル」のケースに相当し、それらがすべて商品の供給者側にある場合が「純粋なエージェンシー・モデル」のケースに相当すると考えている。

## 商業者とエージェントの選択

そのような見方から、ハギウとライトは、プラットフォーム企業による商業者モデルとエージェンシー・モデルの選択を分析して、次のような結論を導いている。

(1) プラットフォーム企業（あるいは供給者）の方が販売情報の面で優位にある場合には、プラットフォーム企業は商業者（エージェンシー）モデルを選択するのが有利である。

その例として、アップルが音楽販売では商業者モデル、アプリの販売ではエージェンシー・モデルを採用しているのは、音楽に比べてアプリの販売情報については供給者側が情報面で優位に立っているからだと説明している。

(2) マーケティング活動のスピルオーバー効果が製品間で大きく働く場合には、プラットフォーム企業はマーケティング活動を独立の供給者に委ねるエージェンシー・モデルではなく、それを統一的にコントロールできる商業者モデルが有利である。

図 11－3　ビジネス・モデルの選択

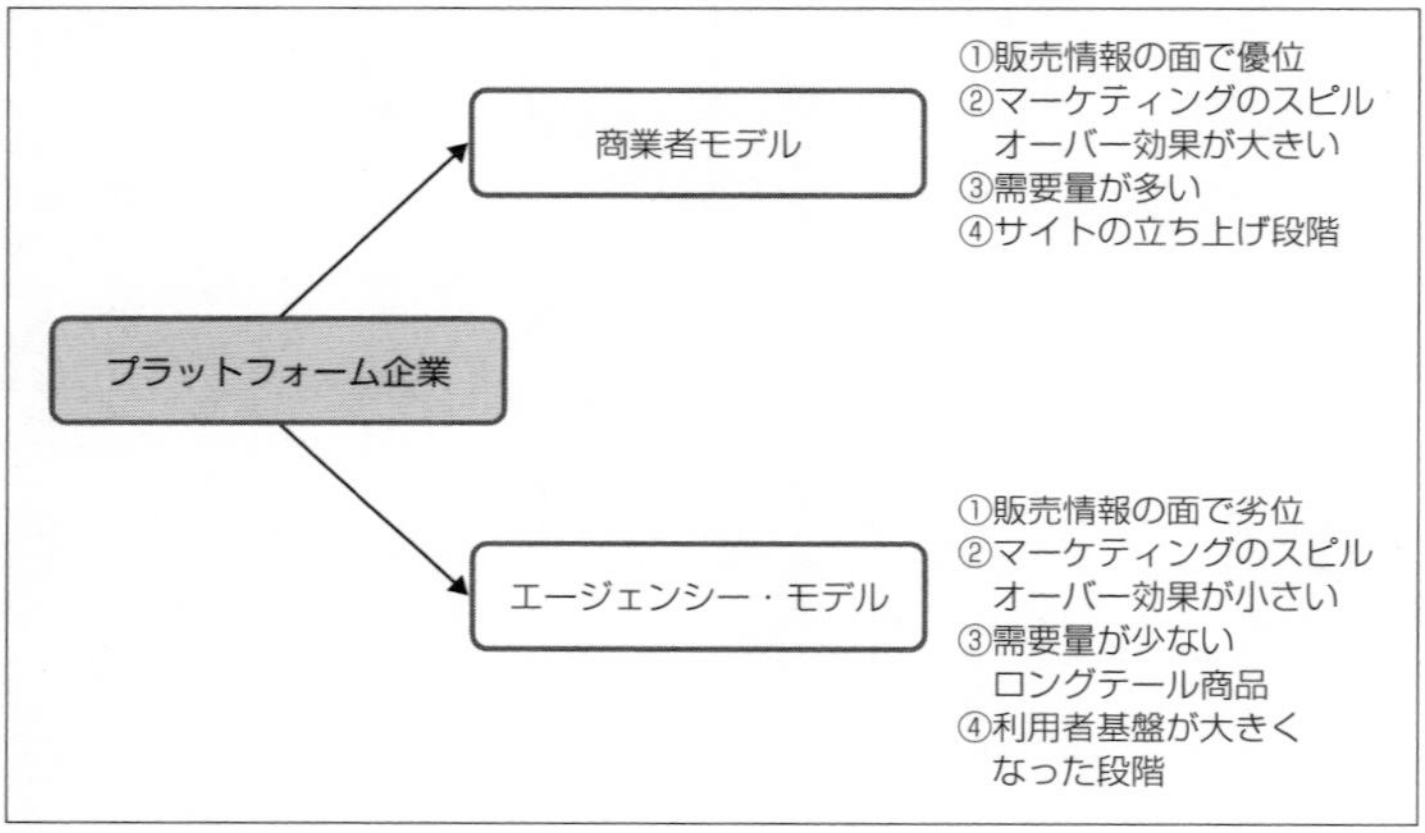


(3)　需要量の多い（少ない）商品については、流通インフラ設備の規模経済による費用の低下が生かせる（生かせない）ため、商業者（エージェンシー）モデルが有利である。

すなわち、プラットフォーム企業が、個々の需要量は少ない広範囲のロングテール商品を扱う場合にはエージェンシー・モデル、需要量の大きな製品に焦点を絞って販売する場合には商業者モデルを選択するのが有利である。

さらに、魅力的な商品を扱う店舗が出店しているマーケットプレイスには、多くの買い手が集まり、多くの買い手の集まるマーケットプレイスには、多くの魅力的な店舗が出店するという現象が生じる。プラットフォーム・ビジネスでは、このような間接ネットワーク効果が働くため、「店舗の充実のためには、多くの買い手が集まっていなければならない」、しかしながら、「多くの顧客を集めるためには、店舗が充実していないといけない」というように、マーケットプレイスにおける店舗の充実と集客数の増加には、にわとりと卵の関係と同じように、どちらが先に必要なのかという「チキン&エッグ」の問題が存在している。

(4) そうしたチキン&エッグの問題を考慮するならば、プラットフォーム企業は、アマゾンのように、まずは自らによる商業者モデルからスタートして、プラットフォームの利用者基盤が大きくなってきた段階において、エージェンシー・モデルにスイッチすることが有利となる。

### マーケットプレイスの仕組み

プラットフォーム企業が、商取引を円滑化することによって価値を生み出し、マーケットプレイスが成長・発展していくメカニズムは次のように表せる。

①まず「品揃えの充実」を図る。そうすると、商品が豊富で選択肢が増えるので、②プラットフォームを利用する顧客にとって「顧客価値」が高まる。その結果、③「来店客数」が増加する。そのため、④来店客数の多いプラットフォームへの「売り手の数」が増加する。それが①の「品揃え」の拡大につながる。さらに、「売り手の数」の増加によって、プラットフォームの販売規模が増加すると、⑤「規模の経済」によって「コストの低下」が生まれる。さらに、⑥売り手の増加による売り手間の「競争」を通じて「価格の低下」が導かれる。それが②の顧客価値の増大につながっていく。

このようなメカニズムがスムーズに働くために、プラットフォーム企業はさまざまな仕組みを考案している。まず、起点となる①の品揃えの増加をいかに図るかという点は、プラットフォーム・ビジネスに固有の「チキン&エッグ」の問題である。この問題を解決するため、プラットフォーム企業は、アマゾンのように自身が商品を仕入れて再販売する「商業者モデル」からスタートして、来店客数が増加するにつれてマーケットプレイスを「エージェンシー・モデル」に移行し、他の売り手の出店によって品揃えの増加を導く方法がある。この点は、家庭用テレビゲームの販売にあたって、任天堂がゲームソフトの自社開発でソフトの充実を図り、それによってファミコンの普及への足がかりをつくり、その後にサードパーティによるソフトの供給を促したことと共通している。

②の顧客価値の増加という点で、商品が豊富で選択肢が増えるというだけでは、かえって干し草のなかから針を探すというフリクションをともない顧客価値の増加にはつながらない。このため、顧客が何十万もの商品のなかから、買いたいものを見つけやすくして顧客価値を高める工夫を試みている。その内容として、利用者の購買履歴やチェックした検索履歴のビッグデータをもとに、特定の利用者の心理や行動パターンをAIで分析して、利用者の嗜好に合わせたリコメンデーション(推奨)の提供があげられる。協調フィルタリングという手法を使って「この商品を買った(チェックした)ひとは、こんな商品も買って(チェックして)います」というふうに、マーケットプレイスが提供する関連商品のリストアップなどがそれである。

③の来店客数の増加という点で、プラットフォーム企業が自分自身で広告活動を行うのではなく、既存顧客の購買体験を口コミとして掲載したり、顧客自身によるランキングやカスタマーレビューを

活用したりして、自社広告への代替も試みられている。さらに、既存顧客のリピート購買を促進するためのポイントの付与や、購買履歴・検索履歴にもとづくターゲット広告が展開され、来店客数の増加を促進する工夫がなされている。

④の売り手の出店の増加によって品揃えの増加を導くという点では、プラットフォーム企業が余分な在庫をもたなくても、さまざまな売り手が、ロングテール商品とよばれる個々の商品の需要量は少ない幅広い商品（たとえば、絶版となった中古本など）を提供してくれることによって、マーケットプレイスでの商品数を増やせるという利点がある。そのことにより、売れ筋商品だけではなく、そうした商品へのアクセスの機会を提供する点で、顧客にとっても利点となっている。

⑤の規模の経済は、倉庫の自動化への投資を導き、自走式ロボットによる棚入れ、棚出しの高速化・効率化によって、在庫・保管業務のコストの低下を導いている。さらに、ネット通販のボトルネックである商品の配送というラストワンマイルへの対策として、既存の小売企業を買収し、配送拠点として利用するため、実店舗への投資が促進されている。

⑥の売り手の増加による競争を通じた価格の低下という点で、プラットフォームの最優遇顧客(Platform Most Favored Customer: PMFC）条項という取引条件がある。それは、当該プラットフォームで販売する売り手に対して、他のプラットフォームと同等以上に有利な条件を最終的な買い手である消費者に提供しなければならないというものである。現在、ＰＭＦＣ条項は国際的に注目を集めており、競争に与える効果について理論分析が盛んである。(注4)

## 4　広がるオークション

### ワルラス模索過程の再考

ワルラスは『純粋経済学要論』(Walras, 1874) のなかで、よく組織された市場において、競争がどのように働くかをパリの証券取引所の取引で例示した。そうして、かれは、①競売人が叫んだ価格に対して、買い手と売り手がそれぞれ需要量と供給量を提示し、市場全体として集計された総需要量が総供給量よりも大きいならば (小さいならば)、競売人はその商品の価格を引き上げる (引き下げる) という価格調整を繰り返し、②総需要量と総供給量が一致してはじめて取引が成立するというワルラス式のオークション (競売) を想定した。すなわち、第2章2節で説明した「模索過程」(タトマン：tâtonnement) とよぶ需給調整の方式である。

それに近いものは、日本の場合、東京証券取引所 (東証) の前場および後場に始値と終値を決定するときに用いられる「板寄せ方式」という取引に見ることができる (根岸、一九八五、一三四～一三八頁)。しかし、取引所の売買のルールを調べてみると、それは板寄せ方式に似ているということであって、取引の実態そのものではない。あくまでも模索過程は、競争的な市場均衡 (ワルラス均衡) を得るためにワルラスが考案した虚構である。

## オークションの方式

とはいえ、需給調整の方式として、オークションは長い歴史をもっている。ヘロドトスによれば、紀元前五〇〇年ごろ、メソポタミアの古代都市バビロンには、結婚を前提としたうえで、結婚年齢にある女性を売買するオークションが年に一度開催されていたという。また、古代ローマ人は、通常の商取引の一部にオークションを用いていたという。どのようなやり方でなされていたか、その詳細は不明だが、「オークション」という用語は、ラテン語 auctus（増加）に由来するというから、「価格を競り上げてゆき、最高値を付けた買い手が落札するというかたち」であっただろうと思われる（Cassady, 1967, p. 28）。

オークションの方式には二つのタイプがある。ひとつは「公開型のオークション」であり、入札者は、落札者が決まるまでの価格の動きを観察できるというものである。このタイプの代表には、①「イングリッシュ・オークション」と②「ダッチ・オークション」がある。

「イングリッシュ・オークション」は、古代ローマの時代にもあった古典的なスタイルで、競売人が基準とする最低価格からはじめて、セリの間に価格をしだいに引き上げていき、最後に最高値を付けた入札者がその価格で落札する方式である。「ダッチ・オークション」は、それとは逆に、競売人が設定した高価格からスタートし、セリの間に価格を引き下げていき、最初に「買い」の意思表示をした入札者がそのときの価格で落札する方式である。

ロンドンの古美術街は、セント・ジェームズとメイフェアの界隈にあり、世界の古美術取引のメッカとなっている。ピカソやルノワールなどの絵画から中国陶磁まで、古美術・骨董品の競売を行うことで有名な老舗サザビーズは一七四四年に設立され、メイフェア地区のニュー・ボンド・ストリートにある。同じく一七六六年に創業のクリスティーズは、セント・ジェームズ地区のキングス・ストリートにオフィスを構え、そのまわりには古美術商が軒を並べている。イングリッシュ・オークションとは、その名のとおり、サザビーズやクリスティーズがアンティークや美術品の競売に用いる競り上げ方式のオークションである。

これらのオークション会社は、美術品・骨董品などの売り手から商品を預かり、買い手を集めてオークションを開催し、商品が売れると仲介手数料を得るエージェンシー・モデルを採用するプラットフォーム企業である。他方、古美術商の方は、美術品・骨董品の「売り」と「買い」を基本としており、商品の再販売による売買差益で利益をあげる商業者である。

また、ダッチ・オークションについては、オランダのアムステルダムにあるアールスメールの花卉市場で行われているので有名だが、日本でも東京の大田や大阪の鶴見、愛知の豊明にある花卉市場でも同様のオークションが行われている。会場には時計の文字盤のような電光掲示板がある。その真ん中に価格が表示され、円周上にならんだライトは一瞬すべて点灯したあと、ひとつずつすばやく消えていき、それが価格の下落を表している。スタンドの席を埋め尽くした買参人はテーブルの端末を使って、商品を競り落としていく。買い急ぐと高値で買うことになり、値下がりを待ちつづけていると他人に商品を奪われる。買参人は、「買うか、待つか」をためらう間もなくテーブルの端末操作を迫られる。

もうひとつは「封印入札型のオークション」というタイプである。入札者は自分の指値を封印して入札する方法で、そのときに他人の指値は未公開のもとで入札が行われる。このタイプの代表には、③「一番価格・封印入札」と④「二番価格・封印入札」がある。

入札者が買い手である場合、最高価格を入札したひとが、最高価格で落札するというのが「一番価格・封印入札」であり、最高価格を入札したひとが、上から二番目の入札価格で落札するというのが「二番価格・封印入札」である。

公共工事の応札のように、入札者が請負業者（工事というサービスの売り手）である場合には、最低価格を入札したひとが落札するケースがある。この場合には、最低価格を入札したひとが、最低価格で落札するのが「一番価格・封印入札」であり、最低価格を入札したひとが、下から二番目の価格で落札するのが「二番価格・封印入札」である。

買い手を入札者とする一般のオークションに対して、このように売り手が供給価格を入札するオークションのことを「逆オークション」（reverse auction）という。

### ヴィックリーの基本定理

以上の四つの方式に代表されるように、買い手を入札者とするオークションにはさまざまなものがある。そのなかで、売り手にとってもっとも好ましいもの、つまり、売り手の期待収入（落札価格の期待値）がもっとも高くなるのはどれか。これは、オークション会社に商品（美術品や骨董のみならず、石油の採掘権や周波数帯の利用権など）の販売を依頼する売り手にとって重大な関心事である。この問題に対して明確な理論的な解答を与えたのが、ウィリアム・ヴィックリーである。

ここで、買い手を入札者とするオークションにおいて、出品されている商品に対する評価額は入札者それぞれにとって異なっており、その評価額は入札者の私的な情報であって、他人には知りえないものと想定する。また、潜在的な個々の入札者の評価額は他の入札者の評価額からは独立で、相互に相関関係がないものと想定する。さらに、入札者はリスク中立的であると想定する。

このような三つの想定のもとで、次のような結果が成立することがヴィックリー（Vickrey, 1961）によって示された。(1)二番価格・封印入札においては、自己の評価額をそのまま入札することが入札者にとっての「(弱) 支配戦略」（他のプレーヤーの戦略のいかんにかかわらず、自分が他の戦略をとるよりも同等以上の利得を自己にもたらす戦略）であること。すなわち、他の入札者の入札額のいかんにかかわらず、自己の評価額を入札することが、自己の利得を最大にする戦略のひとつであること。(2)以上で説明した四つのオークション方式（①から④）のいずれについても、売り手の期待収入は同じである。

したがって、(1)から、二番価格・封印入札を用いると、買い手である入札者は自分の評価額を下回る額を入札せず、評価額をそのまま入札するので、売り手にとっては落札価格を高める好ましい結果になる。このため、ヴィックリーにちなんで、二番価格・封印入札は別名で「ヴィックリー・オークション」ともよばれている。(注5) また、(2)は「収入等価定理」の名で知られるオークションの基本定理でである。そのいずれの結果も、オークションに関するシンプルかつ根本的な原理である。

このような偉大な業績をはじめ、非対称情報とインセンティブに関する経済理論への基本的な貢献によって、ヴィックリーは一九九六年にノーベル経済学賞を受賞した。知る人ぞ知る存在であるかれの受賞に世間は驚いた。さらに驚いたことには、受賞の知らせの三日後に、かれはボストンでの会議に向かって運転する車のなかで八二歳の生涯に幕を閉じたのである。

## ネットオークションの発展

キャサディ（Cassady, 1967）が述べているように、オークションは、さまざまな商品を対象として、古くから用いられてきた。しかしながら、日用品の日々の取引にオークションを用いるには、膨大な取引費用がかかるため、従来から、セリやオークションといえば、古美術・骨董品に加えて、卸売市場における青果や鮮魚の取引、証券取引所の株式の売買のように、その分野のプロ（職業人）のみが参加する取引にその範囲は限られてきた。

しかし、一九九五年にOnsale（後のヤフー）とイーベイがウェブ上でのオークションを開始して以降、インターネット上にオークション・サイトが広がるとともに、これまで以上にさまざまな商品が取り扱われ、さらに、プロだけではなく、ごく一般の消費者が売り手と買い手となって参加するオークションへと広がってきた。(注6)

その背景には、まず、第一に、入札者の入場数に制限のあるオークション会場ではなく、ネット上のオークション・サイトには世界中から入札者が参加（アクセス）できること、第二に、人間のかわりに入札してくれるソフトウェア・エージェント（プログラム）の参加も可能であるため、入札の知識や手間が省けるので一般の人もオークションに参加できること、第三に、オークションを常時開催できるといったことがある。そのため、オークションへの入札者の範囲が広がり、参加者の数が増加してきたと考えられる。

これをオークションにともなう費用の面から眺めれば、①ネットオークションでは、売り手と買い手が特定の場所や時間帯に一堂に会する必要がないことと、入札やその手続きにデジタル技術を用いることで、オークションの実施にともなう「取引費用」が減少したことがあげられる。他方、便益の面から眺めると、②入札者の数や範囲が増加することによって、これまでよりも高い評価額をもつ入札者と出会える機会が生まれて、取引にオークションを用いることの「便益」が高まったことがあげられる。そのため、取引にオークションを利用する機会が高まってきたといえよう。

ただし、そうした近年のオークションの普及は、ワルラスの純粋経済学における市場メカニズムとしての「模索過程」の現実性を肯定するものではない。本節のはじめで説明したように、ワルラスの模索過程は、オークションの一種ではあるが、それは実在するオークションとは別物であり、あくまで「純粋経済学」の構成要素のひとつとしてワルラスが考案した理論上の抽象モデル、市場メカニズムの虚構と理解するのが妥当であろう。

デジタル技術の進展によって、オークションが、市場における需給調整のひとつの方式として、証券市場や卸売市場のみならず、さまざまな商品の取引に用いられるようになってきた。そうしたなかで、経済学の教科書にあるワルラスが描いた模索過程のストーリーを離れて、市場における需給調整メカニズムという観点から、ネット上で新たに考案され、展開されているさまざまなオークションのメカニズムを検討してみることは興味深いことがらであろう。

# 第12章　外部性と取引費用

## 市場は外部性の大海に浮かぶ小島

### 1　市場と外部性

シュンペーター（Schumpeter, 1954）がいうように、外部性をめぐる二〇世紀初頭の論争は、経済分析の進歩がいかに緩慢であり迂遠なものかを示している。確かに、工場の煙突の煙や自動車の排気ガスを指し示して、あれが近隣の住民に与える（マイナスの）外部性だというように、外部性を現象として指摘することはたやすいが、外部性を一般概念として規定することはそれほど容易なことではない。

経済学において、「外部性」（externality）とは、経済主体による生産や消費という活動が、他の経済主体に対して、市場を経由することなく及ぼす影響である、とされている。外部性を定義するにあたって「市場を経由することなく」と表現されるが、市場を経由しないとはどういうことか。市場を経由したり、経由しなかったりするのはどうしてなのか。

ダグラス・ノース（North, 1977）は「経済学および経済史の文献の中で、新古典派経済学の基礎をなす中心的な制度、すなわち市場について、議論がほとんど行われていないことは実に奇妙なことである」（p. 710）と述べている。外部性と市場とは裏腹の関係にあり、外部性を考察することは、市場の編成原理を解明することにつながる。

「外部性とは、市場における経済活動が市場の外にはみだす付随的な効果を生み出してしまう現象」と説明されることもある。はじめに市場が存在して、外部性は市場からはみ出た例外的な現象なのか。むしろ、外部性はあまねく存在する現象であって、市場は、外部性の大海に浮かぶ「外部性を内部化した小島」ではないのか。以下では、このような見方から、市場と外部性の概念から始めて、市場と所有権や取引費用との関係、市場の制度的な基礎に視野を広げ、市場の編成原理へと議論を進めることにしよう。(注7)

**外部性の概念の誕生**

「外部性」の概念は、アルフレッド・マーシャルが提起したもので、『経済学原理』（Marshall, 1890, 1920）のなかで述べた次の記述に由来する。「生産規模の拡大から生み出される経済性は、次の二種類に分類できる。ひとつは産業の一般的な発展に依存するものであり、もうひとつは個別企業の資源や組織、経営の効率性に依存するものである。前者を外部経済（external economies）、後者を内部経済（internal economies）とよぶことができよう」（Marshall, 1920, p. 266）。

たとえば、パソコンの生産量が産業レベルで拡大し、重要なインプットである半導体の需要量が増加すると、短期的には半導体の価格が上昇して企業の費用曲線が上方にシフトする。しかし、長期的には、半導体の産業で大量生産による規模の経済が働き、平均費用の低下が生まれる。それが半導体の価格の低下となって個々の企業の費用関数を下方にシフトさせる。このように、産業レベルの生産量の拡大が各企業の平均費用の低下を生み出すという効果は「マーシャルの外部性」（Marshallian externalities）とよばれるが、それは長期の供給曲線が右下がりになる（価格の低下と供給量の増加が生じる）原因を指摘したものである。

マーシャルの外部性は、生産物（パソコンなど）の生産費用とその部品（半導体など）や原材料の生産費用との間で、要素価格の変動を経由するかたちでの「費用面での補完性」が存在することを指摘したものだと解釈できる。ここで、「費用面での補完性」とは、ある製品の生産量の増加が、他の製品の費用の低下を生み出すことである。要するに、外部性という用語はマーシャルに由来するが、マーシャルの外部性は、規模の経済が産業間を横断するかたちで相互作用することであり、市場価格の変化を経由する企業間の相互依存関係である。

マーシャルの外部性の概念において「外部」という用語は、企業（あるいは産業）の外部のことを意味している。その後、外部性という用語は、以下に見るようにもっと広い意味で使われるようになっている。しかし、マーシャルの外部性という概念は、それまであまり注意が払われてこなかった経済社会の相互依存関係に目を向けたという点で大きな意味がある。

現在では、ピグー（Pigou, 1920）に由来する考え方、すなわち「社会的便益と私的便益の乖離、または社会的費用と私的費用の乖離が生じているとき、外部性が存在している」と論じられることが多い。ここで、社会的費用（便益）とは、経済活動の結果として社会全体が被るすべての直接間接の損失（便益）をカバーする概念である。

## 未払い要素と環境

このような方向に外部性の議論を導いたのは、養蜂家と果樹園との有名な寓話の作者で、一九七七年にノーベル経済学賞を受賞したミードである。かれは論文（Meade, 1952）において、外部性を「未払い要素」（unpaid factors）と「環境」（atmosphere）という二つのタイプに分類し、外部経済・不経済を数式によって定式化している。

ミードの寓話によれば、リンゴの花がたくさん咲くことによって、蜂蜜の生産量が増加することになり、他方で、養蜂家の巣箱から放たれるミツバチによる授粉によって、リンゴが実るというように、養蜂家と果樹園との双方が便益を与え合っているのに、それらの便益には対価が支払われていない。すなわち、ミツバチが手助けする授粉（リンゴの生産要素）やリンゴの花から受けとる花蜜（蜂蜜の生産要素）は「未払い要素」となって、外部性が存在しているというのである。

ミードは、外部性のもうひとつのタイプとして「環境」があるという。その事例として、小麦を栽培する農村地帯に降る「雨」をあげている。雨は小麦の発育にプラスの影響をもたらすが、農家は降雨の支払いをしていないため、降雨は未払い要素となっている。

しかし、農家にとっての雨は、先の事例にある養蜂家にとっての未払い要素（果樹園から受け取る花蜜）とは違っている。というのは、養蜂家が蜂蜜の生産量を増やすためには、リンゴの生産量が増加して花蜜（未払い要素）も増加しなければならない。しかし、農家が小麦の生産量を増加するには、ある一定の限界までは降雨量は一定でもよいという点と、降雨はその地域のすべての農家にとって共同利用可能という点である。

以上、ミードの貢献は次の二点にある。ひとつは、外部性を「未払い要素」と規定した点であり、もうひとつは、外部性のタイプの区分、すなわち、①経済活動の直接的な依存関係に関するもの（ミードはこれを「未払い要素」とよんでいる）と、②「環境」を介した経済活動の依存関係に関するもの（環境外部性とでもよびうるもの）に区分した点である。

ミード自身が認めているように、こうした区分は論理的に完全なものではない。しかし、外部性という用語が、大気汚染をはじめとする環境外部性にかかわることがらから、企業と企業、企業と消費者、消費者と消費者との間の経済活動の直接的な相互依存関係まで、きわめて多様な現象を含むため、「現象」としての外部性を類型化するうえで、こうした二分法は有益であり便利である。

**外部性の定義**

ミードの議論は、ボーモルとオーツ（Baumol and Oates, 1975）によって一般化されている。かれらは、外部性の存在を特徴づける条件として、次の三つの条件をあげている。

（条件1）ある主体Aの効用や生産量が、他の主体Bの行動に依存していること。

（条件2）主体Bは、主体Aへの影響を考慮することなく自己の行動を選択していること。

（条件3）主体Aは、主体Bの行動から受ける便益（あるいは費用）に対して、それに相当する金銭をその見返りとして主体Bとの間で授受していないこと。

ここで、（条件1）は「経済活動の相互依存関係」の存在を示しており、（条件2）は相互依存関係を「経済計算の考慮外」に置いていること、（条件3）は「対価の未払い」を示している。したがって、かれらの外部性を特徴づける条件は、基本的にはミードの議論に沿ったものであるといえるだろう。

以上の議論をもとに、本書では、外部性について次のような定義を設けることにしよう。「外部性とは、経済主体の相互依存関係のなかで、ある主体の行動が、他の主体に対して意図せざる経済効果（費用・便益）を、対価をともなうことなく与えている状況」と定義する。また、そうした経済効果のことを「外部効果」と定義する。

スマートフォンへの加入を例にとって、この外部性の定義を説明しておこう。ある人がスマートフォンに新規加入することは、他のすべての利用者にとって、コミュニケーションの機会を広げるという有利な効果をもたらす。しかし、新規加入者は、そうした他のすべての利用者に便益が及ぶことを考慮せずに加入するか否かの決定をしており、さらに他の利用者から追加的な便益の対価として金銭を得るということもない。したがって、上記の定義に従うならば、スマートフォンに新規加入するという行動（より一般的に、ネットワーク商品の消費）には、外部性が存在していることになる。

### 外部効果の内部化

外部効果が存在しているときに、適切な手段によって「意図せざる（見過ごされてきた）費用・便益を経済主体の経済計算の内に含ませ、その対価を授受する仕組みを作ること」を外部効果の「内部化」（internalization）とよぶ。

以上の「内部化」という用語には、二重の意味があることに注意してほしい。ひとつは「経済計算の内に含む」ということである。この点からすれば、外部効果の「外部」とは、その効果が「経済計算の考慮の外」にあることを意味する。二つめは「対価のやりとり」ということである。市場取引とは、対価の支払いと受け取りをともなった財・サービスの取引のことであるから、この点からいえば、外部効果の「外部」とは、その効果が「市場取引の外」にあることを意味している。

経済学で議論されているように、外部効果を内部化する方法には、①外部効果を取引する市場を新たに作り、市場取引を通じて内部化する方法、②ピグー流の税金・補助金などを手段とした公的規制によって内部化する方法、③コース（Coase, 1960）がとりあげた当事者間の自主的交渉によって内部化する方法がある。

しかし、現実を観察すると、外部性は、企業と消費者、企業と企業、消費者と消費者との間の多様な状況のもとで存在しており、さらに外部性の内部化も、以上の三つの方法に限らず、多岐にわたっていることがわかる。

**外部性へのビジネスの取り組み**

ビジネスの現場に目を転じると、企業と企業との間には、価格や製品、販売促進に関する意思決定の面で潜在的に各種の外部性が存在している。それらが企業の意思決定の歪みを導き、取引の効率性や経営効率を低下させる原因となっている。流通の経済分析によって明らかにされてきたように、企業の合併や垂直的制限、各種の契約といったビジネスの取り組みは、そのような外部性を内部化するための手立てとして理解することができる。

第8章3節（市場の垂直構造と垂直的制限）において説明したように、企業と企業との間には、垂直外部性や水平外部性の問題が存在しており、それらは企業間の垂直的制限や契約という取り組みによって内部化することができる。

市場の垂直構造に注目すると、商品がメーカーから消費者にいたるまでには、卸売業者や小売業者といった流通業者が介在している。そのとき、小売業者による価格の引き上げは、小売段階の需要量の減少を通じて小売業者の販売量の減少を導くだけでなく、その上流に位置する卸売業者とメーカーにとっても販売量の減少というマイナスの「垂直的な外部効果」をもたらす。しかし、小売業者はこうしたマイナスの外部効果を考慮することなく、自己の利益のみを考慮して価格を決定する。そのとき小売業者の設定する小売価格は、メーカーと卸売業者、小売業者からなる流通チャネル全体の利益を最大化する水準よりも高くなり、そのことによって消費者も不利益を被ることになる。

また、小売業者の提供する流通サービスについても、その増加は、小売業者の販売量の増加を導くだけでなく、その上流に位置する卸売業者やメーカーの販売量の増加というかたちでプラスの「垂直的な外部効果」をもたらす。しかし、小売業者はプラスの外部効果を考慮することなく、自己の利益のみを考慮して流通サービスを決定する。このため、小売業者の提供する流通サービスは、流通チャネル全体の利益を最大化する水準よりも低くなる。こうした流通サービスの低下は、消費者にとっても不利に作用する。

以上のような流通チャネルにおける垂直外部性は、第8章3節で示したように、垂直統合（メーカーによる小売直営店の採用）によって内部化することもできるが、そのほかにもメーカーが標準小売価格と二部料金制との組み合わせをはじめとするさまざまな垂直的制限を用いることによって外部性を内部化し、チャネル全体の利益の最大化を達成することもできるのである。

近年では、インターネットと各種の検索サイトの普及によって、小売業者による商品の説明や実物展示（あるいはネット上の販売サイトにおける商品のデモンストレーションによる情報提供）などの販売サービスが、安売り店によってただ乗りされ、当該店舗や販売サイトの販売には結びつかないことが深刻な問題となっている。すなわち、実物展示をしている店舗は、販売をともなわないショールームとなる「ショールーミング現象」である。これは小売業者による販売サービスが、他の業者の需要を拡大する「水平的な外部効果」の問題である。

第8章3節での説明をもとにすると、フランチャイズ契約では、このような垂直・水平レベルの外部性を内部化するための仕組みが盛り込まれていることがわかる。そのひとつは固定的なフランチャイズ料の設定である。メーカーと流通業者との垂直的関係と同様に、本部と加盟店の関係においても、価格や販売サービスについての垂直外部性の問題が生じるが、フランチャイズ料をともなう二部料金制が、そうした垂直外部性の問題を解消するための仕組みとして機能していることがわかる。

また、フランチャイズ・チェーンにおいて採用されているテリトリー制のもとでは、フランチャイズ料と仕入価格の二部料金制を用いることによって、加盟店の間の販売サービスの水平外部性（ただ乗り）にともなう意思決定の歪みを解消し、フランチャイズ・システム全体の利益を最大化する仕組みとして機能していることがわかる。

さらに、コンビニエンスストアなどのフランチャイズ・システムでは、仕入れの代金と固定的なフランチャイズ料に加えて、売上高の数%あるいは粗利益の数十%をロイヤルティとして支払うという「ロイヤルティ契約」が採用されている。フランチャイズ・システムは本部と加盟店との協働システムであり、本部が行う商品開発やブランド・ネーム投資と加盟店の行う店頭における販売促進努力が、ともに本部と加盟店の利得を規定することになる。このため、これらの販売努力の意思決定において垂直外部性が存在し、本部と加盟店が適切な販売努力を行うためのインセンティブ・システムを設計する必要がある。この点で、ロイヤルティ契約はそうした問題への手立てとして機能していることがわかる。

### 補完合併による内部化

パソコンとソフトや周辺機器（プリンターなど）、スマートフォンと通信サービスや各種のアプリのように、補完的なコンポーネント製品を組み合わせてシステム製品として利用するのが日常的となっている。これらの製品はハード製品だけでもソフトウェアだけでも機能しない。ハードとそれに適合したソフトが組み合わされてはじめて機能する。そのため補完製品については、ハードの需要の拡大はソフトの需要の拡大をもたらすとともに、ソフトの需要の拡大はハードの需要の拡大を導くことになる。

ここで、システム製品の需要量は、組み合わせて使用される補完製品の合計価格に依存している。たとえば、補完製品として製品Aと製品Bが存在し、消費者はこれらを一対一で組み合わせて購入するものとすると、各製品の需要量は二つの補完製品の「価格の合計」に依存することとなる。ここで、製品Aの価格を引き上げると製品Aの需要量が減少するだけでなく、システム製品の価格の上昇を通じて、製品Bの需要量の減少というマイナスの外部効果をもたらす。ここで、製品Aが企業Aにより供給され、製品Bが企業Bによって供給されているときには、企業Aによる製品Aの価格の引き上げは企業Bの利得にマイナスの外部効果を与える。企業Aはそうしたマイナスの外部効果を考慮することなく、自己の利潤を最大化するように価格を決定すると、価格は企業Aと企業Bの利潤の合計額を最大化する水準よりも高めに設定されることになる。このように、システム製品を構成する補完製品については、価格決定の側面で外部性が存在し、それが価格設定の歪みを引き起こす。

第1章1節で指摘したように、補完関係にある企業Aと企業Bが合併（補完合併）して、共同利潤を最大化するように価格を決定すると、企業の利潤が高まるだけではなく、価格の低下を通じて消費者の便益も高まることになる（Cournot, 1838, Chapter 9）。

さらに、システム製品の品質は、ちょうど、桶に貯めた水の量がその側板のもっとも低い高さに定まるように、システム製品を構成するすべての補完製品の品質のなかの最低レベルの水準に決まるという重要な性質がある。このため、補完製品の品質の決定にも外部性がともなっていることになるが、「補完合併の経済性」という社会的なメリットは、このような補完製品の品質を選択する場合にも妥当することが確認できる。(注8)

これらの結果は、補完企業の価格や製品の意思決定に見られる外部効果が企業合併によって内部化され、意思決定の歪みが解消されることを意味している。

### 市場のダイナミズムの動因

第5章4節で説明したように、消費の外部性は、消費から得られる便益（利得）が、他の消費者の消費によって影響を受けることである。そのひとつとして、デューゼンベリー（Duesenberry, 1949）が指摘した「デモンストレーション効果」のように、近隣の家計の消費パターンが他の家計の消費に与える影響がある。家電製品や自動車、最近では新型スマートフォンの普及プロセスなどには、隣人と張り合う消費者心理（プラスの外部効果）が働いて、「消費が消費をよぶ」という需要の自己増殖効果が生まれる。

また、スマートフォンのようなネットワーク商品には、利用者数が増加するにつれて商品の利用価値が高まる「直接ネットワーク効果」という外部性が存在する。N人からなる「星形ネットワーク」を考えると、ひとりの利用者の追加は自分からN人への通信、N人から自分への通信というかたちの合計で2Nのアクセスの可能性を追加的に生み出す。こうした便益の追加は利用者数（N）の増加関数であるから、利用者数が増加するにつれて製品の利用価値が増加する。このため、「普及が普及をよぶ」というプラスの外部効果が働く。

さらに、ハードとソフトのシステム製品については、ハード（プラットフォーム製品）の機能の向上がソフトの価値を高め、ソフトの機能の向上やバラエティの充実がハードの価値を高めるという相乗効果が働き、それらがシステム製品の価値を累積的に高める効果をもっている。さらに、ハードが普及し、その利用者基盤が広がると、そのハード向けのソフトの販売量が増加する。そうした利潤機会を求めたソフト企業の参入によってソフトのバラエティが増加すると、ハードの魅力度が高まってその利用者基盤がさらに広がるという「間接ネットワーク効果」の外部性が働く。

このように、消費の外部効果や直接ネットワーク効果、間接ネットワーク効果といったさまざまな外部効果は、普及が普及をよぶというかたちで需要と供給の累積的な増加を促し、市場のダイナミズムの動因となっているのである。ＩｏＴ（internet of things）ともよばれ、インターネットの進展によって、ひとびとの社会生活から経済活動、製品・サービスにいたるまでネットワーク化が進むなかで、市場の動因である外部性の重要性はいっそう高まっている。

## 2　取引費用と所有権

外部性はあまねく存在する現象であり、それを内部化する方法は多様である。では、内部化の方法を決める要因は何だろうか。市場や企業組織、各種の制度は、外部性の内部化という視点からその存立根拠をどのように説明できるだろうか。

### コースの定理と外部性

このような問題を検討するにあたって、ロナルド・コースの議論を避けて通るわけにはいかない。コースは一九九一年にノーベル経済学賞を受賞したが、その授賞理由は、制度を与件とする従来の経済学の見方を離れて、「取引費用」（transaction cost）と「所有権」（property right）の概念をもとに、経済制度の研究領域を開拓した点にある。

コースの業績は「企業の本質」(Coase, 1937) と「社会的費用の問題」(Coase, 1960) という二つの論文に集約される。前者の論文では、企業組織がなぜ発生するのかという基本問題を提起し、契約の交渉と履行にともなう「取引費用」の節約という観点から企業組織が生成するのであり、取引費用がゼロであるかぎり、企業組織は存在理由をもたないと主張する。

また、後者の論文では、もし「所有権」がすべての資源に対して定められ、所有権の移転が可能でその移転にともなう取引費用がゼロであるならば、「所有権の初期の配分状態にはかかわらず」、自主的交渉を通じて「効率的な資源配分が達成できる」と主張する。後者の主張は、スティグラー (Stigler, 1966) によって「コースの定理」と命名されており、この定理において、自主交渉により効率的な資源配分が達成されるという部分は「効率性仮説」、効率的な資源配分が所有権の初期配分にかかわらず達成されるという部分は「不変性仮説」ともよばれ、それぞれについて多くの議論がなされてきた。

なかでも、コースの定理を援用して、外部性のもとでのピグー税や補助金といった公的介入は必要ではなく自主交渉に任せればよいとの議論がなされ、コース自身の論文のなかでは「外部性」という用語をいっさい用いていないにもかかわらず、後者の論文が外部性をめぐる議論に対して大きな影響力を与えてきたことは、特筆に値することがらであろう。

また、このことに関連して、ミードの養蜂家と果樹園の寓話では、ミツバチによる授粉やリンゴの花蜜には対価が支払われず未払い要素となって、外部性が存在しているということだった。ところが、これはあくまで「寓話」であり、現実は異なっていたのである。

チャンが一八世紀イギリスの思想家バーナード・マンデヴィルによる有名な書物『蜂の寓話』（一七一四年）の名を借りた同名の論文（Cheung, 1973）において実証したように、アメリカのワシントン州では、果樹園にミツバチの巣箱を設置してもらう見返りに、果樹園の経営者が養蜂家に報酬を支払うという契約が長い間の慣例となってきたこと、そうして、果樹園と養蜂家の間での自主的交渉を通じて授粉の料金が設定され、効率的な資源配分が達成されていることが明らかにされている。これはまさに自主的交渉（あるいは契約）を通じた外部性の内部化を示す実例といえる。

コースの定理によれば、取引費用がゼロであるかぎり、効率性の観点からは行政による各種の規制や手続きが不要で、当事者間の自主的交渉に任せればよいことになる。すなわち、取引費用が存在しなければ企業組織が必要でないという一九三七年の論文の主張とパラレルに、六〇年の論文では取引費用が存在しなければ司法的・行政的な介入も必要ではないと主張する。

もちろん、市場を利用する取引費用はゼロではないので企業組織が存在するし、所有権の移転にともなう取引費用が無視しえない場合には行政的・司法的な介入の根拠が存在する。

コースの定理から導かれるインプリケーションは、経済活動の調整メカニズムとして、市場のほかにも、ビジネスの慣行や企業組織、法律にもとづく公式のルールならびに社会の非公式の慣習といった多様な制度に視野を広げる必要があること、さらに、さまざまな制度の構造と機能は、取引費用との関係から明らかにされるという点である。

## 取引費用論はいかに生まれたか

このような研究の誕生の経緯は、かれの自伝（ノーベル財団に所収）からうかがい知ることができる。ロナルド・ハリー・コースは、一九一〇年一二月二九日、ロンドンの北西に位置する郊外の街ウィルズデンで、郵便局に勤務する両親の一人息子として生まれた。奨学金をもとにグラマースクールで中等・高等教育を受けたのち、大学進学の機会を得て、一九二九年にＬＳＥ（ロンドン・スクール・オブ・エコノミクス）に入学して商学を専門に勉強した。かれは産業法に関心があり将来は弁護士になることを夢見ていた。しかし、一九三〇年、ＬＳＥの商学の教授アーノルド・プラントから、アダム・スミスの「見えざる手」と価格システムによる市場経済の調整について学び、このプラント教授との出会いがコースの人生を変えた。かれはロンドン大学から在外研究の奨学金を与えられたが、これもプラントの影響力によるものである。そうして、かれは知らない間に学者への途を歩むことになった。

一九三一年から三二年にかけて、コースはアメリカに滞在し、産業の垂直・水平統合の様子を工場や企業の現場を見学することにより学んだ。「なぜ、産業はさまざまの異なった方法で組織されるのか」が当初の課題であった。その研究から生まれたのは、当初の課題への理論的な解答ではなく、取引費用という新たな概念を経済分析に導入し、企業がなぜ存在するのかを説明することだった。その内容は、かれがまだ二一歳の一九三二年夏までにはあらかた仕上がっていたということだが、大学での教育や研究プロジェクトなどもあって、一九三七年に「企業の本質」というタイトルの論文として公刊された。

一九三三年には、アメリカでチェンバリンの『独占的競争の理論』が出版され、同年にイギリスでロビンソンの『不完全競争の経済学』が公刊されて、チェンバリン・ロビンソン革命とよばれる市場理論の革命が起きた。そうして三六年には、ケインズによる革命的な書物『一般理論』が華々しく出版された。さらに、コースの論文と同年の一九三七年には、ジョン・リチャード・ヒックスがケインズのマクロ経済モデルのエッセンスを「IS-LMモデル」として描き出した論文（Hicks, 1937）が出版されている。

この経済学の一大革命期に、コースは、アメリカ巨大企業の「見える手」による資源配分を目の当たりにして「取引費用論」を着想し、イギリスに戻って企業の存在理由を問う研究課題を提起したのである。しかし、かれの論文は、同時代に発表された多くの革命的論文に埋もれて、当時は注目の的となることはなかったのである。

コース（AFP＝時事提供）

第二次世界大戦後の一九五一年にコースはアメリカに移住し、バッファロー大学を皮切りに、五八年にはバージニア大学経済学部に籍を置いた。そして転機がふたたびやってきた。かれは一九五〇年にイギリス放送業界の書物を公刊して以来、放送事業に関心を持ち続けており、ちょうどそのころ、周波数帯の利用を入札によって決めるのが望ましいという論文をアメリカ連邦通信委員会から公刊した。

その論文の内容にシカゴ大学の多くの経済学者が関心を示し、ある日の夜、反トラスト法の分野で名高いシカゴ大学ロースクール教授アーロン・ディレクターの自宅に招かれた。そこでの議論において、かれは自己の主張の正しさをジョージ・スティグラーらに説得すると、その内容をシカゴ大学の雑誌に発表するよう要請された。そこで、もとの論文内容を大幅に拡充したうえで一九六〇年に出版されたのが「社会的費用の問題」という論文である。この論文は、「企業の本質」の論文とは異なって大当たりし、またたくまに多くの関心を集めた。それがきっかけとなり、一九六四年にかれはシカゴ大学に移籍し、さらにその雑誌の編集長を務めることになった。そして、スティーヴン・チャンやハロルド・デムゼッツをはじめとするシカゴ大学の同僚とともに、取引費用と所有権の研究を進めることができた。

このような経緯でコースが経済理論に持ち込んだ「取引費用」という概念は、その後の多くの論争の的となってきたが、繰り返し問題とされたのは、「取引費用とは何か」という点であり、以下ではこの問題に進んでいこう。

### 所有権の経済学

外部性は、議論の初期段階から、ある種の制度的な欠陥あるいはルールの欠如と関連づけられてきた。外部性とは「未払い要素」であるというミードの議論は、外部性が資源の所有権の欠落に由来することを示唆している。所有権とは何か。所有権の基本機能とは何か。なぜ、ある種の資源については所有権が設定されてこなかったのか。以下では、こうした問題をめぐって、所有権の経済学の二大論客であるアルメン・アルキャンとハロルド・デムゼッツによる議論を紹介しておこう。

まず、アルキャンとデムゼッツ（Alchian and Demsetz, 1973）は、実際に所有されているのは「資源それ自体」ではなく、「資源の利用」に関して社会的に認められた「権利」なのであると主張している。アルキャン（Alchian, 2002）によれば、政府であれ個人であれ、「所有権」（property right）とは、その資源をいかに利用するかを決定する権限のことであり、「私的所有権」（private property right）という場合には、さらに、①資源が生み出すサービスを利用する排他的な権利ならびに、②資源を双方が合意する条件のもとで交換する権限、という二つの権利を含めたものだと説明されている。ここで、資源に対する私的所有権は、単一の個人によって保有される必要はなく、その市場評価額を互いに分け合って保有することも可能である。株式会社はそのひとつの例だとされる。

では、所有権の基本的な目的はどこにあるのだろうか。アルキャン（Alchian, 2002）によれば、それは、経済的な諸資源の支配に向けた破壊的な競争を除去する点にあるという。すなわち、所有権が明確に定義され、それが十分に保護されているもとでは、所有権は、暴力による競争を平和的な手段による競争へと置き換えるというのである。

次に、所有権の基本的な機能とは何だろうか。デムゼッツ（Demsetz, 1967）は、社会的な相互依存関係にともなうあらゆる費用と便益は、潜在的に「外部性」になりうると考える。いかなる効果も世の中の外側に及ぶものではなく、良かれ悪しかれ必ず誰かにその影響が及ぶことになる。その効果を

「外部性」としているのは、関連する主体の意思決定にその効果が及んでいないからである。そのような外部効果を「内部化」することは、この効果が経済計算の内に含まれることであり、そのことによって所有権が変化する。そうすると、所有権の基本機能は、関連する主体に外部効果の内部化を促す点にあるといえよう。

ところで、ある種の財・サービスについては、所有と使用の権利をどう設定し保護すべきかが必ずしも自明でないこともある。また、所有と使用の権利を設定・保護するための費用が、そのことにより得られる便益よりも大きく、社会的には他の方法による配分を考える方が望ましい場合がある。たとえば、大気や地下水、電磁波のように監視やコントロールのコストが高い場合には、それらに対して私的所有権を設定することはできない。この場合、代替的なコントロールの方法として政府の権限が用いられ、環境関連の法律が作られることになる。また、アイデアやメロディ、各種の手続きなどは、ほとんど費用をかけずにそれを複製することができるため、一定の期間にわたる特許や著作権によらなければ、私有財産としてそれを保護することはできない場合がある。そこで、次に所有権の設定・保護・移転にともなう費用という面から取引費用の問題を考えてみよう。

### 所有権の移転と取引費用

市場は資源の所有権が取引される場であり、市場が成立するための重要な前提条件として、所有権が確立され保証されるように、所有権の正当な保有者を保護し侵害者を処罰する司法機関が適切に運営されていなければならない。市場の機能の仕方や市場機能が生み出す便益の配分のあり方は、所有権の定義、分配、保護のあり方に決定的に依存している。

「私的財」(private goods) は、価格を支払うことの見返りに、「他人の利用を排除して単独で利用する権利を入手できる」(排除原理が働く) 財のことである。さらに、ここで「単独で」の部分を「共同で」と置き換えれば、クラブ財 (club goods) となり、両者は市場取引の対象となる。これに対して、「排除原則」が適用できない財・サービスは「市場性」(marketability) を欠き、市場で取引できないことになる。

バーゼル (Barzel, 1989) は、所有権の移転、獲得、保護にともなう費用を「取引費用」ととらえている。「取引費用」と単純に表現しても、その内容は多様であるが、この意味での取引費用が存在するかぎり、契約にすべてのことがらを書き込むことができず、契約は不完備 (incomplete) となり、排除原則を適用できなくなる可能性がある。そのため、外部性の原因は、所有権の移転、獲得、保護にともなう取引費用にあるということもできよう。

このように、外部性は取引費用に由来することなので、外部性の内部化にともなう費用が内部化による便益を上回るものについては、内部化は経済的に意味をなさない。したがって、すべての外部性を内部化することが最適というわけではない。

## 取引費用の経済学

ここで、財・サービスに関して所有権の移転・獲得・保護が可能な場合を考えよう。この場合にも、市場取引を実行するには、取引相手を探し、取引条件を交渉し、契約書を作成し、契約条件の履行を確かめるための調査を行わなければならない。コースに始まる取引費用アプローチによれば、そうした財・サービスの取引を市場で行うか企業組織の内部で行うかを決めるのは「取引費用」ということになる。市場を利用する場合にかかるこのような取引費用が相対的に高ければ、企業組織の内部取引が選ばれることになる。このコースを嚆矢とする所有権と取引費用の概念をもとに制度を説明するアプローチは、「新制度派経済学」(new institutional economics) とよばれている。

そのうちで、オリバー・ウィリアムソンによる「取引費用の経済学」は、取引費用をベースに企業間関係を説明しようとするもので、市場の運営コストに着目して企業組織の発生を説明したコースの考え方を発展させたものである。そこでは、取引費用についてのウィリアムソン (Williamson, 1975) による独自の考え方が盛り込まれている。

すなわち、ウィリアムソンは、人間行動に関する二つの仮定と取引環境に関する三つの要因を基本に取引費用を説明する。まず、人間行動に関する二つの仮定とは、①ひとびとは意図的には合理的たらんとするが、その程度は限られているというハーバート・サイモンにならった「限定合理性」と、②ひとびとは情報格差を利用してモラルに反した利己的な行動を行うという「機会主義」(opportunism) である。また、取引の環境に関する三つの基本要因とは、③「不確実性」、④「取引の頻度」、

⑤「関係特定的な資産」である。

ウィリアムソンは、この五つの基本要因を用いて、市場取引のもとでは取引費用が生じることを説明する。さらに、取引を企業組織に内部化することによって、そうした取引費用が節約できると主張する。

まず、取引を開始するにあたって契約内容を取り決める必要があるが、そのときに将来のありうる状況をすべて列挙して、それぞれの状況に応じた契約内容を定めるためには膨大な費用がかかる。環境についての「不確実性」と人間の「限定合理性」のもとでは、契約は不完備となる。このとき、契約の不完備性につけ込もうとする「機会主義」が横行する危険があり、それが市場取引の重大な障害となる。

ウィリアムソン（AFP＝時事提供）

こうした状況において、もし仮に取引相手が容易に変更できるならば、機会主義はそれほど大きな問題とはならないだろう。また、「取引の頻度」が高くて、取引が頻繁に繰り返されるという場合には、機会主義的行動によって取引関係が解消されると、将来の取引から得られる利得の放棄がともなうため、機会主義的行動は抑制されることになるだろう。

しかしながら、特定的な投資が行われ、それが取引の当事者間の関係においては高い価値をもつものの、他の機会においてはほとんど価値がないという意味で「関係特定的な資産」となっているときには、取引相手を変更することは容易ではない。そうして「少数主体間の取引関係」になると、取引主体の間の駆け引きによって交渉コストが高まる。

以上の取引費用が生じる要因を整理すると、①契約の締結時点ですべての事態を予測できないこと、②たとえ予測できたとしてもすべてを契約に盛り込むことができないこと、③契約の遵守をモニタリングする費用がかかること、④契約を法的に拘束するための立証可能性を確保するのにコストがかかることである。ウィリアムソンは、このように、市場取引においては、契約の作成と実施の両面において取引費用がかかると主張する。

他方、市場取引とは異なり、企業組織内の取引では、上司の部下への指令や命令のかたちでなされる権限による意思決定の調整を基本としている。ウィリアムソンは、取引を企業組織に内部化し権限関係のもとに置くことによって、機会主義を抑制することができるとともに、企業内部のモニタリング・システムを通じて、組織全体の「集団合理的」(group rational) な目的を推進するために、組織の構成員の「個別的な動機と適合的」(incentive compatible) な契約を形成しやすくなるため、取引費用の節約ができると主張するのである。

取引費用というと、商品の輸送・配送や在庫保管といった物流にかかる費用を念頭に置くひとも多い。ロナルド・コースやウィリアムソンの取引費用論が盛んに議論されるようになった一九七〇年代後半に、一般均衡論の研究で世界的な業績のある先生と懇談していたとき、「取引費用を支払う人がいれば、それを受け取る人もいるわけで、そこに市場が成立していると考えるべきですね」と話されるのを聞き、経済活動にともなう財・サービスのすべてに市場を想定する一般均衡論の発想が染みついた研究者の原像を垣間見た気がした。

しかし、以上で説明したように、取引費用というときには、物流コストのように市場取引としてカウントされる費用以外にも、取引相手を探し、商品や価格を調べ、取引条件を交渉することに要する時間の「機会費用」も含まれる。さらには、ドイツ語の交換する（tauchen）が欺く（täuschen）と同じ語源であるように、非対称情報のもとでの取引には、情報格差を利用してモラルに反した利己的な行動が横行し、取引が成立したときに得られる相互有利化の機会が、駆け引きによって損なわれる逸失利益としてのコストも含まれるのである。

また、コースがノーベル経済学賞受賞講演で語っているように、「われわれの経済活動の大部分について、もしそうでなければ負うことになる膨大な取引費用を節約する手立てが講じられており、その結果として、ひとびとが自由に交渉したり、ハイエクがいう『さまざまな主体によって分散的に所有されている知識』をうまく活用できている」という点を深く認識しておく必要があるだろう。

# 第13章　市場の編成原理

## 市場経済の運動法則の解明に向けて

### 1　市場と制度の相互作用

すでに説明してきたように、新古典派経済学において、市場の機能とは、競争的な市場均衡において効率的な資源配分が達成される点（厚生経済学の第一基本定理）にあると考えられてきた。また、市場の限界とは「市場の失敗」、すなわち、効率的な資源配分の達成に失敗する市場の機能的な欠陥を指してきた。しかし、市場の利点は、完全競争市場の均衡状態がもつ効率性にあるのだろうか。

#### 市場の機能と市場の境界

フリードリッヒ・ハイエクは論文（Hayek, 1945）のなかで、情報が分散的に所有された世界で、社会全体の効率的な資源配分という概念それ自体を批判している。すなわち、こうした概念は、あらゆる経済活動をコントロールしうる全知の主体にとってのみ意味があるもので、現に情報が分散的に保有されている状況では、この概念を物差しとするのはふさわしくないと主張している。

現代のオーストリー学派は、この批判にしたがって新古典派の考え方をとらず、市場の機能は、市場参加者の自律的な経済活動を調整（coordinate）する点にあり、とくに、財・サービスに関するニーズと入手可能性の発見を促すことにあると考える。すなわち、市場の本質的な意義は、それがもたらす状態にあるのではなく、分散的に所有されている情報が明らかにされ、それが社会的に有効な利用に向けて動員されていく「発見のプロセス」にこそ見いだせると考えられる。

ハイエク（AFP＝時事提供）

こうした新オーストリー学派の見方（たとえばKirzner, 1994）に立つと、「市場の限界」の意味は異なってくる。すなわち、実際の市場の限界とは、市場が機能するための制度的な前提条件、すなわち、私的所有権、契約の自由と契約の拘束力の確保といった基本条件を確保することの限界である。こうした市場の制度的な前提条件が「市場の境界」（outer limit）をなしている。私的所有権のシステムの公正さと、窃盗や詐欺の不正を認めうる広く共有された倫理が存在してはじめて、市場の調整機能に頼ることができることになる。

だから、このような意味での「市場の境界」は存在するが、市場の調整機能の有効性への「内部限界」（inner

limit）は存在しないと考える。「外部性に起因する市場の失敗が存在するとすれば、それは私的所有権を所与としたもとでの市場の調整機能の失敗ではなく、所有権のあり方（あるいは、所有権の設定をめぐる諸問題）に起因するのである」（Kirzner, 2000, p. 86）。

### 市場経済の制度的基礎

市場経済はさまざまな制度を基礎に成り立っている。ダグラス・ノース（North, 1991）は、「制度」（institutions）とは政治的・経済的・社会的な制約であり、それは道徳、タブー、慣習、伝統、慣例といった非公式の制約と、憲法や各種の法律、所有権などの公式のルールから構成されると主張する。こうした制度は、交換に秩序をもたらし不確実性を削減するために、人類が歴史を通じて考案してきたものであり、経済学で想定されている各種の制約とあいまって、経済活動のうちで実行可能な営利活動の領域を規定している。

そうして、交換には交渉、計測、実施の面でコストがかかるが、取引にかかわる技術と制度が取引費用を決定する。有効な制度というのは、ゲーム理論の用語を使えば、協力解の達成を可能にするのであり、取引費用論の用語を使えば、取引費用を削減し、交換の利益の実現を可能にするのである。ノースによれば、経済の歴史は圧倒的に、持続的成長を導く「ゲームのルール」をうまく生み出せなかった歴史であり、経済史の基本課題は、政治・経済制度の進化を説明することにあるという。

ドイツ歴史学派の発展段階説では、交換は村落の内部での局所的なものから始まり、しだいに定期市によって地域へと広がり、隊商や航海ルートを通じた遠隔地交易へ、そして世界全体へと発展したと説明され、その各々の段階において、経済には専門化と分業、より生産的な技術が必然的にともなってきたと考えられている。

すなわち、狩猟・採取型社会における村落内部の局所的な交換は、非公式の制約からなる濃密な社会的ネットワークのもとで行われ、取引費用は低かったであろう。しかし、取引が村落を越えて拡大すると、取引費用は急速に高まる。とくに、隊商や航海による遠隔地交易が発展する段階においては、経済構造の著しい変化が生み出された。すなわち、取引を専業とする主体による交易の専門化が生じるとともに、取引の中心地が必然的に発展してくる。

ノース（picture alliance / アフロ提供）

遠隔地交易の発展は、取引費用の点で二つの異なる問題を引き起こす。ひとつは、古典的な「エージェンシー問題」（他人にものごとを委ねる場合のインセンティブとリスクの問題）であり、歴史的には「血縁集団」を用いることによってこの問題への対処がなされてきたが、取引の規模が拡大するにつれてジレンマに陥るようになった。もうひとつは、「交渉および契約の実効性にかかわる問題」であり、そのために、度量衡の標準化や交換の媒介手段、公証人、領事、商法、居留地などが発展した。こうした複雑な制度や組織、手段は、情報コストを低め、契約の実効性を高めることによって、遠隔地交易を可能にした。

市場の拡張は、より専門的な生産者を生み出し、規模の経済によって階層的な生産組織が生まれ、そこに労働者が雇用され中心都市が出現して、社会は都市化へとシフトした。交換が複雑になるにつれて、契約の実効性を確保するためには、個人的なつながりや村八分に代わる非人格的な拘束力が必要となり、そのためにさまざまな制度が生成してきたのである。

## 市場を支える制度の歴史

このような市場を支える制度について、ディキシット（Dixit, 2004）やグライフ（Greif, 2006）などによって、制度をゲームの均衡として説明しようとする議論がある。市場交換は制度によって支えられていると同時に、市場の発展によって新たな制度が生成してきた。グライフ（Greif, 2006）によれば、市場を支えるそうした制度のひとつは、「契約の拘束力を確保する（ひとびとに契約を守らせる）ための制度」であり、もうひとつは、「強制力を背景とする制度」である。市場と政治の同時的な発展は、こうした二つの制度のダイナミックな相互作用を通してもたらされたと考えられる。

契約の拘束力を確保するための制度には、さまざまのものがある。契約違反に対して、経済的、社会的、法的な制裁のいずれか（あるいはその組み合わせ）が、誰によって科されるのか（当事者によるのか、あるいは業界団体のような他の経済機関や法的機関といった第三者によるのか）によってその内容は多様である。

グライフは、そうした制度が「有機的」(organic)に生まれたものか、あるいは「計画的」(designed)に構築されたものか、さらにそれが「私的な秩序」(private-order)なのか、あるいは「公的な秩序」(public-order)なのかという二つの基準によって区分している。ここで、有機的とは「自生的」(spontaneous)とも表現されるもので、ひとびとが私的利益を追求するなかで、意図せざるかたちの予見不可能な結果として生み出された制度のことである。他方、計画的とは「実用的」(pragmatic)ということを意味し、契約の拘束力を確保するために意図的に計画されたもの、あるいは多数のひとびとの一致した対応策として生み出された制度のことである。ノース(North, 1990)の区分に照らしていえば、前者は非公式の制度、後者は公式の制度にほぼ対応している。また、私的な秩序は、当事者自身による経済的あるいは社会的な制裁を主とし、公的な秩序は、国家による制裁を主としている。

これらのうちで、契約の拘束力を確保するための「有機的かつ私的な制度」(契約違反には私的な罰則が科されるという信頼にたる脅しが、契約違反を阻止することを可能とすること)が有効性をもつのは、次のような条件が満たされる場合である。すなわち、第一に、取引を継続することが有利であること、第二に、契約違反が容易に観察可能であることである。第三に、契約違反が多数の主体に可及的速やかにゆきわたる「評判メカニズム」が働くことである。

ここで、取引の継続が有利となるのは、各回の取引からの利益が大きく、取引主体が将来をより重視する場合であり、さらに代替的な取引から得られる利得が小さい場合である。したがって、このような制度は、各主体がこの取引関係にロックインされており、さらに市場が狭くて、新たな取引相手を見つけるのが困難な場合に生じやすいといえる。

このような制度は、社会的な構造や規範、文化的な信念をともなった共生的な関係をもっており、そうした社会的な特徴が、経済制度の発展のための初期条件を提供すると同時に、経済制度の発展につれて、こうした社会構造が再構築されていく。ネットワークや共同体、ビジネス・グループ、宗教グループといった社会構造の内部における情報のやりとりと、ひとびとの親交が、契約当事者だけではなくそれを含めた多数の主体による制裁が可能となる。こうした多数主体による評判メカニズムの具体的な事例は、一一世紀、マグリブ商人による地中海交易でのエージェンシー関係に見いだされる (Greif, 1989, 1993)。

しかし、市場が成長を続けていくにつれて、こうした「有機的かつ私的な制度」の効率性は低下する。というのは、このような制度はあくまでも濃密な関係に基礎を置くものであるが、ビジネスの拡大につれて、しだいに希薄な関係しかもたない主体との取引が増加するからである。

こうした私的制度の限界を埋めるために、ギルド（同業者組合）や裁判所、信用の格付け会社、公証人といった「計画的かつ公的な制度」が生み出されることになる。それらは法律や規制によってひとびとの行動を調整し、さまざまな形式的手続きや官僚的組織によって情報を処理し、法的な罰則を設けることによって契約違反を阻止しようとする。しかしながら、こうした公的制度を運営するためには問題もある。たとえば、裁判所が契約違反を阻止しうるためには、訴訟当事者たちのとった行動とその影響を立証できなければならないが、取引や生産プロセスが複雑な場合には、過去の行動を立証するには多大のコストがかかる。このため、第三者（裁判所など）に十分な証拠を提出することができないような「立証不可能」（non-verifiable）な場合、さらには紛争の解決にスピードが要求される場合には、有機的かつ私的な制度がより有効となる場合がある。実際、スチュアート・マコーレイ（Macaulay, 1963）は、現代のアメリカ社会のビジネスの現場においても、有機的な私的制度が大半の契約関係を律しており、暗黙の信頼関係にもとづくインフォーマルな契約関係が用いられていると主張している。さらに、契約の拘束力を確保するという点で有機的な秩序と公的な秩序が有する限界を前に、監査法人や信用格付け会社のように、そこに利潤機会を見いだして、契約の成立の保証から利益を得ようとする「私的で意図的な制度」が生成してくることになる。

## 2　市場の編成原理

さて、市場の理論についての本書の内容も結びに近づいた。これまで、市場をめぐる先駆者の業績から現代の先端的な研究まで、その内容を概観してきた。その目的は、市場理論を網羅する辞書的な解説にあるのではなく、「はじめに」において示唆したように、市場経済の運動法則の解明という問題意識のもとに、市場の理論を系統的に整理・検討することであった。そこで、以下では、「市場の編成原理」を提起して本論を閉じることとしよう。

### 市場の基本命題

これまでの議論をもとにすると、市場経済の運動法則の解明にあたって、注目すべき基本命題は、以下の四つにまとめることができる。

(1) 命題1（スミス）「分業は、市場の範囲に制限される」

(2) 命題2（オルダーソン）「交換の基本論理は、需給の斉合にある」

(3) 命題3（コース、ウィリアムソン）「取引費用は、組織や制度を生み出す」

(4) 命題4（ノース）「制度は、市場に秩序をもたらし、不確実性を削減する」

そうして、図13-1に示されるように、「市場経済は、命題1と2が示す第一法則（分業と交換のスパイラル）と、命題3と4が示す第二法則（市場と制度の共進化）という二つの運動法則にしたがっている」。このことを「市場の編成原理」とよぶ。

以下では、今日のデジタル経済社会の動向に照らして、その内容を説明しよう。

### 第一法則――分業と交換のスパイラル

市場経済は、高度な分業と交換のネットワークによって成り立ってきた。一九世紀の後半から進んだ「鉄道」の普及は、ひととモノの流れの「ハード」の面において、また電信・電話の普及は情報の流れという「ソフト」の面において、市場を網の目のように連結するネットワーク革命を生んだ。そして、二〇世紀の末からのインターネットの普及とデジタル技術革新は、二一世紀に入って今日のデジタルネットワーク社会を導いている。

その基礎にある運動法則は、分業と交換のスパイラルである。分業による専門化の利益が経済活動の効率化をもたらすが、アダム・スミスがいうように分業は市場の大きさによって制限される。市場の拡大による交換機会の高まりが分業の可能性を広げ、分業と専門化の利益を導く。分業のいっそうの進展が交換の広範性を導いていく。この「分業と交換のスパイラル」を通じて市場経済が発展してきた。

分業と交換のスパイラルが円滑に作用するためには、二つのことがらが必要である。ひとつは、分業は市場の範囲に制限されるだけでなく、第7章（情報とインセンティブ）で説明したように、分業がエージェンシー関係やチーム生産における非対称情報とインセンティブの問題によっても制限されるため、分業が円滑に進むように適切なインセンティブ・システムが必要だということである。

二つめとして、第10章と第11章で説明したように、分業の高度化がもたらす生産と消費の人的・空間的・時間的なギャップを埋めるべく流通業者の社会的機能が発揮され、さらに、消費者にとって無意味な財の組み合わせを消費に照らして有意味な財の組み合わせである「品揃え物」に変換する需給の斉合が重要な課題となる。こうした需給の調整は生産者から流通業者を経て消費者に至る流通チャネルのサプライチェーン・マネジメントとして展開されてきたが、さらに近年では、デジタル情報通信技術とアルゴリズムの発展によって、マッチングにともなう膨大なデータをやりとりする能力が飛躍的に高まり、ネット上にさまざまな財・サービスのマッチング・ビジネスが生まれ、需給調整の多

図13－1　市場の編成原理

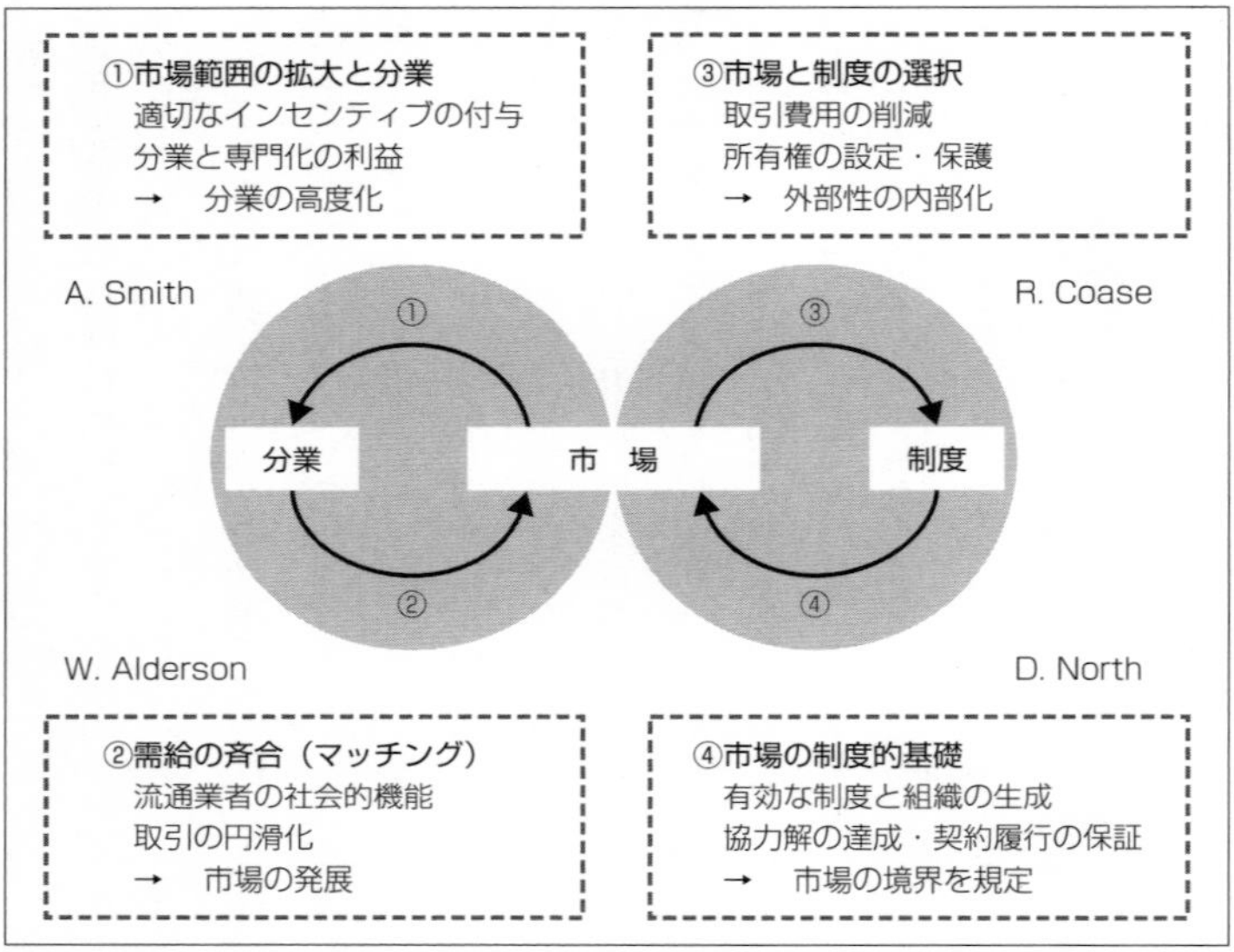


くはプラットフォーム企業によるマッチング・ビジネスによって支えられている。

そうした取引機会の拡大は、生産者と消費者との取引に限らず、消費者と消費者との財・サービスの取引にまで及んでいる。「エアビーアンドビー」による空き部屋のシェアサイトや「ウーバー」による配車サービスなどのシェアリング・エコノミーともよばれる動きは、デジタル・プラットフォームによって、未利用資源を有効に活用しようとする市場の拡大だと理解できる。

## 第二法則――市場と制度の共進化

そうしたネット上に広がる市場は、新たな取引費用を生み出し、それが新たな制度の構築の必要性を迫っている。デジタル技術の出現によって、取引相手や取引の対象について情報を収集する取引費用は格段に低下している。しかし、それとは逆に、インターネットを利用することで入手可能な情報は無限大に拡大しており、情報の洪水のなかで取引相手や対象を精査し、選択するための取引費用がかえって高まっている。

このような取引費用を削減するために、われわれはネット上のマーケットプレイスや予約サイトが提供する既存顧客のレビューや評価にもとづいて意思決定している。そのことは利便性をもたらす反面で、ネット上で提供されている情報が公平で適切なものかという信頼性の問題をともなっているのである。

さらに、われわれのネット上での購買履歴や検索履歴は、ターゲティング広告やリコメンデーション、協調フィルタリングを使った関連商品リストの提供などに利用され、買い物の利便性を高めている。しかしながら、そうした個人情報は安全に保護されているのか、さらに、収集された個人情報を所有しているのはプラットフォーム企業であるが、その情報を悪用したりする危険性や、優越的な地位の濫用につながる可能性がある。

このように企業はネット上で新たなビジネス・モデルを展開し、消費者もモバイルを用いた購買行動にどっぷりと浸かっている。しかし、eコマースの利便性と引き換えに、ネット取引にともなう契約の不履行の危険性や、プライバシーの侵害、知的所有権の侵害と紛争などが生まれている。デジタル経済における市場の一大変革期にあたって、ネット上に広がりゆく危うい市場は、人類に市場を支える新たな、そして有効な制度の考案、構築を迫っている。デジタル技術革新によって、市場の編成原理を構成する第一法則の分業と交換のスパイラルが飛躍的に回転しながら経済社会の発展を導いている。それにともなって、第二法則であるデジタル市場にふさわしい制度の共進化が焦眉の課題となっているのである。

# おわりに

二一世紀の初頭、世の中に衝撃を与える画期的な技術革新が誕生した。二〇〇七年、アップルによるスマートフォンの登場である。デジタル・トランスフォーメーションによって、わずか一〇年余りの間に、ひとびとの暮らしは様変わりし、市場は創造と破壊の渦中にある。アマゾンは、生鮮食品からデジタル・コンテンツまで、広範な商品を扱うマーケットプレイスを運営している。

本書の執筆中にも、新型コロナウイルス感染で外出自粛が要請されるなか、ネット通販は売上を伸ばし、街には料理を宅配する配車アプリのウーバーの車両が走り、テレワークへの移行が進み、ウェブ会議アプリによるミーティングや授業が始まっている。ネット社会に適したオンライン・サービスが続々と誕生し、生活様式の変化を促している。

情報技術の発展によって、マッチング・ビジネスがよりシンプルに、安く、かつスムーズに提供可能となり、プラットフォーム企業が台頭している。取引がネット上に広がるにつれて、その対象は、財・サービスからデジタル・コンテンツに及び、フリマアプリにより、消費者が売り手となる個人間の売買も増えてきた。さらに、未利用資源の有効利用に向けて、シェアリング・エコノミーが成長している。同時に、小売の実店舗のオペレーションにおいても、これまでの人手による流通サービスをコンピュータに代替するスマート・リテイリングへの動きが進んでいる。

しかし、「ネット社会の光と影」、コンピュータ・ウイルスによる社会の混乱やプライバシーの侵害を防ぐため、ネット取引に対応した規制や制度の構築も同時に進めなくてはならない。

このように、取引の場としての市場が新たに誕生し、需給の調整メカニズムの革新が進むなかで、「取引の場としての市場」ならびに「市場を支える制度」に対する関心が高まっている。

＊＊＊＊

市場は一大変革期を迎えており、その実態は経済学の教科書的構図と大きく異なっている。また、市場の研究は大きく進んでおり、研究内容と経済学の教科書の内容との間には、否定しがたい大きなギャップが生じている。しかし、市場の理論としてまとまった本格的な書物はまだ存在していない。そうした認識のもとに、本書は、そのような最初の書物となる目的をもって書き上げられた。

その内容は、市場をめぐる過去の思想の広大な山並みを振り返り、クールノーを現代の市場理論の始祖と位置づけ、ミクロの森を支配してきたワルラスの完全競争からの脱却を図るミクロ経済学の進化を展望し、さらに、市場メカニズムの虚構としてのアダム・スミスの「見えざる手」の神話を解き明かすことを試みた。そのために、「場としての市場観」と「市場の動態論」という視点に立つことによって、市場経済の運動法則として「市場の編成原理」を提起した。

これまで、市場理論の研究の道を歩みながら、学会や現地調査などで市場の世界を旅してきた。最北端はブリザードの吹雪く北緯六四度に位置するアイスランドのレイキャビク、最南端は南極に近いニュージーランドの南東部、ゲール語でエディンバラを意味するダニーデンともよぶ、スコットランドの佇まいと面影を残すオタゴ地方。最西端は甘い古酒ポートワインの発祥の地、哀愁に満ちたファドの歌声の流れるポルトガルの街ポルト。そして極東に位置するわが祖国、日本。地球上を東奔西走、数えてみれば三〇近くの国々、地域を訪問してきたことになるが、市場はひとびとの暮らしぶりを映し出す鏡であり、異なる風土や文化、歴史に彩られた地域の個性がうかがえる。

市場は、風土や社会制度、文化と分かちがたく、社会に埋め込まれた存在である。今日のような市場の変革期においては、地域の歴史や伝統への再認識が強まり、文化の自己主張が強まっている。市場を考える際にも、歴史的に形成されてきた市場文化の独自性を重んじて、物事を説明する行き方を進めてみたいものである。本書はもともとそうした点にわたる内容を含むつもりであったが、本書の内容で相当な分量となったので、それは別の機会にまとめてとりあつかいたい。

＊＊＊＊

本書の主人公のひとり、市場理論の始祖クールノーが青春時代を過ごし、その生涯を閉じたパリには、中世以来、いまも庶民の暮らしを支えるマルシェが多数存在している。そこでは価格もそれなりにやや高めだが、それに見合って品質の優れた鮮度抜群、旬のみずみずしい生鮮食品があふれており、季節感や地域の香りに満ちた商品に出合うことができる。カバー写真は、ＯＥＣＤ本部での流通研究にかかわって以来、私がパリに滞在する度に必ず訪れるプレジダン・ウィルソンのマルシェである。

本文の内容とカバーの写真が共鳴しながら、読者を市場の研究の世界へと誘うことになればと思う。

なお、本書の執筆に際して、成生達彦、松井建二、松村敏弘、松島法明、南川和充、Yuncheol Jeong、山下悠、善如悠介の諸氏から貴重な意見をいただいた。記して謝意を表しておきたい。また、有斐閣の柴田守、渡部一樹の両氏には編集作業で大変お世話になった。もとより、本書の内容は筆者の見解をとりまとめたものであって、ありうるかもしれない論点の不備や内容の未成熟さについての責任は、筆者のみが負うものである。さらに、本書のもとになる研究（「デジタル流通革命の経済的効果に関する理論的・実証的研究」、ならびに「アジア市場モデルの構築に関する理論的・実証的研究」）に対して文部科学省科学研究費補助金の援助を受けたことも付記しておきたい。

二〇二〇年　立夏

丸山　雅祥

# 索　引

## 事項索引

## ● さ　行

● た　行

## ● な　行



## ● は　行

## ● ま　行



## ● や　行



## ● ら　行

●わ　行



## 人名索引

# 参考文献

はじめに，本書の内容に関連した参考図書を紹介する。続いて，各部ごとの参照・引用文献の出典を掲載する。

## 1　本書の内容に関連した参考図書

### 1.1　ミクロ経済学の市場理論について

(1)　今井賢一・宇沢弘文・小宮隆太郎・根岸隆・村上泰亮（1971・1972）『価格理論Ⅰ，Ⅱ，Ⅲ』岩波書店

「『限界革命』より100年の時日を経て，……現代の経済学は今日一つの成熟の時期に到達した」との文章で始まる「現代経済学」（全10冊）シリーズの3分冊として刊行されたミクロ経済学の教科書。「はしがき」では「今日，現代経済学は一つの曲がり角に逢着しており，これまでの価格理論の標準的な内容のなかにも，一部の人々によって懐疑のもたれている部分もある」（v頁）と述べられている。当時，ゲーム理論と情報の経済学は黎明期にあり，そのインパクトがおよぶ以前に体系化された伝統的な経済学の市場理論を知るうえで参考となるだろう。

(2)　Kreps, D. M.（1990）*A Course in Microeconomic Theory*, Princeton University Press.

ゲーム理論によるミクロ経済学の革新に貢献した著者による書物。伝統的なミクロ経済学とゲーム理論の両方を盛り込んだため，電話帳サイズの800頁を超える分量となった大学院向けのテキスト。

(3)　Mas-Colell, A., M. D. Whinston, and J. R. Green（1995）*Microeconomic Theory*, Oxford University Press.

ミクロ経済学とゲーム理論を詳細に解説しており，さらに分量は増えて1000頁を超える。全体の通読よりも，必要に応じて参照すると便利な事典ともいうべき書物。

(4)　奥野正寛（2008）『ミクロ経済学』東京大学出版会

(5)　神取道宏（2014）『ミクロ経済学の力』日本評論社

価格理論に加えてゲーム理論と情報の経済学を解説した学部の中級レベルのテキスト。

(6)　丸山雅祥・成生達彦（1997）『現代のミクロ経済学――情報とゲームの応

用ミクロ』創文社

第Ⅰ部：ミクロ経済学の基礎，第Ⅱ部：情報とゲームの経済理論，第Ⅲ部：応用ミクロ経済学という3部構成からなる。本書の特徴は，「情報とゲームの応用ミクロ」という副題が示すように，第Ⅲ部で情報の経済学とゲーム理論を用いた製品差別化，戦略的行動，流通と取引慣行などの市場をめぐる競争分析を解説している点にある。学部の上級レベルから大学院レベルのテキスト。本書の第Ⅱ部でとりあげた内容を補完する書物。

### 1.2 市場の一般均衡論について

(1) Debreu, G. (1959) *Theory of Value: An Axiomatic Analysis of Economic Equilibrium*, John Wiley & Sons.（丸山徹訳『価値の理論――経済均衡の公理的分析』東洋経済新報社，1977年）

(2) 二階堂副包（1960）『現代経済学の数学的方法――位相数学による分析入門』岩波書店

クールノー，ワルラスの系統をひく数理経済学を微積分法の演算の機械的な適用から解き放ち，ワルラス均衡の存在と効率性の問題という，いわば一般均衡論の基礎固めのために「位相数学」の利用へと門戸を開いた書物。公理的分析という名のとおり，市場の一般均衡を抽象的な数学モデルによって簡潔に描写している。それによって市場の理論が得たものと同時に失ったものがわかる。

### 1.3 市場への競争政策の視点――産業組織論

(1) Motta, M. (2004) *Competition Policy: Theory and Practice*, Cambridge University Press.

市場への競争政策の視点として，「競争政策（あるいは独占禁止政策）は，経済厚生を低めるやり方で市場における競争が制限されることがないようにする一連の政策や法律の集合」と定義する。競争政策はあらゆる競争制限行為を禁止することではなく，経済厚生の減少を引き起こす競争制限を禁止すべきとする点は，経済学者の視点を典型的に示している。本書は，理論と実践という副題が示すように，実際の競争政策上の諸問題の的確な解説と，理論分析による明解な解説からなり，現段階で望みうる競争政策ついての最良の解説書。

(2) Tirole, J. (1988) *The Theory of Industrial Organization*, MIT Press.

新たな産業組織論の内容を解説した不朽の名著。書物の構成の巧みさか

ら簡潔で明晰な説明にいたるまで，産業組織の理論に関するすぐれた体系的解説書。ただし，出版から30年以上を経過しており，プラットフォーム・ビジネスなどのデジタル経済に関する自身の研究を含めた改訂版の出版が待望される。

(3) Belleframme, P. and M. Peitz (2015) *Industrial Organization: Markets and Strategies*, 2nd edition, Cambridge University Press.

全9部23章で構成される内容のなかで，第8部のネットワーク効果を伴う市場の分析と第9部のプラットフォーム企業によるマッチング・ビジネスの分析が(2)を補完するうえで注目に値する。

(4) Peitz, M. and J. Waldfogel eds. (2012) *The Oxford Handbook of the Digital Economy*, Oxford University Press.

デジタル技術による市場変革と直面する諸問題を，①インターネット・インフラ，②市場の転換，③ソーシャル・ネットワークとコンテンツ，④著作権や個人情報への脅威，という4つの角度からとりあげ，それぞれに関する既存研究の展望と将来の課題を明らかにしている。

(5) 小田切宏之（2016）『イノベーション時代の競争政策――研究・特許・プラットフォームの法と経済』有斐閣

研究，特許，プラットフォームの3部からなり，イノベーションにかかわる競争政策上の課題について，独占禁止法の適用を解説している。

(6) 佐久間正哉編（2018）『流通・取引慣行ガイドライン』商事法務

平成29（2017）年改正後の流通・取引慣行に対する独占禁止法の内容と公正取引委員会の運用業務を解説している。

## 1.4 市場への経営戦略の視点――経営の経済学

(1) Porter, M. E. (1980) *Competitive Strategy: Techniques for Analyzing Industries and Competitors*, The Free Press.（土岐坤・中辻萬治・服部照夫訳『競争の戦略』ダイヤモンド社，1982年）

産業組織論と経営戦略論を架橋することを目的として，「5つの競争要因」による業界の構造分析のフレームワークを提示した書物。

(2) Dixit, A. K. and B. J. Nalebuff (1991) *Thinking Strategically: The Competitive Edge in Business, Politics, and Everyday Life*, W. W. Norton & Company.（菅野隆・嶋津祐一訳『戦略的思考とは何か――エール大学式「ゲーム理論」の発想法』CCCメディアハウス，1991年）

ゲーム理論のビジネスへの応用を雄弁に語ったベストセラー。いまだそ

の内容は色あせることなく，賢明な学者の手になる確かな書物。

(3) Ghemawat, P. (1997) *Games Businesses Play: Cases and Models*, MIT Press.

ゲーム理論によって，ビジネスの短期から長期の戦略をケーススタディ，理論，実証の三位一体で分析した経営の経済学の模範的な研究書。

(4) Besanko, D., D. Dranove, M. Shanley, and S. Schaefer (2017) *Economics of Strategy*, 7th edition, John Wiley & Sons.（第 2 版の邦訳：奥村昭博・大林厚臣監訳『戦略の経済学』ダイヤモンド社，2002 年）

MBA の戦略コースやビジネス・エコノミクスあるいはマネジリアル・エコノミクスの授業において採用されるテキスト。

(5) Brandenburger, A. M. and B. J. Nalebuff (1996) *Co-opetition*, Currency Doubleday.（嶋津祐一・東田啓作訳『コーペティション経営――ゲーム論がビジネスを変える』日本経済新聞社，1997 年，『ゲーム論で勝つ経営――競争と協調のコーペティション戦略』と改題して日経ビジネス文庫から出版，2003 年）

「コーペティション」(Co-opetition) とは，Cooperation + Competition であり，ビジネスは競争とともに協力しあわなければならない，すなわち，ビジネスは戦争と平和であるというかれらの造語。「バリューネット」も，かれらが考案した競争分析のフレームワークである。

(6) Evans, D. S., A. Hagiu, and R. Schmalensee (2006) *Invisible Engines: How Software Platforms Drive Innovation and Transform Industries*, MIT Press.

(7) Evans, D. S. and R. Schmalensee (2016) *Matchmakers: The New Economics of Multisided Platforms*, Harvard Business Review Press.（平野敦士カール訳『最新プラットフォーム戦略 マッチメイカー』朝日新聞出版，2018 年）

(8) Parker, G. G., M. W. Van Alstyne, and S. P. Choudary (2016) *Platform Revolution: How Networked Markets Are Transforming the Economy and How to Make Them Work for You*, W. W. Norton & Company.（妹尾堅一郎監訳，渡部典子訳『プラットフォーム・レボリューション――未知の巨大なライバルとの競争に勝つために』ダイヤモンド社，2018 年）

(9) Gans, J. (2016) *The Disruption Dilemma*, MIT Press.

(6)～(9) のいずれもプラットフォーム・ビジネスの分析で重要な業績をあげている経済学者による一般読者向けの書籍。プラットフォーム・ビジ

ネスについての多くのケースと理論が紹介されている。

⑽ 丸山雅祥（2017a）『経営の経済学：Business Economics（第3版）』有斐閣

市場，競争と戦略，組織という3部構成のもとに，企業経営をめぐる問題を経済的誘因から解き明かそうとするのが経営の経済学である。すなわち，コンテンツとしては経営，ツールとしては経済学，これらをドッキングしたものが経営の経済学。経営の現実世界で起きているトピックスと新たな研究の動向にあわせて，内容の全体にわたる一貫性を保つかたちで，初版，第2版，第3版と進化を続けている書物。

本書の内容との参考箇所を対照すると，次のようになる。

本書の第1章 …『経営の経済学』の第6章
第4章 ………………………… 第9章第3節，第5節
第6章 ………………………… 第5章
第7章 ………………………… 第13章
第8章第3節 ……………… 第10章
第9章第1節 ……………… 第1章第2節，第3節
第2節 ……………… 第5章第6節
第3節 ……………… 第7章
第4節 ……………… 第12章
第11章第2節 …………… 第11章第4節
第3節 …………… 第15章第4節，第5節
第12章第2節 …………… 第14章第3節

両書を併読することによって，内容の理解がいっそう深まることだろう。

## 1.5 市場への流通・マーケティングの視点

(1) Alderson, W. (1957a) *Marketing Behavior and Executive Action: A Functionalist Approach to Marketing Theory,* R. D. Irwin.（石原武政・風呂勉・光澤滋朗・田村正紀訳『マーケティング行動と経営者行為――マーケティング理論への機能主義的接近』千倉書房，1984年）

経済学では生産と消費を2つの経済活動の代表と位置づけている。しかし，オルダーソンは，生産と消費の間には地理的，時間的ギャップに加えて，「品揃えの齟齬《そご》」が存在することに注目し，消費者にとっての無意味な財の組み合わせを，消費に照らして有意味な財の組み合わせに変換すること（需給の斉合：matching）を交換の原理として経済活動の中心に位置づけている。その内容は，市場メカニズムを解明する糸口となる。

(2) Wooliscroft, B., R. D. Tamilia, and S. J. Shapiro eds. (2010) *A Twenty-First Century Guide to Aldersonian Marketing Thought*, Springer.

20世紀半ばの卓越したマーケティング学者であるオルダーソンを次世代のマーケティング研究者に知ってもらうことを目的に，かれの人となりから，かれの著作物，かれが残した知的遺産までを解説している。本書は，市場の研究の世界に身を置く流通・マーケティングのみならず経済学分野の人々にも多くの有益な示唆を提供してくれる書物である。

(3) 田村正紀（2001）『流通原理』千倉書房

(4) 石原武政（2000）『商業組織の内部編成』千倉書房

(5) 矢作敏行（1996）『現代流通——理論とケースで学ぶ』有斐閣

(3) と (4) は商学分野を代表する研究者の手になる書物。(5) は現実感覚にあふれた流通研究者の手になる書物。これらの書物から，商学分野における市場理論の内容を学ぶことができる。

(6) 丸山雅祥（1988）『流通の経済分析——情報と取引』創文社

(7) 成生達彦（1994）『流通の経済理論——情報・系列・戦略』名古屋大学出版会

情報の経済学やゲーム理論が，流通の経済学への道を拓いた。(6)(7) ともそのことを示す流通の経済分析についての研究書。(6) は本書のルーツでもある。

## 1.6 市場への制度論の視点

(1) North, D. C. (1990) *Institutions, Institutional Change and Economic Performance*, Cambridge University Press.（竹下公視訳『制度・制度変化・経済成果』晃洋書房，1994年）

「制度は社会におけるゲームのルールであり，それは人々によって考案された制約である」という見方から，制度と制度変化の研究で1993年にノーベル経済学賞を受賞したダグラス・ノースの代表作。

(2) Aoki, M. (2001) *Towards a Comparative Institutional Analysis*, MIT Press.（瀧澤弘和・谷口和弘訳『比較制度分析に向けて（新装版）』NTT出版，2003年）

比較制度分析の創始者が，ゲーム理論による制度の分析枠組み，制度の多様性や制度的補完性の分析を提起している。

(3) Greif, A. (2006) *Institutions and the Path to the Modern Economy: Lessons from Medieval Trade*, Cambridge University Press.（岡崎哲二・

神取道宏監訳，有本寛・尾川僚・後藤英明・結城武延訳『比較歴史制度分析』NTT 出版，2009 年）

ゲーム理論と歴史分析を融合して，中世の地中海交易における市場を支える制度を解き明かした書物。

## 2　本書の参照・引用文献

### 2.1　第Ⅰ部　市場理論の先駆者たち

Akerlof, G.（1970）“The market for “lemons”: Quality uncertainty and the market mechanism,” *Quarterly Journal of Economics*, Vol. 84, Issue 3, pp. 488–500.

Arrow, K. J.（1951）“An extension of the basic theorems of classical welfare economics,” in J. Neyman ed., *Proceedings of the Second Berkeley Symposium on Mathematical Statistics and Probability*, University of California Press, pp. 507–532.

Arrow, K. J.（1959）“Toward a theory of price adjustment,” in M. Abramovitz, et al., *The Allocation of Economic Resources*, Stanford University Press.

Arrow, K. J. and G. Debreu（1954）“Existence of an equilibrium for a competitive economy,” *Econometrica*, Vol. 22, No. 3, pp. 265–290.

Basu, K.（2011）*Beyond the Invisible Hand: Groundwork for a New Economics*, Princeton University Press.（栗林寛幸訳『見えざる手をこえて――新しい経済学のために』NTT 出版，2016 年）

Bertrand, J.（1883）“Théorie des richesses: Théorie mathématique de la richesse sociale par Léon Walras–Recherches sur les principes mathématiques de la théorie des richesses par Augustin Cournot,” *Journal des Savants*, pp. 499–508.

Blanqui, A.（1837）*Histoire de l'économie politique en Europe: Depuis les anciens jusqu'à nos jours*, Paris.

Brouwer, L. E. J.（1911）“Über abbildung von mannigfaltigkeiten,” *Mathematische Annalen*, Vol. 71, pp. 97–115.

Chamberlin, E. H.（1933）*The Theory of Monopolistic Competition: A Reorientation of the Theory of Value*, Harvard University Press.（青山秀夫訳『独占的競争の理論――価値論の新しい方向』至誠堂，1966 年）

Chamberlin, E. H. (1953) "The product as an economic variable," *Quarterly Journal of Economics*, Vol. 67, Issue 1, pp. 1–29.

Chandler, A. D., Jr. (1977) *The Visible Hand: The Managerial Revolution in American Business*, Harvard University Press.（鳥羽欽一郎・小林袈裟治訳『経営者の時代――アメリカ産業における近代企業の成立』東洋経済新報社，1979 年）

Cournot, A. A. (1838) *Recherches sur les Principes Mathématiques de la Théorie des Richesses*, Paris. In English: *Research into the Mathematical Principles of the Theory of Wealth* (English transl. by N. T. Bacon), New York: Macmillan, 1897.（中山伊知郎訳『富の理論の数学的原理に関する研究』岩波文庫，1936 年）

Cournot, A. A. (1913) *Souvenirs 1760–1860*, (E. P. Bottinelli, ed.) Paris.

d'Aspremont, C., J. Gabszewicz, and J. Thisse (1979) "On Hotelling's 'stability in competition'," *Econometrica*, Vol. 47, No. 5, pp. 1145–1150.

Debreu, G. (1951) "The coefficient of resource utilization," *Econometrica*, Vol. 19, No. 3, pp. 273–292.

Debreu, G. (1984) "Economic theory in the mathematical mode," *American Economic Review*, Vol. 86, No. 4, pp. 393–410.

Eckhardt, G. M., M. B. Houston, B. Jiang, C. Lamberton, A. Rindfleisch, and G. Zervas (2019) "Marketing in the sharing economy," *Journal of Marketing*, Vol. 83, No. 5, pp. 5–27.

Edgeworth, F. (1897) "La teoria pura del monopolio," *Giornale degli Economisti*, Vol. 15, pp. 13–31. In English: The pure theory of monopoly, in *Papers Relating to Political Economy*, Volume 1, in F. Edgeworth ed. London: Macmillan, 1925.

福岡正夫（1985）「レオン・ワルラス――生誕 150 年に因んで」『三田学会雑誌』第 78 巻第 4 号，pp. 317–349.

Goldfarb, A. and C. Tucker (2019) "Digital economics," *Journal of Economic Literature*, Vo. 57, No. 1, pp. 3–43.

Hicks, J. R. (1934) "Léon Walras," *Econometrica*, Vol. 2, No. 4, pp. 338–348.

Hotelling, H. (1929) "Stability in competition," *Economic Journal*, Vol. 39, No. 153, pp. 41–57.

Jaffé, W. (1935) "Unpublished papers and letters of Léon Walras," *Journal of Political Economy*, Vol. 43, No. 2, pp. 187–207.

Jevons, W. S.（1871）*The Theory of Political Economy*, London: Macmillan.（小泉信三・寺尾琢磨・永田清訳『経済学の理論』日本経済評論社，1981年）

Kakutani, S.（1941）“A generalization of Brouwer's fixed point theorem,” *Duke Mathematical Journal*, Vol. 8, No. 3, pp. 457–459.

Keynes, J. M.（1924）“Alfred Marshall, 1842–1924,” *Economic Journal*, Vol. 34, No. 135, pp. 311–372, reprinted in Keynes（1933）.

Keynes, J. M.（1933）*Essay in Autobiography*, London: Macmillan.（熊谷尚夫・大野忠男訳『人物評伝』岩波現代叢書，1959年）

Keynes, J. M.（1936）*The General Theory of Employment, Interest, and Money*, London: Macmillan.（塩野谷九十九訳『雇傭・利子および貨幣の一般理論』東洋経済新報社，1955年）

Kreps, D. and J. Scheinkman（1983）“Quantity precommitment and Bertrand competition yield Cournot outcomes,” *Bell Journal of Economics*, Vol. 14, No. 2, pp. 326–337.

Kuenne, R. E. ed.（1966）*Monopolistic Competition Theory: Studies in Impact*（*Essays in Honor of E. H. Chamberlin*）, New York: John Wiley & Sons.

Lancaster, K.（1966）“A new approach to consumer theory,” *Journal of Political Economy*, Vol. 74, No. 2, pp. 132–157.

Marshall, A.（1890, 1920）*Principles of Economics*, London: Macmillan.（馬場啓之助訳『経済学原理』全4巻，東洋経済新報社，1965〜67年）

Marshall, A.（1919）*Industry and Trade: A study of industrial technique and business organization; And of their influence on the conditions of various classes and nations*, London: Macmillan.（永澤越郎訳『産業と商業』岩波ブックセンター信山社，1986年）

Matsumura, T. and M. Okamura（2006）“A note on the excess entry theorem in spatial markets,” *International Journal of Industrial Organization*, Vol. 24, Issue 5, pp. 1071–1076.

Menger, C.（1871）*Grundsätze der Volkswirtschaftslehre*, Vienna.（安井琢磨訳『国民経済学原理』日本評論社，1937年）

Mill, J. S.（1848）*Principles of Political Economy*, London.（末永茂喜訳『経済学原理』（三）岩波文庫，1960年）

Moore, H. L.（1905）“The Personality of Antoine Augustin Cournot,” *Quarterly Journal of Economics*, Vol. 19, Issue 3, pp. 370–399.

成生達彦（2015）『チャネル間競争の経済分析――流通戦略の理論』名古屋大学出版会

Nash, J. F.（1951）"Non-cooperative games," *Annals of Mathematics*, Vol. 54, No. 2, pp. 286–295.

Nichol, A. J.（1938）"Tragedies in the life of Cournot," *Econometrica*, Vol. 6, No. 3, pp. 193–197.

二階堂副包（1960），前掲書

奥野正寛・鈴村興太郎（1988）『ミクロ経済学Ⅱ』岩波書店

Robinson, J.（1933）*The Economics of Imperfect Competition*, London: Macmillan.（加藤泰男訳『不完全競争の経済学』文雅堂書店，1957年）

Robinson, J.（1934）"What is perfect competition?" *Quarterly Journal of Economics*, Vol. 49, Issue 1, pp. 104–120.

Robinson, J.（1955）*Marx, Marshall, and Keynes*, Delhi School of Economics, University of Delhi, reprinted in *Contributions to Modern Economics*, Oxford: Blackwell, pp. 61–75, 1960.

Salop, S.（1979）"Monopolistic competition with outside goods," *Bell Journal of Economics*, Vol. 10, No. 1, pp. 141–156.

Schumpeter, J. A.（1939）*Business Cycles: A Theoretical, Historical and Statistical Analysis of the Capitalist Process*, McGraw-Hill Book Company.（吉田昇三監修，金融経済研究所訳『景気循環論――資本主義過程の理論的・歴史的・統計的分析』全5巻，有斐閣，1958～64年）

Schumpeter, J. A.（1941）"Alfred Marshall's principles: A semi-centennial appraisal," *American Economic Review*, Vo. 31, No. 2, pp. 236–248.

Schumpeter, J. A（1954）*History of Economic Analysis*, Routledge.（東畑精一・福岡正夫訳『経済分析の歴史』全3巻，岩波書店，2005～06年）

Smith, A.（1776）*An Inquiry into the Nature and Causes of the Wealth of Nations*, London.（水田洋監訳，杉山忠平訳『国富論』岩波文庫，2000～01年）

Sonnenschein, H.（1968）"The dual of duopoly is complementary monopoly: Or, two of Cournot's theories are one," *Journal of Political Economy*, Vol. 76, No. 2, pp. 316–318.

Tadelis, S.（2013）*Game Theory: An Introduction*, Princeton University Press.

Telser, L. G.（1968）"Monopolistic competition: Any impact yet?" *Journal of*

*Political Economy*, Vol. 76, No.2, pp. 312–315.
Tirole, J. (1988), *op. cit.*
Vickrey, W. S. (1964) *Microstatics*, Harcourt, Brace and World, and "Spatial competition, monopolistic competition, and optimum product diversity," with Forward by S. P. Anderson and R. M. Braid, reprinted in *International Journal of Industrial Organization*, Vol. 17, Issue 7, pp. 953–963, 1999.
Walras, L. (1874) *Éléments d'économie Politique Pure, ou, Théorie de la Richesse Sociale*, Lausanne.（手塚壽郎訳『純粋経済学要論』全2巻，岩波文庫，1953〜54年；久武雅夫訳，岩波書店，1983年）
Walras, L. (1883) *Théorie Mathématique de la Richesse Sociale*, Paris.

## 2.2 第Ⅱ部 市場理論の世界

Akerlof, G. (1970), *op. cit.*
Aoki, M. (2001), *op. cit.*
Armstrong, M. (2006) "Competition in two-sided markets," *RAND Journal of Economics*, Vol. 37, No. 3, pp. 668–691.
Arrow, K. J. and F. H. Hahn (1971) *General Competitive Analysis*, Holden-Day.（福岡正夫・川又邦雄訳『一般均衡分析』岩波書店，1976年）
Bain, J. S. (1959) *Industrial Organization*, New York, London: John Wiley & Sons.（宮澤健一監訳『産業組織論』全2巻，丸善，1970年）
Baumol, W. J., J. C. Panzar, and R. D. Willig (1982) *Contestable Markets: An Uprising in the Theory of Industry Structure*, Harcourt Brace Jovanovich.
Bhattacharyya, S. and F. Lafontaine (1995) "Double-sided moral hazard and the nature of share contracts," *RAND Journal of Economics*, Vol. 26, No. 4, pp. 761–781.
Brandenburger, A. M. and B. J. Nalebuff (1996), *op. cit.*
Chamberlin, E. H. (1933), *op. cit.*
Choe, C., S. King, and N. Matsushima (2018) "Pricing with cookies: Behavior-based price discrimination and spatial competition," *Management Science*, Vol. 64, No. 12, pp. 5669–5687.
Coase, R. (1937) "The nature of the firm," *Economica*, Vol. 4, Issue 16, pp. 386–405.
Demsetz, H. (1973) "Industry structure, market rivalry, and public policy,"

*Journal of Law and Economics*, Vol. 16, No. 1, pp. 1–9.

Fudenberg, D. and J. Tirole (1984) "The fat-cat effect, the puppy-dog ploy, and the lean and hungry look," *American Economic Review, Papers and Proceedings*, Vol. 74, No. 2, pp. 361–366.

Gelman, J. R. and S. C. Salop (1983) "Judo economics: Capacity limitation and coupon competition," *Bell Journal of Economics*, Vol. 14, No. 2, pp. 315–325.

Greif, A. (2006), *op. cit.*

Harsanyi, J. (1967–68) "Games of incomplete information played by 'Bayesian' players, I–III," *Management Science*, Vol. 14, pp. 159–182, 320–334, 486–502.

Henderson, J. M. and R. E. Quandt (1971) *Microeconomic Theory: A Mathematical Approach*, 2nd edition, McGraw-Hill.（小宮隆太郎・兼光秀郎訳『現代経済学――価格分析の理論（増補版）』創文社，1973 年）

Holmstrom, B. (1982) "Moral hazard in teams," *Bell Journal of Economics*, Vol. 13, No. 2, pp. 324–340.

Jeong, Y. and M. Maruyama (2018) "Positioning and pricing strategies in a market with switching costs and staying costs," *Information Economics and Policy*, Vol. 44, pp. 47–57.

Lal, R. (1990) "Improving channel coordination through franchising," *Marketing Science*, Vol. 9, No. 4, pp. 299–318.

Malinvaud, E. (1972) *Lectures on Microeconomic Theory*, North-Holland.（林敏彦訳『ミクロ経済理論講義』創文社，1989 年）

Marshall, A. (1890, 1920), *op. cit.*

丸山雅祥（2003）「フランチャイズ契約の最適構造」『国民経済雑誌』第 188 巻第 1 号，pp. 11–26

丸山雅祥（2017a），前掲書

丸山雅祥（2017b）「フランチャイズ契約の理論と実証」『日本労働研究雑誌』第 678 号，pp. 15–28

丸山雅祥・成生達彦（1997），前掲書

Maruyama, M. and Y. Yamashita (2010) "The logic of franchise contracts: Empirical results of Japan," *Japan and the World Economy*, Vol. 22, Issue 3, pp. 183–192.

Maruyama, M. and Y. Yamashita (2012) "Franchise fees and royalties:

Theory and empirical results," *Review of Industrial Organization*, Vol. 40, No.3, pp. 167–189.

Maruyama, M. and Y. Zennyo (2013) "Compatibility and the product life cycle in two-sided markets," *Review of Network Economics*, Vol. 12, No. 2, pp. 131–155.

Mason, E. S. (1939) "Price and production policies of large-scale enterprise," *American Economic Review*, Vol. 29, No. 1, Supplement, Papers and Proceedings of the Fifty-first Annual Meeting of the American Economic Association, pp. 61–74.

McMillan, J. (2002) *Reinventing the Bazaar: A Natural History of Markets*, New York: W. W. Norton.（瀧澤弘和・木村友二訳『市場を創る――バザールからネット取引まで』NTT 出版，2007 年）

Motta, M. (2004), *op. cit.*

Nash, J. F. (1951), *op. cit.*

North, D. C. (1990), *op. cit.*

奥野正寛・鈴村興太郎（1988），前掲書

Peitz, M. and J. Waldfogel eds. (2012) *The Oxford Handbook of the Digital Economy*, Oxford University Press.

Porter, M. (1980), *op. cit.*

Porter, M. (1983) "Industrial organization and the evolution of concepts for strategic planning: The new learning," *Managerial and Decision Economics*, Vol. 4, No. 3, pp. 172–180.

Rochet, J. C. and J. Tirole (2003) "Platform competition in two-sided markets," *Journal of the European Economic Association*, Vol. 1, No. 4, pp. 990–1029.

Romano, R. E. (1994) "Double moral hazard and resale price maintenance," *RAND Journal of Economics*, Vol. 25, No. 3, pp. 455–466.

Rothschild, M. and J. Stiglitz (1976) "Equilibrium in competitive insurance markets: An essay on the economics of imperfect information," *Quarterly Journal of Economics*, Vol. 90, Issue 4, pp. 629–649.

Rubin, P. H. (1978) "The theory of the firm and the structure of the franchise contract," *Journal of Law and Economics*, Vol. 21, Issue 1, pp. 223–233

佐久間正哉編（2018），前掲書

Schelling, T. C. (1960) *The Strategy of Conflict*, Harvard University Press.（河野勝監訳『紛争の戦略――ゲーム理論のエッセンス』勁草書房，2008 年）

Schmalensee, R. (1988) "Industrial economics: An overview," *Economic Journal*, Vol. 98, No. 392, pp. 643-681.

Schumpeter, J. A. (1939), *op. cit.*

Selten, R. (1975) "Reexamination of the perfectness concept for equilibrium points in extensive games," *International Journal of Game Theory*, Vol. 4, No. 1, pp. 25-55.

Spence, A. M. (1974) *Market Signaling: Informational Transfer in Hiring and Related Screening Processes*, Cambridge: Harvard University Press.

Stigler, G. J. (1968) *The Organization of Industry*, R. D. Irwin.（神谷伝造・余語将尊訳『産業組織論』東洋経済新報社，1975 年）

Takayama, A. (1985) *Mathematical Economics*, Dryden Press, 1974: 2nd edition, Cambridge University Press.

Telser, L. G. (1960) "Why should manufacturers want fair trade?" *Journal of Law and Economics*, Vol. 3, pp. 86-105.

Tirole, J. (1988), *op. cit.*

Williamson, O. E. (1975) *Market and Hierarchies: Analysis and Antitrust Implication*, The Free Press.（浅沼萬里・岩崎晃訳『市場と企業組織』日本評論社，1980 年）

### 2. 3　第Ⅲ部　市場経済の仕組み

Alchian, A, A. (2002) "Property rights," in *The Concise Encyclopedia of Economics*. http://www.econlib.org/library/Enc1/PropertyRights.html

Alchian, A. A. and H. Demsetz (1973) "The property right paradigm," *Journal of Economic History*, Vol. 33, No. 1, pp. 16-27.

Alderson, W. (1950) "Marketing efficiency and the principle of postponement," *Cost and Profit Outlook 3*, 1950, reprinted in Alderson (1957a).

Alderson, W. (1957a) *Marketing Behavior and Executive Action: A Functionalist Approach to Marketing Theory*, R. D. Irwin.（石原武政・風呂勉・光澤滋朗・田村正紀訳『マーケティング行動と経営者行為――マーケティング理論への機能主義的接近』千倉書房，1984 年）

Alderson, W. (1957b) "Matching and sorting: The logic of exchange," in Al-

derson (1957a, pp. 195–217), reprinted in B. Wooliscroft et. al. eds. (2006, pp. 142–163).
Barzel, Y. (1989) *Economic Analysis of Property Rights*, Cambridge University Press.
Baumol, W. J. and W. E. Oates (1975) *The Theory of Environmental Policy*, Cambridge University Press.
Bucklin, L. P. (1965) "Postponement, speculation and the structure of distribution channels," *Journal of Marketing Research*, Vol. 2, No. 1, pp. 26–31.
Cassady, R. (1967) *Auctions and Auctioning*, University of California Press.
Chamberlin, E. H. (1933), *op. cit.*
Cheung, S. N. S. (1973) "The fable of the bees: An economic investigation," *Journal of Law and Economics*, Vol. 16, No. 1, pp. 11–33.
Christopher, M. (2000) "The agile supply chain: Competing in volatile markets," *International Marketing Management*, Vol. 29, No.1, pp. 37–44.
Coase, R. (1937), *op. cit.*
Coase, R. (1960) "The problem of social cost", *Journal of Law and Economics*, Vol. 3, pp. 1–44.
Coase, R. (1974) "The lighthouse in economics," *Journal of Law and Economics*, Vol. 17, No. 2, pp. 357–376.
Cournot, A. A. (1838), *op. cit.*
Demsetz, H. (1967) "Towards a theory of property rights,"*American Economic Review*, Vol. 57, No. 2, pp. 347–359.
Dixit, A. K. (2004) *Lawlessness and Economics: Alternative Modes of Governance*, Princeton University Press.
Duesenberry, J. S. (1949) *Income, Saving, and the Theory of Consumer Behavior*, Harvard University Press.
Economides, N. (1999) "Quality choice and vertical integration," *International Journal of Industrial Organization*, Vol. 17, No. 6, pp. 903–914.
Ferdows, K., M. A. Lewis, and J. A. D. Machuca (2004) "Rapid-fire fulfillment," *Harvard Business Review*, Vol. 82, No. 11, pp. 104–110.
Greif, A. (1989) "Reputation and coalitions in medieval trade: Evidence on the Maghribi traders," *Journal of Economic History*, Vol. 49, No. 4, pp. 857–882.
Greif, A. (1993) "Contract enforceability and economic institutions in early

trade: The Maghribi traders' coalition," *American Economic Review*, Vol. 83, No. 3, pp. 525-548.

Greif, A. (2006), *op. cit.*

Hagiu, A. and J. Wright (2015) "Marketplace or reseller," *Management Science*, Vol. 61, No. 1, pp. 184-203.

Hayek, F. A. (1945) "The use of knowledge in society," *American Economic Review*, Vol. 35, No. 4, pp. 519-530.

Hicks, J. R. (1937) "Mr. Keynes and the 'Classics' : A suggested interpretation," *Econometrica*, Vol. 5, No. 2, pp. 147-159.

Ito, T. and M. Maruyama (1990) "Is the Japanese distribution system really inefficient?" National Bureau of Economic Research, Working Paper Series No.3306, in P. Krugman ed., *Trade with Japan: Has the Door Opened Wider?* University of Chicago Press, 1991.

Jevons, W. S. (1871), *op. cit.*

Keynes, J. M. (1936), *op. cit.*

Kirzner, I. M. (1994) "The limit of the market: The real and the imagined," in W. Möschel, M. E. Streit, and U. Witt eds., *Marktwirtschaft und Rechtsordnung*, Nomos, reprinted in Kirzner (2000) *The Driving Force of the Market: Essays in Austrian Economics*, Routledge.

Lucking-Reiley, D. (2000a) "Vickrey auctions in practice: From nineteenth-century philately to twenty-first-century E-commerce," *Journal of Economic Perspectives*, Vol. 14, No.3, pp. 183-192.

Lucking-Reiley, D. (2000b) "Auction on the internet: What's being auctioned, and how?" *Journal of Industrial Economics*, Vol. 48, No.3, pp. 227-252.

Macaulay, S. (1963) "Non-contractual relations in business: A preliminary study," *American Sociological Review*, Vol. 28, No. 1, pp. 55-67.

Marshall, A. (1890, 1920), *op. cit.*

丸山雅祥（1988），前掲書

丸山雅祥（1992）『日本市場の競争構造――市場と取引』創文社

Maruyama, M. (1993a) "A study of the distribution system is Japan," OECD Economic department Working Papers No. 136, OECD, Paris.

Maruyama, M. (1993b) "The structure and performance of the Japanese distribution system", in M. R. Czinkota and M. Kotabe eds., *The Japanese Distribution System: Opportunities & Obstacles, Structures & Practices*,

Probus Publishing Company.
丸山雅祥（2004）「市場の境界と外部性の概念」『国民経済雑誌』第 189 巻第 6 号，pp. 49-64
丸山雅祥（2006）「市場経済の制度的な基盤」『国際公共政策研究』第 11 巻第 1 号，pp. 1-15
丸山雅祥（2017a），前掲書
丸山雅祥・酒井享平・外川洋子・坂本信雄・山下道子・荒川正治・井場浩之（1991）「日本の流通システム——理論と実証」『経済分析』第 123 号
Maruyama, M., K. Minamikawa, and Y. Zennyo (2011) "A note on the desirability of merger among complements," *Journal of Industry, Competition and Trade*, Vol. 11, pp. 57-65.
Maruyama, M. and Y. Zennyo (2020) "Platform most-favored-customer clauses and investment incentives," *International Journal of Industrial Organization*, Vol. 70, 102617.
Matsui, K. (2016) "Asymmetric product distribution between symmetric manufacturers using dual-channel supply chains," *European Journal of Operational Research*, Vol. 248, Issue 2, pp. 646-657.
McAfee, R. P. and J. McMillan (1987) "Auctions and bidding," *Journal of Economic Literature*, Vol. 25, No. 2, pp. 699-738.
Meade, J. E. (1952) "External economies and diseconomies in a competitive situation," *Economic Journal*, Vol. 62, No. 245, pp. 54-67.
根岸隆（1985）『ワルラス経済学入門——「純粋経済要論」を読む』岩波書店
North, D. C. (1977) "Markets and other allocation systems in history: The challenge of Karl Polanyi," *Journal of European Economic History*, Vol. 6, No. 3, pp. 703-716.
North, D. C. (1991) "Institutions," *Journal of Economic Perspectives*, Vol. 5, No. 1, pp. 97-112.
North, D. C. (1990), *op. cit.*
Pigou, A. C. (1920) *The Economics of Welfare*, London: Macmillan.
Robinson, J. (1933), *op. cit.*
Schumpeter, J. A. (1954), *op. cit.*
Stigler, J. (1966) *Theory of Price*, 4th edition, New York: Macmillan.（南部鶴彦・辰巳憲一訳『価格の理論（第 4 版）』有斐閣，1991 年）
Vickrey, W. (1961) "Counterspeculation, auctions and competitive sealed ten-

ders," *Journal of Finance*, Vol. 16, No. 1, pp. 8–37.
Walras, L. (1874), *op. cit.*
Williamson, O. E. (1975), *op. cit.*
Wooliscroft, B. (2006) "Wroe Alderson a life," in B. Wooliscroft, R. D. Tamilia, and S. J. Shapiro eds., *A Twenty-first Century Guide to Aldersonian Marketing Thought*, Boston, MA: Springer.

# 注

## 第Ⅰ部

（注1）ジェラール・ドブリューは，「数理経済学」（Economic theory in the mathematical mode）と題するノーベル経済学賞の記念講演（Debreu, 1984）において，クールノーの主著『富の理論の数学的原理に関する研究』の出版された1838年をもって，数理経済学の生誕の年だと述べている。

（注2）クールノーは，19世紀のまさに始まりの年に産声をあげたが，当時，フランス革命（1789年）によるアンシャン・レジームからの解放に引き続き，革命家ナポレオンがヨーロッパを制覇する動乱期にあった。この1821年の5月には，革命に揺れるフランスに登場してヨーロッパを席巻したナポレンが，流刑地の南大西洋の孤島セントヘレナにて波乱に満ちた生涯を閉じているのである。

（注3）本書に掲載の写真は，神戸大学社会科学系図書館の貴重書庫に所蔵されている原著を筆者が撮影したものである。

なぜ，この時期に，革命的な市場の理論が生まれたのだろうか。18世紀後半から19世紀半ばまで，イギリスで漸進的に進んだ産業革命は，蒸気機関という新しい動力の出現によって，大量生産の技術と工場システム，ならびに工業製品を販売する都市と新たな消費生活を生み出し，農業社会から工業社会への分水嶺となった。1830年代には鉄道建設の波がイギリスからヨーロッパ大陸に拡大し，1837年にはパリからサン＝ジェルマン・アン・レーまで鉄道路線が開通した。また「産業革命」（révolution industrielle）という言葉をいちはやく唱えたアドルフ・ブランキ（Blanqui, 1837）による書物がパリで出版された。さらに，19世紀半ばのパリでは，それまで特権階級の富裕層に限られていた絹織物の大衆化をはじめ，消費の大衆化とよばれる現象が進み，そうした「消費革命」の先導役を果たし，やがて世界初の百貨店とよばれるボン・マルシェ（Au Bon Marché）（1852年創業）へと発展していく「流行品店」（マガザン・ド・ヌヴォテ）が開店した。当時のパリは，そうした進歩的な革命の雰囲気に包まれていたのである。「新しい酒は新しい皮袋に盛れ」（新約聖書）との言葉にもあるように，産業革命と新しい消費市場の台頭という「革袋」に新しい市場理論の「美酒」が生まれたことは，おそらく当然なことだろう。

(注 4)「クールノーの生涯の悲劇」と題する論文（Nichol, 1938）の冒頭に掲げられたカーネギーの言葉。

(注 5) 成生（2015）は，メーカーと流通業者（小売業者），消費者からなる流通チャネルにおいて，メーカーと流通業者（小売業者）の取引は価格選択モデル，小売業者と消費者との取引は数量選択モデルを想定している。そうして，従来の「価格 - 価格競争」とは異なる「価格 - 数量競争」の観点から，流通チャネルの競争分析を展開している。

(注 6) 福岡（1985）は，ワルラス生誕150年にちなんで執筆された論考であり，本稿がもとにしたJaffé（1935）に加えて，その他の内外の多数の文献をもとにワルラスの研究および生涯を描き出しており，ワルラスをより詳しく知るうえで参考になるだろう。

(注 7) ブラウアー（Brouwer, 1911）の不動点定理とは，「コンパクトな凸集合からそれ自身への連続関数 $f$ は不動点（fixed point）$x^* = f(x^*)$ を持つ」というものである。この定理は角谷静夫によって点対集合写像（対応）に拡張された。角谷（Kakutani, 1941）の不動点定理とは，「コンパクトな凸集合からそれ自身への上半連続な写像 $f$ は不動点 $x^* \in f(x^*)$ を持つ」というものである。その数学的な内容およびワルラス均衡の存在証明については，二階堂（1960）を参照のこと。また，不動点定理とナッシュ均衡の存在証明については，たとえば，Tadelis（2013, pp. 117-123）を参照のこと。角谷静夫はプリンストン高等研究所にてフォン・ノイマンの助手を務め，やがてはイェール大学の教授となった数学者である。市場均衡の存在証明に角谷の不動点定理が援用され，日本の数学者が市場理論の歴史に名を残していることは特筆すべきであろう。

(注 8) チェンバリンは，存命中，伝統理論を墨守しようとする論者の批判にさらされた。「先駆者は報われることはない」とのアンドリュー・カーネギーの言葉は，現代の市場理論の創始者であるクールノーと同様に，市場理論の革新者であるチェンバリンにもあてはまるのである。

(注 9) さらに，Matsumura and Okamura（2006）は，移動コストが一般的な場合にも，この定理が成立することを示している。

**第Ⅱ部**

(注 1) さすがにこの分野の研究で2014年にノーベル経済学賞を受賞した研究者だけあって，ティロールの手になるこの書物は，テキストの構成のみごとさと，議論のゆるぎのない説得力を特徴とし，正確かつ簡潔な説明につ

られて，書物のベースとなった新たな産業組織論の数百本の専門論文を，これほど要領よく読み進んで良いのだろうかと思わせられる。出版から30年を経ていまなお古さを感じさせない，現時点でも最高のテキストの座を維持している。

そのほか，参考文献の1.3項において紹介した図書が参考になるだろう。また，近年の産業組織論の展開については，たとえば，パイツとウォルドフォーゲル編集のハンドブック（Peitz and Waldfogel, 2012）や丸山（2017a）などで補えばよいだろう。また，近年のデジタル革命に関する研究が盛んである。デジタル経済の展望論文としてGoldfarb and Tucker（2019），シェアリング・エコノミーにおけるマーケティングの展望論文としてEckhardt et. al.（2019）などが参考となるだろう。

（注2）日本のフランチャイズ契約の理論的・実証的分析については，Maruyama and Yamashita（2010）（2012），丸山（2017b）を参照のこと。

（注3）日本での流通・取引慣行に対する独占禁止法の内容と公正取引委員会の運用業務については，佐久間正哉編（2018）を参照のこと。

（注4）Jeong and Maruyama（2018）は，消費者のスイッチング・コストとステイング・コストが存在するもとで，既存顧客割引と新規顧客割引の価格戦略について分析している。Choe, King, and Matsushima（2018）は，クッキーを用いた顧客情報をもとに行われる価格差別戦略について，企業間競争の観点から分析を行っている。

（注5）Maruyama and Zennyo（2013）は，ハードウェア（電子書籍のリーダー端末）とコンテンツ（電子書籍）を提供する2つの企業の互換戦略をめぐる競争を分析している。そうして，ハードウェアの販売が企業の主な利益源であるときには非互換が支配戦略であること，またコンテンツの販売からのロイヤルティが主な利益源であるときには互換が支配戦略であることを明らかにしている。

**第Ⅲ部**

（注1）インターネットの普及によって，製造業者は小売店舗を通じた間接流通チャネルに加えて，ネットによる直販チャネルというマルチ・チャネル戦略を展開している。他方では，近年のアパレル分野に見られるように，直販チャネルのみを展開するネット専業企業の台頭も著しい。Matsui（2016）は，2つの製造業者によるチャネル選択と価格設定のモデルを用いて，製造業者のうち一方はマルチ・チャネル，他方は直販チャネルのみ

を選択するという「チャネル戦略の非対称」がゲームの均衡となることを示している。

(注 2) 現在，アメリカと中国との間の貿易摩擦がホットな話題となっているが，1980 年代後半から 90 年代初頭にかけて，日本とアメリカの間で日米構造協議が持ち上がった。そのなかで，日米間の貿易不均衡（アメリカの対日赤字）の原因は，複雑で非効率な日本の流通システムが「非関税障壁」となってアメリカ製品の日本への輸出を阻んでいるという主張がアメリカ側からなされた。筆者は，当時，経済企画庁経済研究所の客員主任研究官として「日本の流通システムの理論と実証」をテーマに流通ユニットでの研究を担当し，流通の国際比較をもと，こうした主張の検証に取り組んだ（Ito and Maruyama (1990)，丸山ほか（1991)，丸山（1992)，Maruyama（1993a)（1993b）を参照)。当時，国際会議において，日本の流通システムについて，海外のマーケティングの研究者から「日本の流通システムは有効性の面ではすぐれている」，しかし，経済学者からは「生産性（効率性）の面では劣っている」という意見が寄せられたことが印象として残っている。この点は，オルダーソンが，経済学では品揃え形成の 4 つの分類のなかで「配分」(の効率性）にもっとも関心を寄せているが，マーケティングは品揃え形成の最終段階にあたる「取り揃え」(の有効性)にもっとも力点を置いていると述べている（Alderson, 1957b, p. 149）こととと合致している。

(注 3) なお，agile の発音はアジャイル（米）・アジャル（英）である。しかし，外来語の表記として，micro を「マイクロ」ではなくて「ミクロ」と表し，microeconomics を「ミクロ経済学」と表すのと同じように，経営学や SCM の分野では，agile を「アジャイル」ではなく「アジル」と表し，「アジル経営」の名が通用しているので，本書でもこれに従っている。

(注 4) このようなビジネス慣行は APPA（across-platform parity agreement)，あるいはオンライン旅行業者では rate parity ともよばれている。こうした慣行が，供給者間の価格競争やプラットフォーム企業の行う自社プラットフォームの魅力度を高める投資活動への影響を通じて，供給者やプラットフォーム企業の利潤のみならず，消費者余剰や社会的余剰に対してどのような効果を持つかについて，各国の競争当局は強い関心をもっている。また，それらの研究は始まったばかりである。この点については，Maruyama and Zennyo（2020）を参照のこと。

(注 5) 二番価格・封印入札は，ヴィックリー（Vickrey, 1961）が示した有用

な性質をもっているが，決して使われることはないとの議論がある（たとえば，McAfee and McMillan, 1987, p. 702)。しかしながら，Lucking-Reiley（2000a）は，二番価格・封印入札が1893年から「切手の通信販売によるオークション」で使われてきたことを明らかにしている。経済学のテキストや論文には，このような事実に反した指摘が見受けられる。コースは「経済学における灯台」(Coase, 1974）という論文の中で，イギリスの灯台はもともと私的に運営されており，「灯台は公共財」という話は経済学のテキストにおける寓話に過ぎないと忠告し，事実をもとに議論する必要性を訴えている。

（注6）Lucking-Reiley（2000b）は，インターネット上でのオークションについての実態を知るうえで参考となるだろう。

（注7）第12章および第13章の内容は，丸山（2004）（2006）がもとになっており，それらに加筆・修正して発展させたものである。

（注8）これはEconomides（1999）によってはじめて明らかにされたことがらである。Maruyama, Minamikawa, and Zennyo（2011）は，合成商品の品質関数，消費者の効用関数と消費者の選好パラメータの分布がより一般的なケースにおいても，この定理が成立することを示している。

● 著者紹介

丸山 雅祥（まるやま　まさよし）

1951年10月生まれ。1979年3月一橋大学大学院経済学研究科博士課程単位修得。1993年4月神戸大学経営学部教授，2017年4月より神戸大学名誉教授，現在に至る。経済企画庁経済研究所客員主任研究官（1988～91年），OECD経済統計局コンサルタント（1991～92年）を併任。経済学修士（一橋大学），博士（商学）神戸大学。専門はビジネス・エコノミクス，産業組織論。

（主要業績）『流通の経済分析』（創文社，1988年）（日本商業学会奨励賞受賞），『日本市場の競争構造』（創文社，1992年）（日経・経済図書文化賞受賞，日本商業学会優秀賞受賞），『現代のミクロ経済学』（共著，創文社，1997年），『経営の経済学：Business Economics』（有斐閣，初版2005年，新版2011年，第3版2017年），“Franchise fees and royalties: theory and empirical results,” *Review of Industrial Organization*, 2012年（共著），“Application compatibility and affiliation in two-sided markets,” *Economics Letters*, 2015年（共著），“Positioning and pricing strategies in a market with switching costs and staying costs,” *Information Economics and Policy*, 2018年（共著），“Platform most-favored-customer clauses and investment incentives,” *International Journal of Industrial Organization*, 2020年（共著）。

**市場の世界——新しい経済学を求めて**

*Demystifying the Market Mechanism*

2020年9月15日　初版第1刷発行

著　者　丸　山　雅　祥
発行者　江　草　貞　治
発行所　株式会社　有　斐　閣

郵便番号 101-0051
東京都千代田区神田神保町 2-17
電話(03) 3264-1315〔編集〕
(03) 3265-6811〔営業〕
http://www.yuhikaku.co.jp/

印刷・大日本法令印刷株式会社／製本・大口製本印刷株式会社

ISBN 978-4-641-16571-7